Code-Sharing

Bürgerliches Recht, Handels- und Verkehrsrecht

herausgegeben von Prof. Dr. Edgar Ruhwedel

Band 23

PETER LANG
Europäischer Verlag der Wissenschaften

Thomas Götting

Code-Sharing

Rechtliche Betrachtung einer Kooperationsform im Luftverkehr

PETER LANG
Frankfurt am Main · Berlin · Bern · Bruxelles · New York · Oxford · Wien

Bibliografische Information Der Deutschen Bibliothek
Die Deutsche Bibliothek verzeichnet diese Publikation in der Deutschen Nationalbibliografie; detaillierte bibliografische Daten sind im Internet über <http://dnb.ddb.de> abrufbar.

Zugl.: Frankfurt (Main), Univ., Diss., 2002

Gedruckt auf alterungsbeständigem,
säurefreiem Papier.

D 30
ISSN 0170-8724
ISBN 3-631-39558-2

Printed in Germany 1 2 3 4 5 7

www.peterlang.de

Für Barbara

Danksagung:

Besonderer Dank gilt Herrn Prof. Dr. Edgar Ruhwedel, der mich während der Zeit der Bearbeitung stets mit Anregungen und Vorschlägen versorgt und gefördert hat. Dank gilt auch Herrn Prof. Dr. Rolf Herber, der sich bereit erklärt hat die Arbeit als Zweitgutachter zu begleiten. Ferner geht ein herzliches Dankeschön an den geschätzten Kollegen und Freund Dr. Guy Gansfort für seine vielfältige Unterstützung. Abschließend gilt der Dank auch meiner Familie, insbesondere meinem lieben Vater, der mich in den nahezu vier Jahren der Bearbeitung tatkräftig unterstützt hat.

INHALTSVERZEICHNIS:

ABKÜRZUNGSVERZEICHNIS

a.A.	anderer Ansicht
a.a.O.	am angegebenen Ort
AASL	Annals of Air and Space Law
ABB	Allgemeine Beförderungsbedingungen
Abs.	Absatz
AG	Amtsgericht (wenn mit Aktenzeichen), sonst Aktiengesellschaft
AGB	Allgemeine Geschäftsbedingungen
AGBG	Gesetz zur Regelung des Rechts der allgemeinen Geschäftsbedingungen
Allg.	Allgemein
Alt.	Alternative
Anh.	Anhang
Anm.	Anmerkung
ARB	Allgemeine Reisebedingungen
Art.	Artikel
ASL	Air and Space Law
AT	Allgemeiner Teil
Aufl.	Auflage
BAnz.	Bundesanzeiger
BB	Der Betriebs-Berater
Bd.	Band
Bek.	Bekanntmachung
BGB	Bürgerliches Gesetzbuch
BGBl.	Bundesgesetzblatt
BGH	Bundesgerichtshof
BGHZ	Entscheidungen des Bundesgerichtshofs in Zivilsachen (amtliche Sammlung)
BMVBW	Bundesminister für Verkehr, Bau- und Wohnungswirtschaft
BR	Bundesrat
BRD	Bundesrepublik Deutschland
BT/ DS; BT/ Drucks.	Bundestag-Drucksache
BTX	Bildschirmtext
Bzw.	beziehungsweise
ca.	circa
ChikAbk	Chikagoer Abkommen
CRS	Computerreservierungssystem
DB	Der Betrieb
ders.	derselbe

Dez.	Dezember
DLR	Deutsche Forschungsanstalt für Luft- und Raumfahrt e.V.
d.h.	das heißt
Diss.	Dissertation
div.	diverse
DOT	Department of Transportation
DRV	Deutscher Reisebüro Verband e.V.
LH	Deutsche Lufthansa AG
DM	Deutsche Mark
Doc.	Document
DRV	Deutscher Reisebüro Verband
ECAC	Europäische Zivilluftfahrt-Konferenz
EGBGB	Einführungsgesetz zum bürgerlichen Gesetzbuch
Einf.	Einführung
Einl.	Einleitung
etc.	etcetera
EU	Europäische Union
evtl.	eventuell
EWR	Europäischer Wirtschaftsraum
f.	folgende
F.A.Z.	Frankfurter Allgemeine Zeitung
Feb.	Februar
ff.	fortfolgende
Fn.	Fußnote
gem.	gemäß
GG	Grundgesetz
GWB	Gesetz gegen Wettbewerbsbeschränkungen
h.M.	herrschende Meinung
HP	Haager Protokoll
IATA	International Air Transport Association
ICAO	International Civil Aviation Organisation
i.H.v.	in Höhe von
InfoVO.	Verordnung über die Informationspflichten von Reiseveranstaltern
Inc.	Incorporated
Int.	International
i.S.d.	im Sinne des
i.S.v.	im Sinne von
i.V.m.	in Verbindung mit
JA	Juristische Arbeitsblätter

Jan.	Januar
JuS	Juristische Schulung
JZ	Juristen-Zeitung
Kap.	Kapitel
KG	Kammergericht (wenn mit Aktenzeichen), sonst Kommanditgesellschaft
LG	Landgericht
lit.	Buchstabe
LTU	Luft-Transportunternehmen GmbH & Co KG
LuftVG	Luftverkehrsgesetz
LuftVO	Luftverkehrsordnung
LuftVZO	Luftverkehrszulassungsordnung
M.	Main
MÜ	Montrealer Übereinkommen
MDL	Monatsschrift für deutsches Recht
Mio.	Million
MoU	Memorandum of Understanding
MüKo	Münchener Kommentar zum BGB
m.E.	meines Erachtens
m.w.N.	mit weiteren Nachweisen
Nfl.	Nachrichten für Luftfahrer
NJW	Neue Juristische Wochenschrift
NJW-RR	NJW Rechtsprechungsreport Zivilrecht
Nr.	Nummer
NUR	NUR Touristic GmbH
NZV	Neue Zeitschrift für Verkehrsrecht
o.ä.	oder ähnliches
OLG	Oberlandesgericht
PVV	positive Vertragsverletzung
Rdn.	Randnummer
Rdz.	Randzeichen
RG	Reichsgericht
RGBl.	Reichsgesetzblatt
RGZ	Amtliche Sammlung der Entscheidungen des Reichsgerichts
RRa	Reiserecht aktuell
Rz.	Randziffer
s.	siehe
S.	Seite
sog.	sogenannt
TranspR	Transportrecht
TUI Group	Touristik Union International GmbH & Co KG

u.a.	unter anderem
Urt.	Urteil
USA	Vereinigte Staaten von Amerika
v.	von/ vom
VersR.	Versicherungsrecht
VG	Verwaltungsgericht
vgl.	vergleiche
VO	Verordnung
Vorb./ Vorbem.	Vorbemerkung
VwVfG	Verwaltungsverfahrensgesetz
WA	Warschauer Abkommen
WA/ HP	Warschauer Abkommen in der Fassung des Haager Protokolls
ZAG	Zusatzabkommen von Guadaljara
z.B.	zum Beispiel
Ziff.	Ziffer
ZIP	Zeitschrift für Wirtschaftsrecht
ZLR	Zeitschrift für Luftrecht (bis 1960)
ZLW	Zeitschrift für Luft- und Weltraumrecht
ZPO	Zivilprozessordnung

LITERATURVERZEICHNIS:

Abeyratne, R.I.R.:	Legal and Regulatory Issues of Computer Reservation Systems and Code-Sharing Agreements in Airtransport
Allgaier, Edwin:	Wechsel der Fluggesellschaft - ein Reisemangel?, TranspR 1989, 207 –211
Balfour, John:	Airline Mergers and Marketing Alliances - Legal Constraints, ASL 1995, 112 – 117
Bartkowski, D./ Byerly J.:	Fourty Years of U.S. German Aviation Relations, ZLW 1997, 3 – 45
Bartl, Harald:	Reiserecht, 2. Aufl., Bonn 1981
ders.:	Das neue Reisevertragsrecht NJW 1979, 1384 – 1390
Baumbach, A./ Hopt, K.:	Handelsgesetzbuch, 30 Auflage, München 2000
Bechhofer, K.:	Reisevertragsrecht, 1995
Bentzien, Jochen:	Die Zuständigkeit der EU für Luftverkehrsabkommen mit Drittstaaten ZLW 1998, 439 – 453
BGB – RGRK	Das Bürgerliche Gesetzbuch, Band II, 1. Teil, 12. Auflage, Berlin New York 1976, zitiert RGRK
Bidinger, R./ Müller, R.:	Der Reisekatalog - ein Vertragsangebot des Veranstalters?, RRa, 1993, 49
Bidinger, R./ Müller, R.:	Reisevertragsgesetz, 2. Auflage, 1995
Böckstiegl, Karl-Heinz:	Zur Bedeutung des neuen AGB-Gesetzes für die Beförderungbedingungen der Fluggesellschaften, Festschrift Meyer, Köln Bonn München 1975
Brender, Dieter:	Das reisevertragliche Gewährleistungsrecht und sein Verhältnis zum allgemeinen Recht der Leistungsstörungen, Dissertation, Frankfurt 1985
Chiavarelli, Emilia:	Code-Sharing: An Approach to the Open Skies Concept?, AASL 1995, 195 – 208

Conti, Christian	Code-Sharing and Air Carrier Liability ASL 2001, 4 – 24
De Groot, Jan:	Code-Sharing, ASL 1994, 63 – 74
Donato, Marina:	The Implications of Code-Sharing in the Liability Field, AASL 1997, 229 – 236
Ehmer, H.J./ Berster P./ Basedow, J./ Jung, C.:	Liberalisierung im Luftverkehr,Verkehrs-wissenschaftl. Beiträge, Köln 2000
Erman, Walter:	Handkommentar zum Bürgerlichen Gesetzbuch, 1. Band, 8. Aufl., Münster 1989
Esser, J./ Schmidt, E.:	Schuldrecht, Band 1, Allgemeiner Teil, 8. Auflage, Heidelberg 1995
Fischer, Petra:	Haftung des Reiseveranstalters bei Flugbeförderung, Wiesbaden 1990
Franklin, Mark:	Code-Sharing and Passenger Liability ASL 1999, 128 – 133
Frings, Peter:	Luftfahrt, Haftung und Versicherung, Veröffentl. des Gerling-Konzerns 1985
Führich, Ernst.:	Reiserecht, 3. Auflage, Heidelberg 1998
ders.:	Wechsel der zugesicherten Charterfluggesellschaft unzulässig, RRa, 1996, 76 – 80
ders.:	Die Rechtsprechung des Bundesgerichtshof zum neuen Reisevertragsrecht, DB, 1988, 2137
Gansfort, Guy:	Code-Sharing – ein neues Verkehrsrecht? Festschrift für Guldimann, 77 – 112
ders.:	Der Chartervertrag im Pauschalflugreisevertrag und dessen Rechtswirkungen für den Reisenden, Dissertation, Köln 1996
ders.:	Praktische Anmerkungen zu der Europäischen Verordnung über die Haftung von Luftfahrtunternehmen bei Flugunfällen mit Personenschäden, ZLW 1998, 264–180

Giemulla, E./ Schmid, R./ Mölls, W.: Europäisches Luftverkehrsrecht, Neuwied, Stand 1999

Giemulla, E./ Schmid, R./ van Schyndel, H.: Wörterbuch des Luftverkehrsrechts, Neuwied 1997

Giemulla, E./ Schmid, R.: Frankfurter Kommentar zum Luftverkehrsrecht, Neuwied, Kriftel, Berlin 1989, Stand 2000

Giemulla, E./ van Schyndel, H.: Rechtsprobleme des "Code-Sharing" TranspR 1997, 253 – 258

Giemulla, E./ Schmid, R.: Die Europäische Verordnung des Rates über die Haftung bei Flugunfällen und ihre Auswirkungen auf Luftfahrtunternehmen NZV 1998, Heft 6

Giemulla, E./ Schmid, R.: Recht der Luftfahrt, 3. Auflage, 1999

Gimbel, Hermann: Ein Beitrag zu den privatrechtlichen und öffentlich – rechtlichen Problemen des Charterverkehrs, Zürich, 1974

Götting, Thomas: Zuteilung von Streckenrechten für Linienflug und gewerblichen Gelegenheitsverkehr ZLW 1999, 499 – 515

Graumann, Horst: Die Luftverkehrsbeziehungen Deutschland USA nach dem Stand vom September/ Oktober 1993, ZLW 1994, 3 – 10

Grundmann, Stefan: Europäisches Schuldvertragsrecht, NJW 2000, 14 – 23

Grunewald, Barbara: Der Leistungsträger als atypischer Erfüllungsgehilfe des Reiseveranstalters, NJW 1980, 1924 – 1927

Günther, Klaus: Legal Implications of Code-Sharing Services - a German Perspective, ASL 1997, 8 – 12

Haanappel, Peter: Airline Challenges: Mergers, Takeovers, Alliances and Franchises, AASL 1995, 179 – 193

Isermann, Edgar: Reiserecht, 2.Aufl., München 1991

Knöfel, S.: Der ausführende Luftfrachtführer Festschrift Herber, 1999, 96

Koller, I. Transportrecht, 4. Auflage

Kopp,F./ Schenke, W.-R.: Verwaltungsgerichtsordnung, Kommentar 12. Auflage, 2000

Lange, Heinrich: Die Auswirkungen von Leistungsstörungen beim echten Vertrag zu Gunsten Dritter im Risikobereich des Dritten, NJW 1965, 657 – 664

Larenz, K./ Canaris, C.-W.: Lehrbuch des Schuldrechts, 1. Band, Allgemeiner Teil, 14. Auflage, München 1987

Löwe, Walter: Das neue Pauschalreiserecht, München 1981

Lücke, Alexander: Bilaterale Luftverkehrsabkommen im Licht des Gemeinschaftsrechts, Dissertation, Frankfurt 2000

Montag, Frank: Legal Questions arising from Code-Sharing, AASL 1996, 100 – 127

Müller, Joh. K.-H.: Die Haftung des Luftfrachtführers bei Dienst- und Freiflügen seiner Arbeitnehmer, ZLW 1960, 41 – 58

Müller-Rostin, Wolf: Aufdem Wege zu einem neuen Warschauer Abkommen, TranspR 1998, 229 – 236

ders.: Neuregelung der Haftpflicht gegenüber Passagieren im internationalen Luftverkehr VersR. 1997, 1446

ders.: Die Montrealer Protokolle Nr. 1, 2 und 4 sind in Kraft getreten, TranspR. 1999, 81ff.

ders.: Haftung und Versicherung beim Code-Sharing, NZV 2002, 68

Münchner Kommentar Band 4, 3. Aufl., München 1997, Zitiert: MüKo

Münchner Kommentar zum HGB Zusatzband 7a, Auflage, Zitiert: MüKo-HGB

Noll, P.:	Besteht eine Pflicht des Reisevermittlers, den billigsten Reiseveranstalter zu empfehlen?, RRa, 1996, 67 – 76
Palandt	Bürgerliches Gesetzbuch, 62. Aufl., München 2002
Ramming, Klaus:	Die Haftung des ausführenden Frachtführers nach § 437 HGB, TranspR. 2000, 277 – 287
Riese, Otto:	Die internationale Luftprivatrechtskonferenz und das Charterabkommen von Guadalajara ZLW 1962, 1 – 41
Ruhwedel, Edgar:	Der Luftbeförderungsvertrag, 3. Aufl., Frankfurt 1998
ders.:	Verordnung (EG) Nr. 2027/97 des Rates über die Haftung von Luftfahrtunternehmen bei Unfällen vom 9.10.1997, TranspR 1998, 13 – 16
ders.:	Das Montrealer Übereinkommen zur Vereinheitlichung bestimmter Vorschriften über die Beförderung im internationalen Luftverkehr vom 28.05.1999, TranspR 2001, 199 – 226
Sabathil, Sabine:	Lehrbuch des Linienflugverkehrs, 2. Auflage, Frankfurt 1994
Saenger, Ingo:	Harmonisierung des internationalen Luftprivatrechts, NJW 2000, 169 – 175
Schleicher R./ Reymann F. / Abraham H.J.:	Das Recht der Luftfahrt, Band 1, 3. Auflage, Berlin 1960
Schmid, Ronald:	Die Rechte des Reisenden beim Wechsel der Fluggesellschaft und des Luftfahrzeugs NJW 1996, 1636 – 1644
ders.:	Die Arbeitsteiligkeit im modernen Luftverkehr und ihr Einfluß auf die Haftung des Luftfrachtführers, Dissertation, Frankfurt 1983
ders.:	Der Wechsel der Fluggesellschaft - ein Reisemangel?, BB 1986, 1453 – 1456

Schmidt-Räntsch, Günther: Einige Fragen zur Anwendung des Zusatzabkommens von Guadalajara, Festschrift für Meyer, Köln 1975, 217–225

ders.: Die Ausführung der Luftbeförderung durch einen Dritten, Festschrift für Otto Riese, Karlsruhe 1964

Schmitt, J. : Leistungsstörungen im Reisevertragsrecht JR 1987, 265

ders.: Neues Haftungsregime für internationale Luftbeförderung, RRa 1999, 131

Schwenk, Walter: Handbuch des Luftverkehrsrechts, 2. Auflage, Köln 1997

ders.: Reisebüro, Reiseveranstalter und Luftfahrtunternehmen - ihr Verhältnis bei der Beförderung von Fluggästen, ZLW 1974, 103 – 118

Selb, Walter: Mehrheiten von Gläubigern und Schuldnern, Tübingen 1984

Soames, Trevor: Opportunities and Challenges in the Aviations New World Order, Brüssel 1998, 30 – 36

Staudinger, Julius. von: Kommentar zum BGB mit Einführungs- und Nebengesetzen, 13. Auflage, Berlin 1995

Sundberg, Jacob: Aircharter, Stockholm 1961

Tempel, Otto: Die Pflichten des vermittelnden Reisebüros NJW 1999, 3657 – 3736

ders.: Informationspflichten bei Pauschalreisen NJW 1996, 1625 – 1696

ders.: Die Bemessung der Minderung der Vergütung in Reisevertragssachen, NJW 1985, 97 – 103

ders.: Geringfügige Reisemängel NJW 1997, 2206 – 2213

Thomas, Frank: Nochmals: Rechtsprobleme des Code-Sharing, TranspR 1998, 151 – 152

Thume, Karl-Heinz:	Die Haftung des ausführenden Frachtführers nach § 437 HGB, VersR 2000, 1071 – 1078
ders.:	Transport- und Vertriebsrecht, Auflage, 2000
Uibel, Siegfried:	Der Pauschalreisende und das Charterflugzeug, NJW 1986, 296 – 299
Vitt, Elmar:	Reiserecht als Mittel zur Kontrolle und Verbesserung der Flugsicherheit NJW 1996, 2916 – 2918
Vollmar, Iris-Beatrix:	Die Haftung des Luftfrachtführers nach deutschem Recht für Personenschäden von Fluggästen bei nationaler und internationaler Beförderung, Dissertation, Köln 1986
Waegner, Paje Jochen:	Haftungsfragen bei Flugesellschaftsreisen, Dissertation, Kiel 1972
Wassenbergh, H.A.:	International Airtransport: Regulatory Approaches in the `90s, ASL 1992, 68 – 77
ders.:	The Future of International Air Transportation Law, AASL 1995, 383 – 412
Wilken, D./Beyhoff, S./Ehmer, H.:	Code-Sharing im internationalen Luftverkehr der Bundesrepublik Deutschland, Köln 1995
Wrangell, Nikolas von:	Globalisierungstendenzen im internationalen Luftverkehr, Dissertation, Frankfurt 1999
Zantke, S.:	ABC des Luftverkehrs, 6. Auflage, Hamburg 1990
Zapp, Michael:	Ansprüche gegen den ausführenden Frachtführer bei internationalen Lufttransporten, TranspR 2000, 239 – 242

VORWORT UND PROBLEMSTELLUNG:

1993 zählten die europäischen Fluggesellschaften auf ihren Flügen 64 Millionen leere Flugsitze[1]. Um der Ausweitung dieses Phänomens entgegenzuwirken und die vorhandenen Überkapazitäten abzubauen, erarbeiteten die Airlines in den folgenden Jahren neue Kooperationsformen und Marketingstrategien. So wird inzwischen weltweit der Luftverkehrsmarkt zunehmend sowohl national als auch international durch Kooperationen der verschiedensten Art, insbesondere zwischen den großen europäischen und amerikanischen Fluggesellschaften, geprägt[2]. Code-Sharing wurde dabei als Phänomen der 90er Jahre die heute wohl gängigste und häufigste Form der strategischen Zusammenarbeit von Airlines[3].
Code-Sharing ermöglicht es den Luftfahrtunternehmen, Flugdienste im eigenen Namen anzubieten, ohne daß dabei die vermarktende Fluggesellschaft den Flugdienst selbst durchführt. Denn der angebotene Flug wird tatsächlich von einer anderen Airline absolviert. Somit sitzen Kunden verschiedener Fluggesellschaften, die unterschiedliche Tickets mit unterschiedlicher Flugnummer zu unterschiedlichen Preisen gekauft haben, im selben Flugzeug, ohne daß ihnen das vorher bekannt ist[4].
Rechtlich handelt es sich bei den zwischen den Unternehmen getroffenen Vereinbarungen um privatrechtliche Verträge der jeweils beteiligten Gesellschaften. Die Staaten selbst sind allenfalls mittelbar an diesen strategischen Allianzen beteiligt, sofern sie an den Fluggesellschaften beteiligt sind. Bei einer Umfrage der IATA aus November 1997 nach den derzeitigen und zukünftigen Erwartungen ihrer Mitglieder, sahen die meisten Befragten Code-Sharing derzeit als ein positives Instrument für ihre Gesellschaft an. Sie sind sich jedoch bewußt, daß diese Kooperationsform neben einer Vielzahl von Vorteilen neue Wettbewerbsprobleme mit sich bringt und betrachten Code-Sharing daher auch durchaus kritisch[5].
"Neue Allianz der Fluglinien", so das Handelsblatt vom 20.03.2000.[6].
Meldungen dieser Art finden sich in den letzten Jahren immer häufiger in der Presse.
Die erste internationale Code-Sharing-Verbindung entstand 1987 zwischen der amerikanischen Gesellschaft United Airlines und dem britischen Staatscarrier British Airways. Bisher wurden aber erst wenige der mit Code-Sharing verbundenen Rechtsprobleme untersucht, Lösungsvorschläge fehlen. Grund

---

[1] Montag, S. 100

[2] Soames, S.30, Müller-Rostin in NZV 2002, S. 68

[3] Haanappel, S. 183; Ehmer/ Berster/ Basedow/ Jung, S. 266, Rotations, 2/ 97, S. 2

[4] Goldmann in: Airline Business, Jan. 1995, S. 25

[5] Final Report vom November 1997 der IATA Aviation and Information Research, "IATA Member Airlines' Needs & Expectations"

[6] Handelsblatt, News am Abend vom 20.03.2000, S. 6

dafür ist, daß es sich bei Code-Sharing nicht um eine feste Rechtsterminologie, sondern um einen umgangsprachlichen ausfüllungsbedürftigen Begriff handelt, der eigentlich nur der Kennzeichnung eines komplexen wirtschaftlichen Phänomens dient[7]. Bis heute ist deswegen für Code-Sharing auch noch kein international einheitlicher rechtlicher Rahmen entwickelt worden. Vielmehr sind alle gegenwärtigen Vereinbarungen von den im Einzelfall relevanten luftverkehrspolitischen Interessen der beteiligten Fluggesellschaften geprägt[8].
Für Code-Sharing existiert mithin auch noch keine international verbindliche Definition[9]. Eine solche ist deshalb schwierig, weil es unterschiedliche Grade der Zusammenarbeit zwischen den Code-Sharing-Carriern gibt[10]. Der Verfasser macht daher in der vorliegenden Arbeit einen Definitionsversuch, der Code-Sharing auch in seinen rechtlichen Ausmaßen skizzieren soll. Fest steht auf jeden Fall, daß es sich bei Code-Sharing-Vereinbarungen für die beteiligten Gesellschaften um äußerst wertvolle Absprachen handelt, die erst in den letzten fünf bis zehn Jahren allmählich an Bedeutung gewonnen haben und wohl noch lange Zeit mit steigender Tendenz den Luftverkehr beherrschen werden[11].
Code-Sharing war ursprünglich als ein reines Marketing-Instrument mit dem Ziel der Umsatzsteigerung gesehen worden[12]. Wäre es aber ausschließlich ein reines Marketingproblem, würde es keine juristischen Fragen aufwerfen. Doch gerade hier haben sich mit zunehmender Code-Sharing-Praxis verschiedenartige Probleme herausgebildet, die belegen, daß Code-Sharing mehr als nur ein Marketing-Instrument ist. Diese Problematik soll mit der Arbeit untersucht und Lösungsvorschläge vorgestellt werden.
Nach der Vorstellung der Grundlagen des Code-Sharing[13] behandelt der Verfasser im zweiten, dem verkehrsrechtlichen Teil der Arbeit, die Frage, ob Code-Sharing nicht ein Umgehungstatbestand für restriktive bilaterale Abkommen darstellt, da hierdurch bestehende zwischenstaatliche Vereinbarungen unterwandert werden könnten. So könnten bestehende Luftverkehrsabkommen, Fluglinienpläne und Memorandum of Understanding ihrem Inhalt nach durch Code-Sharing-Vereinbarungen ausgehöhlt und umgangen werden.
Deswegen ist aus dieser Problematik heraus zu überlegen, inwieweit Code-Sharing zukünftig als eigenes Verkehrsrecht i.S.d. bilateralen Luftverkehrsabkommen zu behandeln ist und in diese sogar ausdrücklich mit einbezogen werden muß. Zu diesem Zweck werden die einzelnen Meinungen in

---

[7] Günther, S. 8
[8] ICAO, Study on the Implecations of Airline Code-Sharing, AT-WP/ 1785, S. 2
[9] Haanappel, S. 184
[10] Gansfort, S. 83
[11] Graumann, S. 8
[12] De Groot, S. 69
[13] Teil I der Arbeit

der Literatur vorgestellt, die sowohl bejahend als auch ablehnend der Frage gegenüberstehen. Des weiteren soll anhand der Entwicklung der verkehrsrechtlichen Praxishandhabung einiger Staaten und insbesondere durch das deutsche Bundesministerium für Verkehr, Bau- und Wohnungswirtschaft (BMVBW), das schon heute mit verschiedenen Ländern ausdrückliche Code-Sharing-Vereinbarungen getroffen hat, sowie der dazu bestehenden Rechtsprechung aufgezeigt werden, daß eine verkehrsrechtliche Grundlage eigentlich bereits existiert.
Art. 1 des sog. „Chikagoer Abkommens“ (ChikAbk) legt fest, dass jeder Staat über seinem Hoheitsgebiet die volle und ausschließliche Lufthoheit besitzt. Nach Art. 6 ChikAbk bedarf deshalb der Fluglinienverkehr über oder in das Hoheitsgebiet eines anderen Staates der Genehmigung des jeweiligen Staates. Diese Luftverkehrsrechte, die internatioinal als sog. „Freiheiten der Luft“ bezeichnet werden, räumen sich Staaten gegenseitig in bi- und multilateralen Abkommen ein. Damit stellt sich die Frage, inwieweit auch für Code-Sharing eine völkerrechtlich abgesicherte Freiheit eingeführt werden muß. Reichen insoweit die bisher im ChikAbk festgelegten 8 Freiheiten der Luft aus oder bedarf es einer neunten, ausschließlich auf Code-Sharing abgestellten Form?
Im dritten Teil der Arbeit stellt der Verfasser einen Code-Sharing-Vertragsentwurf vor. Er soll den, nach Ansicht des Verfassers, zwischen den Parteien notwendigen Regelungsinhalt bei Code-Sharing-Vereinbarungen aufzeigen. Neben Anmerkungen zur Rechtsanwendung bei Verträgen, in denen die Vertragsparteien verschiedener Nationalität sind, wird vorweg die Rechtsnatur des Code-Sharing- Vertrages diskutiert.
Den vierten Teil der Arbeit bildet die reisevertragsrechtliche Komponente des Code-Sharing bei Flugpauschalreisen, bei denen die Beförderung per Flugzeug nur eine Teilleistung des gebuchten Ganzen darstellt.
Ein Code-Sharing-Flug ist in allen Fällen nämlich für den Passagier insofern ein Novum, als er im Gegensatz zum typischen Flug, der durch die Angabe nur eines Codes und zugehöriger Flugnummer eindeutig gekennzeichnet ist, eine Code-Flugnummer-Kombination trägt, die eine eindeutige Zuordnung erschwert. Hinzu kommt, daß die Codierung der Code-Sharing-Flüge nicht von allen Fluggesellschaften einheitlich gehandhabt wird.
Die einfachste Form der Codierung ist die Aufführung einer sog. Doppelflugnummer, nämlich z.B. „XX 123“ und „YY 456“. Eine andere Möglichkeit ist die Bildung einer gemeinsamen sog. Flugnummernkombination z.B. „XX/ YY 123“. Ferner existiert auch eine sog. Doppel-Codekombination wie z.B. „XX 123/ YY 456“. In allen drei Fällen wird der Flug vom Unternehmen XX tatsächlich durchgeführt, und das Unternehmen YY läßt seine Passagiere nur „Huckepack“ mitfliegen[14]. So hat z.B. dic Fluggesellschaft LTU

[14] Haanappel, S. 187

GmbH & Co KG mit der Aero-Lloyd GmbH eine Code-Sharing-Vereinbarung für einen wöchentlichen Flugdienst in der Wintersaison 1999/ 2000 auf der Strecke Düsseldorf – Murcia/ Spanien eingerichtet. Der Flug wird tatsächlich von der Aero-Lloyd GmbH durchgeführt. Im LTU Reservierungssystem erscheint der Flug mit einer Doppelflugnummer als LT 142/ 3 = YP 5498/ 9. Auch auf der Flughafenanzeige am Flughafen Düsseldorf International wird der Flug mit den Brands und Flugnummern beider Carrier angezeigt.
Hier kommt es nicht selten auch zu unangenehmen Überraschungen für den Fluggast, wenn er feststellt, daß die von ihm gebuchte Airline nur auf dem Ticket vorzufinden ist, im übrigen aber alle Leistungen, die mit dem Flug verbunden sind, von einem Allianzpartner dieser Gesellschaft erbracht werden[15].
So berichtete der Touristik R.E.P.O.R.T. schon mehrfach von den täglichen Ärgernissen der Passagiere, die weltweit durch die Tücken der im Luftverkehr omnipräsenten "Flirts" in die Irre geführt werden[16].
Viele der paktierenden Carrier können schon ein gemeinsames Einchecken am Schalter nicht mehr gewährleisten, obwohl sie dies vollmundig propagieren. Auch ist längst nicht immer der Bordservice der Allianzpartner, wie versprochen, vergleichbar. Allein die Sprache an Bord bereitet häufig Schwierigkeiten. Ebenso spielt auch das Fluggerät eine nicht unwesentliche Rolle, denn hier bestehen erhebliche Komfortunterschiede bei den einzelnen Anbietern, die den Passagier vielleicht gerade deswegen veranlaßt haben, eine bestimmte Fluggesellschaft zu wählen[17].
Nach amerikanischen Erfahrungen gibt es bisher im Zusammenhang mit Code-Sharing-Flügen von Seiten des Passagiers hauptsächlich Beschwerden über den eingesetzten Flugzeugtyp. Bereits Mitte der achtziger Jahre häuften sich in den USA Beschwerden der Kunden[18]. Anders verhielt es sich bei Umsteigeflügen im Interlining. Hier war dem Passagier schon vor Beginn der Reise klar, daß er durch mehr als eine Gesellschaft befördert werden dürfte. Diese Transparenz wurde durch Code-Sharing aufgehoben. Die Reisenden waren insbesondere dann in ihrer Erwartungshaltung enttäuscht, wenn sie ihren Anspruch anhand von Erfahrungen mit großen Gesellschaften und dem von ihnen eingesetzten Jetgerät entwickelt hatten und nun stattdessen mit einer Turbopropmaschine vorlieb nehmen mußten[19].
Die Frage, die sich damit aufdrängt, ist, inwieweit der Passagier reisevertragliche Gewährleistungsrechte, wie Minderung des Reisepreises, eine gleichwertige Ersatzreise oder sogar den Rücktritt vom Vertrag i.S.d. §§ 651c ff. BGB geltend machen kann, wenn im Wege von Code-Sharing-Allianzen die

[15] De Groot, S. 65
[16] Touristik R.E.P.O.R.T. Nr. 21/ 97, S. 82
[17] De Groot, S. 65
[18] De Groot, S. 65
[19] Wilken/ Beyhoff/ Ehmer, S. 20

Fluggesellschaft und/ oder das Fluggerät eine/ ein andere/ anderes ist, als die/ das bei Buchung. Hierbei wird untersucht, ob es sich in diesem Fall um das „Fehlen einer zugesicherten Eigenschaft", bzw. einen „Fehler" i.S.v. § 651 a ff. BGB handelt. Die besondere Problematik liegt darin, daß die Diskussion darüber, wie beurteilt werden kann, ob eine andere als die vereinbarte Fluggesellschaft „gleichwertig" ist, stets subjektiv gefärbt ist. Deswegen ist insbesondere zu fragen, welche Kriterien für den Vergleich der kooperierenden Gesellschaften herangezogen werden können und inwieweit die Einschätzung des Reisenden selbst dafür maßgeblich sein muß.

Darüber hinaus untersucht der Verfasser innerhalb dieses Kapitels der Arbeit die Rechtsbeziehungen der Parteien im Sonderfall des Code-Sharing bei Flugpauschalreisen untereinander. Während bei der klassischen Konstellation sich lediglich die drei Parteien Fluggast, Fluggesellschaft und Reiseveranstalter gegenüberstehen, tritt diesen jetzt noch eine vierte hinzu. Dies ist die Airline, die neben der vermarktenden den Flugdienst tatsächlich durchführt. Hierbei entsteht ein sog. „Leistungsviereck".

Haftungsrechtlich untersucht die Arbeit im fünften Teil, bei welchem Luftfrachtführer der Passagier nach dem bestehenden Individualreiserecht bei etwaigen Personen- oder Sachschäden während des Fluges seine Ansprüche geltend machen kann/ muß. Denn bei Code-Sharing fallen die Gesellschaft, die den Flug anbietet und die, die den Flugdienst tatsächlich leistet, auseinander.

Es wird daher zunächst geprüft, inwieweit für Code-Sharing-Allianzen die Haftungsnormen des nationalen Rechts insbesondere auch der durch das Transportrechtsänderungsgesetz von 1998 neu eingeführte § 437 HGB, die EU-Haftungsvorschriften, das neue „Montrealer Übereinkommen" als Synopse des alten Warschauer Abkommens[20] sowie der einzelnen späteren Abkommen, insbesondere des Zusatzabkommens von Guadalajara, Anwendung finden. Anschließend wird ausführlich untersucht, wer in den verschiedenen Konstellationen des Code-Sharing (z.B. unter Beteiligung von zwei und/ oder drei Fluggesellschaften verschiedener Nationalität) Anspruchsgegner im Schadenfalle ist und inwieweit dem Passagier eventuell ein Wahlrecht zusteht, entweder die Fluggesellschaft in Anspruch zu nehmen, bei der er das Ticket erworben hat, oder die, die als Allianzpartner den Flug dann tatsächlich durchgeführt hat (Haftungsreichweite).

Aus der Sicht der am "Dreieck" beteiligten Flugunternehmen stellt sich aber auch die überaus wichtige Frage, wer Vertragspartner des Reisenden wird. Zu diesem Zweck geht der Verfasser der Frage nach, ob der zwischen den Fluggesellschaften geschlossene Code-Sharing-Vertrag als ein Vertrag zugunsten Dritter, nämlich zugunsten des Passagiers, ausgelegt werden kann.

---

[20] Warschauer Abkommen zur Vereinheitlichung von Regeln über die Beförderung im internationalen Luftverkehr vom 12.10.1929, RGBl. 1933 II, S. 1039

TEIL I: GRUNDLAGEN DES CODE-SHARING

1. Bisherige Formen der kommerziellen Zusammenarbeit

Code-Sharing ist strikt zu trennen von den in der Vergangenheit und auch heute nach wie vor anzutreffenden übrigen Formen der kommerziellen und strategischen Zusammenarbeit von Fluggesellschaften im Luftverkehr. In grober Differenzierung können die nachfolgenden Arten der Zusammenarbeit mit unterschiedlicher Kooperationsintensität unterschieden werden.

1.1. "Blocked-Space-Vereinbarungen"

"Blocked-Space-Vereinbarungen" wurden zur optimalen Ausnutzung vorhandener Sitzplatzkontingente eingeführt[21]. Deswegen wird diese Kooperationsform auch als Ursprung von Code-Sharing angesehen[22].
Die Vereinbarungen sehen vor, daß den Gesellschaften jeweils auf den Flügen des Partners feste Sitzplatzkontingente zugewiesen und diese unter eigenem Namen vermarktet werden[23]. Dabei werden die Kontigente in der Regel gegen einen Festbetrag zur Verfügung gestellt. Diese Form der Kooperation kann eine Unterform des Code-Sharing sein, weil Code-Sharing durchaus auch mit festgelegten Platzkontigenten von den Unternehmen betrieben wird[24].
Der Code-Sharing-Flug unterscheidet sich jedoch von Blocked-Space-Flügen dadurch, daß bei letzteren ein bestimmtes Kontingent an Sitzplätzen der anderen Fluggesellschaft vorher eingekauft und fest gebucht wird und von dieser anderen Fluggesellschaft mit (nur) deren Flugnummer dann der Flug durchgeführt wird[25].
Darüber hinaus können bei Blocked-Space-Vereinbarungen nur Platzkontingente einer anderen Fluggesellschaft geblockt werden. Der Kooperationspartner hat mithin nicht jederzeit den Zugriff auf beliebig viele Plätze durch ein gemeinsames Buchungssystem[26]. Er hat ein festes Kontingent mit Abnahmeverpflichtung und kann deswegen seine Passagiere nicht nach Bedarf einbuchen[27].

---

[21] ICAO, vgl. Fn. 8, S. 7

[22] Montag, S. 105; ICAO, vgl. Fn.8, S. 7

[23] ICAO, vgl. Fn. 8, S. 7

[24] so ist es vielfach üblich, dem Code-Sharing-Partner nur ein festes Kontingent an Plätzen zur Verfügung zu stellen, anstatt die unbegrenzte Buchungsmöglichkeit über CRS.

[25] von Wrangell, S. 123, Fn. 447

[26] Schwenk, S. 497

[27] De Groot, S. 63

1.2. "Wet-Lease-Vereinbarungen"

"Wet-Lease-Vereinbarungen" sind eine Unterform des Code-Sharing, aber kein reines Code-Sharing. Vielfach findet man beide Formen in Kombination[28]. Sie haben auf dem Gebiet der Europäischen Gemeinschaft ihre Rechtsgrundlage in Art. 5, 10 II i.V.m. Art. 9 und Art. 8 der EU-VO Nr. 2407/92[29].
Hierbei vermieten Fluggesellschaften ganze Luftfahrzeuge mit Besatzung an ein anderes Unternehmen[30]. In der Praxis geschieht dies normalerweise dadurch, daß Regionalfluggesellschaften das Personal und das Fluggerät auf den Zubringerflügen, die den Code der großen, den Hub bedienenden Gesellschaften tragen. Die Vermarktung der Flüge wird von den großen Fluggesellschaften übernommen, die diese aber nicht im eigenen Namen vertreiben. Vereinbarungen dieser Art gibt es insbesondere im Zubringerverkehr der Drehkreuzflughäfen sowohl in den USA als auch in Europa. Die den Flug tatsächlich durchführenden Gesellschaften treten jedoch, anders als bei Code-Sharing, nicht als Anbieter auf. Sie erhalten vielmehr feste Leasingbeträge von den großen Airlines[31].
Wichtigster Unterschied zu Code-Sharing ist, daß durch Wet-Lease immer die zivilrechtliche Haltereigenschaft auf das leasende Unternehmen übergeht, während die operationelle Verantwortlichkeit im Innenverhältnis (flugbetrieblich/ technisch) beim Leasinggeber verbleibt. "Halter" eines Luftfahrzeuges ist jede natürliche oder juristische Person mit Wohnsitz bzw. Sitz in einem Mitgliedstaat der Europäischen Union (EU), die im Einklang mit dem in diesem Staat geltenden Luftverkehrsrecht ein oder mehrere Luftfahrzeuge, oder ein Luftfahrtunternehmen in der Gemeinschaft gemäß der Definition in den Rechtsvorschriften der Gemeinschaft betreibt[32]. Deswegen besteht auch für eine solche Form der Kooperation Genehmigungspflicht durch das Luftfahrtbundesamt, wobei bei Luftfahrzeugen von Unternehmen innerhalb der EU der Sicherheitsstandard nicht erneut geprüft wird[33].

1.3. "Dry-Lease-Vereinbarungen"

Im Gegensatz zum "Wet-Lease" wird bei "Dry-Lease-Vereinbarungen" ein Luftfahrzeug ohne Besatzung vermietet. Jedoch wechselt auch hier, anders als

---

[28] ICAO Study, vgl. Fn. 8, S. 7
[29] abgedruckt bei: Giemulla/ Schmid/ Mölls/ Europäisches Luftverkehrsrecht, unter B I 1.1
[30] ICAO Study, vgl. S. 7
[31] Wilken/ Beyhoff/ Ehmer, S. 11f.
[32] Giemulla/ Schmid/ van Schyndel, S. 32
[33] "Grundsätze zur Genehmigung des Einsatzes von fremdregistrierten Luftfahrzeugen", herausgegeben vom BMVBW Ref. LR 13, April 1997; "Genehmigung deutscher Luftfahrtunternehmen", herausgegeben vom LBA, März 1997, beides unveröffentlicht

beim Code-Sharing, die zivilrechtliche Haltereigenschaft vom Leasinggeber auf den Leasingnehmer[34].

1.4. "Sub-Charter-Vereinbarungen"

Die Verwendung des Begriffes "Subcharter" ist nicht einheitlich. Zum einen werden damit all die Fälle bezeichnet, in denen ein Reiseveranstalter als sog. Charterer seinerseits als Vercharterer handelt, indem er Sitzplatzkapazitäten des Flugzeugs ganz oder teilweise an einen oder mehrere Dritte, i.d.R. andere Veranstalter, weiter verchartert, also unterverchartert[35]. Dadurch entsteht ein Leistungsviereck, an dem der Fluggast, das erste Reiseunternehmen als Charterer und Vercharterer, die Fluggesellschaft und ein Drittes Reiseunternehmen als Untercharterer teilnehmen.
Ferner spricht man von "Subcharter" auch in all den Fällen, in denen das Luftfahrtunternehmen als Vercharterer eine andere Airline mit der Durchführung des Fluges im Sinne einer Substitution beauftragt[36]. In solchen Fällen führt ein Luftfahrtunternehmen (Operator) auf Grund einer vertraglichen Vereinbarung mit einem anderen Luftfahrtunternehmen (Auftraggeber) gewerbliche Dienste im Unterauftrag durch. Tatsächlich durchführender Luftfrachtführer ist in diesem Fall der Operator. Der Auftraggeber als Luftfahrtunternehmen ist nur vertraglicher Luftfrachtführer. Er übernimmt also keinerlei Halterverantwortlichkeiten, die vollständig beim Operator verbleiben. Im Unterschied zum Code-Sharing tritt jedoch nach außen ausschließlich der Auftraggeber und nicht der Operator als vermarktendes Unternehmen auf[37].
Ferner wird in der zweiten Subcharter-Variante, anders als beim Code-Sharing, auf dem Flugschein in der Spalte "Endorsements" unter Verwendung des Letter-Codes des neuen Carriers vermerkt, wer als Operator den Flugdienst tatsächlich durchführt. Man bezeichnet diesen Vorgang deswegen auch als "Indossieren des Flugscheins"[38]. Für den Fluggast ist deswegen im Gegensatz zu Code-Sharing aus dem Ticket bereits ersichtlich, daß der Flugdienst von einem anderen Unternehmen durchgeführt wird.

---

[34] "Grundsätze zur Genehmigung des Einsatzes von fremdregistrierten Luftfahrzeugen", herausgegeben vom BMVBW Ref. LR 13, April 1997; "Genehmigung deutscher Luftfahrtunternehmen", herausgegeben vom LBA, März 1997, beides unveröffentlicht
[35] Gimbel, S. 75; Schleicher/ Reymann/ Abraham, Art. 1 WA, Rn. 18
[36] Gimbel, S. 75, Fn. 29
[37] Wilken/ Beyhoff/ Ehmer, S. 11ff.
[38] Schmidt-Räntsch, S. 495; Vollmar, S. 69; Waegner, S. 154

1.5. "Franchising – Vereinbarung"

Bei dieser Form der Kooperation betreibt der Franchise-Nehmer mit eigenem Flugpersonal und Fluggerät die Flugdienste des Franchise-Gebers in dessen Auftrag und bekommt dafür von diesem das Recht, in dessen Namen und Farben die vereinbarten Dienste durchzuführen. Die Vermarktung wird in der Regel vom Franchise-Geber durchgeführt[39]. Besonderheiten sind zum einen, daß, anders als bei einer "Wet-Lease Vereinbarung", das wirtschaftliche Risiko beim Franchise-Nehmer verbleibt und zum anderen dieser im Überlassungsvertrag sich verpflichten muß, die gleiche Produktqualität wie der Franchise-Geber anzubieten[40].
Im Unterschied zu Code-Sharing trägt ein im Rahmen einer solchen Vereinbarung durchgeführter Flug stets nur den Code des Franchise-Gebers, da der Franchise-Nehmer nicht auf dem Markt als eigenständiger Anbieter in Erscheinung tritt[41]. Die Haltereigenschaft geht dabei vollständig auf den Franchise-Nehmer über. Im übrigen ist die Intensität der Zusammenarbeit bei Franchise i.d.R. erheblich größer als bei Code-Sharing, denn der Franchise-Nehmer übernimmt das ganze Produkt des Franchise-Gebers und nicht nur dessen Flugnummer[42].

1.6. "Joint Ventures"

Bei dieser Form des Zusammenschlusses ist gewöhnlich das Ziel anders als bei Code-Sharing nicht nur eine Kooperation verschiedener Fluggesellschaften, sondern eine Veschmelzung der Unternehmen. Durch ein Abkommen können in einem Joint Venture in unternehmensinternen Rechnungslegungen sowohl die Kosten als auch die Einnahmen nach verabredeten Schlüsseln abgerechnet werden[43].
In dieser wohl intensivsten Form der Zusammenarbeit ist Code-Sharing nur ein Teil der Gesamtkonzeption auf dem Wege zum völligen Zusammenschluß. Die Haltereigenschaft geht im Zuge des Joint Ventures schließlich vollständig auf das verschmolzene Unternehmen über.

---

[39] Wassenbergh, in AASL 1995, S. 402; ICAO, vgl. Fn. 8, S. 7
[40] so fliegt die TAT Airlines mit Namen und Logo der British Airways auf Strecken innerhalb der
EU; ICAO Study, vgl. Fn. 8, S. 7
[41] Wilken/ Beyhoff/ Ehme, S. 12
[42] Montag, S. 106
[43] Wilken/ Beyhoff/ Ehme, S. 13

1.7. "Interlining"

Interlining ist in der Praxis eine Kombination von Flügen verschiedener Airlines mit einem Ticket, um einen Passagier von A mittels Umsteigeverbindung nach B zu befördern[44]. Insoweit erfüllen beide Flugangebote, Interline und Code-Sharing, den gleichen Grundsachverhalt, nämlich die Zusammenfügung verschiedener Einzelflüge in einem Ticket.
Der Unterschied zum Code-Sharing ist jedoch, daß bei Interline-Verbindungen die Carrier der einzelnen Streckenabschnitte im Ticket erscheinen, während bei Code-Sharing nur eine Gesellschaft genannt ist[45]. Interline war daher auf dem Weg zur Entwicklung von Code-Sharing eine Vorstufe, die auch heute noch häufig Verwendung findet[46].

1.8. "Controlled-Duplication-Vereinbarung"

Im Rahmen einer solchen Vereinbarung nutzen zwei Gesellschaften den selben Airline-Designator-Code, jedoch nicht wegen einer Kooperation zwischen den Unternehmen, sondern nur, weil die alphabetischen Möglichkeiten beschränkt und deswegen zwei Codes nicht möglich sind[47].
Im Unterschied zu Code-Sharing wird hier tatsächlich nur der Letter-Code geteilt, hingegen nicht auch Sitzplatzkapazitäten[48], so daß tatsächlich auch zwei verschiedene Flüge durchgeführt werden.

1.9. "Joint Operations"

Bei einer "Joint-Operation-Vereinbarung" wird ein Flugdienst im Namen und mit den Designator-Codes der jeweils beteiligten Airlines auf verschiedenen Routen angeboten und geflogen[49]. Die Gesellschaften teilen sich lediglich die Einnahmen und Ausgaben[50]. Im Unterschied zu Code-Sharing wird der Flug von beiden Parteien parallel durchgeführt. Einige Staaten setzen diese Form mit dem Code-Sharing gleich[51].

---

[44] Gansfort, 101; De Groot, S. 63
[45] Montag, S. 103
[46] Schwenk, S. 497
[47] Montag S. 104; ABC World Airways Guide 1994, S. 43 (danach führen die beiden Gesellschaften "Polar Air Cargo" und "Southern Air" beide den Code "SJ" als Letter Code)
[48] Montag, S. 101
[49] Montag, S. 104
[50] ICAO, Vgl. Fn. 8, S. 7
[51] ICAO, Doc. 9626, Manual on the Regulation of International Air Transport, First Edition (1996), S. 4.1-7

1.10. Poolabkommen

Hierbei handelt es sich um Vereinbarungen zwischen zwei oder mehr Fluggesellschaften über den gemeinsamen Betrieb des Flugverkehrs auf einer Strecke oder in bestimmten Gebieten und über die Teilung der Einnahmen und/ oder Ausgaben für dessen Betriebsführung, sowie die Aufteilung des Verkehrs nach festgelegten Schlüsselwerten[52]. Die Gesellschaften schließen sich bei der Zugrundelegung des deutschen Rechts in der Rechtsform der Gesellschaft des bürgerlichen Rechts zusammen.

1.11. Fusion

Fusion ist die Vereinigung der Vermögen mindestens zweier Unternehmen. Man unterscheidet insoweit die Fusion durch Aufnahme und durch Neubildung.
Im ersten Fall überträgt ein Unternehmen sein Vermögen als Ganzes an ein anderes und verliert dadurch sowohl seine rechtliche als auch seine wirtschaftliche Selbstständigkeit. Im zweiten Fall übertragen die Gesellschaften ihr Vermögen gemeinschaftlich auf eine neu zu gründende Gesellschaft, geben mithin beide ihre rechtliche und wirtschaftliche Selbstständigkeit auf. Hintergrund für Fusionen ist u.a. der Wunsch der Marktausweitung bis zur Marktbeherrschung[53]. Fusionen sind im Luftverkehrsmarkt eher die Ausnahme, da durch Allianzen vielfach effektiver das selbe Ziel erreicht werden kann. Im Gegensatz zu Allianzen müßte nämlich zur Erzielung großer Synergieeffekte ein sehr großes Unternehmen aus der Fusion entstehen. Daneben stellen grenzüberschreitende Fusionen die Unternehmen vor große Probleme. Denn zum Erhalt der Verkehrsrechte, d.h. Start- und Landerechte der einzelnen fusionierenden Unternehmen, bedarf es weiterhin nationaler Mehrheitsverhältnisse.

1.12. Strategische Allianzen

Seit Anfang der neunziger Jahre existiert der Begriff der "strategischen Allianzen", der zur Umschreibung einer bestimmten Form der Zusammenarbeit von Unternehmen dient. Sie entstanden als eine Reaktion auf die zusammenwachsenden Märkte und sollen den großen Konzernen dabei behilflich sein, ihre Position auf dem Weltmarkt halten bzw. ausweiten zu können. Im Bereich des Luftverkehrs gehen Fluggesellschaften derartige Allianzen mit dem Ziel ein, ein weltweites Streckennetz profitabel anbieten zu können. Dabei setzen sich die zumeist als Global Alliances vermarkteten

---

[52] Zantke, S. 374, Sabathil, S. 5

[53] Woll, S. 234

Zusammenschlüsse aus internationalen Gesellschaften zusammen, die aus allen Teilen der Welt stammen[54].
Im Gegensatz zu Fusionen schließen sich im Rahmen einer strategischen Allianz mehrere Fluggesellschaften zu einem Verbund zusammen (so z.B. die "Star Alliance"), um auf diesem Weg mit abgestimmtem Verhalten ihr Produkt, die Luftbeförderung, optimal anbieten zu können. Im Gegensatz zu einer Fusion behalten die Mitglieder einer Allianz hierbei aber vollständig ihre rechtliche und wirtschaftliche Selbständigkeit, verpflichten sich jedoch, sich im Sinne des Gesellschaftsverbundes zu verhalten. Code-Sharing ist dabei nur eine Form der Kooperation innerhalb von Allianzen[55].

2. Definitionen für Code-Sharing

Umgangssprachlich ist der Begriff des Code-Sharing in aller Munde. Er ist aber im grenzüberschreitenden Luftverkehr ein noch junges und sich nicht einheitlich entwickelndes Phänomen. Daher fehlt es noch an einer allgemein gültigen und international verbindlichen Definition. Wissenschaft und Praxis haben unterschiedliche, teilweise divergierende Definitionen entwickelt. So wird letztlich der Begriff neben Übereinstimmungen auch mit immer anderen Nuancen für den selben Vorgang ausgestaltet.

2.1. Definition des amerikanischen Verkehrsministeriums

Das amerikanische Verkehrsministerium (Department of Transportation, DOT) definiert Code-Sharing als:
" the use of a single air carrier designator code by two or more air carriers[56]. "
Schwerpunkt dieser Definition ist der "Airline Designator Code". Airline Designator Codes werden von der International Air Transportation Association (IATA) gemäß der IATA Resolution 762 zugeteilt[57]. Dabei wird jeder Fluggesellschaft exclusiv ein Code zugewiesen (so z.B. "LH" für die Deutsche Lufthansa AG, "YP" für die Aero Lloyd GmbH, "LT" für LTU GmbH & Co KG, "HF" für die Hapag Lloyd GmbH), der für Reservierungen, Flugpläne, Flugtickets, Tarife und andere kommerzielle und verkehrliche Zwecke verwendet wird und allgemein anerkannt ist[58]. Die Formulierung des DOT ist

[54] von Wrangell, S. 115f.
[55] unter der Überschrift "Solange es Allianzen gibt, brauchen wir keine Fusionen", veröffentlichte Michael Seiser von der Frankfurter Allgemeinen Zeitung (F.A.Z.) in der Ausgabe vom 03.11.1999 ein Gespräch mit den Herren Bammer und Rehulka vom Vorstand der Austrian Airlines (AUA).
[56] abgedruckt unter: 14 CFR Part 399.88, vom 23.Sept. 1985, Infra note 23
[57] IATA IPSC/ 14, POC 15 (ergänzt im Oktober 1993)
[58] von Wrangell, S. 120

jedoch nach Meinung des Verfassers ausgesprochen weit und infolgedessen zu unbestimmt.

2.2. Definition der International Civil Aviation Organisation

Die "International Civil Aviation Organisation" (ICAO) definiert Code-Sharing in dem Handbuch für Regeln des internationalen Lufttransports hingegen als:
" the use of a flight designator code of one air carrier on a service performed by a second air carrier, which service is usually also identified (and mayby required to be identified) as a service of, and being performed by the second air carrier"[59].
Die Definition unterscheidet sich von der des DOT dadurch, daß sie deutlich macht, daß sich ein anderer Carrier nach Absprache des Designator-Codes einer Fluggesellschaft bedient und diese den Service selbst durchführt. Sie beinhaltet demnach schon die eigentliche Idee von Code-Sharing. Insbesondere wird deutlich, daß es sich um ein wechselseitiges Benutzen des Letter-Codes handelt.

2.3. Definition der EU-Kommission (DG VII)

"Code-Sharing is an commercial arrangement between two air carriers under which one party (the operating party) operates a particular service under its own or combined designator code, while allowing the other party (the Code-Sharing Carrier) to hold out the same service to the general public under its own or the same designator code without, however, operating the service[60]*."*

2.4. Definition der Beratungsfirma Stratagem für die EU Kommission

Die Beratungsgesellschaft Stratagem führte 1994 im Auftrag der europäischen Kommission eine Untersuchung zu Code-Sharing durch. In diesem Rahmen definierte sie selbiges als:

"An agreement between air carriers, whereby one party operates a particular service, while allowing another party to hold out at the same time the same service under that other partys's designator code, in addition to or in place of the code of the Operating-Carrier[61]*."*

---

[59] ICAO, vgl. Fn. 51, S 4.1-7

[60] Code-Sharing Studie der EU-Kommission, 1994, Az. O.J. 1994 C 192/ 22

[61] "Code-Sharing: A study into the consequences for the internal European Air Transport Market", commissioned by the air policy division of the Directorate General for Transport (DGVII) of the European Commission, Juni 1996 (Stratagem Report)

2.5. Definition des englischen Verkehrsministeriums

"Code-Sharing arrangement means a commercial arrangement between one airline and one more or more other airlines whereby each airline agrees to use the flight identifier letters and numbers (the "identifiers") of one airline for two or more connecting flights operated seperatly by them and each airline agrees that the airline whose identifiers are beeing used may hold out as its own the connecting flight operated by the other airline or airlines as the case of may be[62]."

Im Unterschied zur Definition der EU- Kommission legt die englische Fassung fest, daß es sich bei Code-Sharing-Flügen ausschließlich um "connecting flights" handeln darf[63].

2.6. Definition des Bundesministeriums für Verkehr, Bau- und Wohnungswirtschaft

Das Bundesministerium für Verkehr, Bau- und Wohnungswirtschaft (BMVBW) definiert Code-Sharing in seiner letzten verkehrspolitischen Leitlinie vom 01. Dezember 1999 wie folgt:

" Code-Sharing ist eine Kooperationsform von Luftfahrtunternehmen, bei der diese Verkehrsdienste im eigenen Namen unter Nutzung (oder Mitnutzung) der Dienste einer anderen Gesellschaft anbieten. Dabei verwendet das partizipierende Luftfahrtunternehmen seinen eigenen Airline-Designator-Code auf der von der kooperierenden Gesellschaft durchgeführten Flugverbindung, ohne selbst Fluggerät oder Personal für den Flug zu stellen[64]."

Das BMVBW legt einen Schwerpunkt seiner Definition darauf, daß die Gesellschaft, die ihren Letter Code vergibt, nicht selbst das Fluggerät bzw. Personal für diesen Flug stellt, den Flug aber unter ihrem Namen vermarktet.

2.7. Definitionen in der Literatur

Auch in der Literatur wurden diverse Ansätze zur Definition von Code-Sharing unternommen:

2.7.1. Schwenk

Schwenk definiert Code-Sharing als:

"Kooperationsform zwischen Luftfahrtgesellschaften, bei der ein Unternehmen den Flugdienst eines anderen Unternehmens in der Weise mitbenutzt, daß es

---

[62] "Consultation Paper on Code-Sharing", Juli 1993, S. 16

[63] Montag, S. 101

[64] Leitlinie abgedruckt bei www.luftrecht-online.de

eigenes Verkehrsaufkommen -Fluggäste oder Fracht- unter seiner eigenen Flugnummer auf dem Flugdienst des anderen einbucht, das die alleinige Verantwortung für die Durchführung des Fluges behält[65]*."*
Erstmalig taucht in diesem Definitionsversuch eine Zuweisung der Verantwortlichkeit auf. Diese wird nach Schwenk der unmittelbar durchführenden Gesellschaft vorbehalten. Nach Ansicht des Verfassers versteht Schwenk unter Verantwortlichkeit die des Halters. Ob und inwieweit der Begriff "Verantwortlichkeit" auch in haftungsrechtlicher Hinsicht verstanden werden muß, soll hier noch nicht vertieft werden und bleibt dem letzten Kapitel dieser Arbeit vorbehalten. Festzuhalten ist jedoch, daß Schwenk versucht -und dies nach Ansicht des Verfassers zu Recht- eine allgemeine Verantwortlichkeitszuweisung zu finden.

2.7.2. Soames

"Code-Sharing is thus an agreement between two airlines (or more, as could be the case, for example, within the framework of an alliance) to co-operate on a service between two points which is actually operated by one of the airlines, but which is sold to the customers by both airlines and which is designated under both of their flight codes. The carrier actually operating the service is called the "Operating-Carrier", while the carrier which supplies the transport services to tthe public, using the resources of the Operating-Carrier, is called the "Marketing-Carrier"[66] *".*

2.7.3. Gansfort

"Code-Sharing ist eine Kooperationsform von Fluggesellschaften, bei der eine Fluggesellschaft Flugdienste im eigenen Namen unter Nutzung der Dienste einer anderen Fluggesellschaft anbietet; dabei verwendet die vermarktende Fluggesellschaft ihren eigenen Airline-Designator-Code auf der von der kooperierenden Gesellschaft durchgeführten Flugverbindung[67]*."*

2.7.4. Donato

"Code-Sharing is an agreement between air carriers whereby one party operates a particular service, while allowing another party to hold out at the same time the same service under that other partys designator code, in addition to or in place of the code of the Operating-Carrier.[68]*"*

---

[65] Schwenk, S. 497

[66] Soames, S.30

[67] Gansfort, S. 84

[68] Donato, S. 232

Erstmalig wird innerhalb einer Definition die Möglichkeit einer Doppelflugnummer erwähnt.

2.7.5. von Wrangell

Von Wrangell nimmt für den Bereich des internationalen Luftrechts immer dann einen Code-Sharing-Flug an wenn:
"ein einziger Flug der unterschiedliche Flugnummern und Airline Designator Codes trägt, von zwei oder mehr beteiligten Gesellschaften angeboten wird, womit der Anschein entsteht, es würden eigene Flüge von den jeweiligen Gesellschaften durchgeführt."[69]

2.8. Definitionsvorschlag des Verfassers

Bei allen Definitionen fällt auf, daß zwar ein gemeinsamer Tenor überwiegt, eine vollständige Deckungsgleichheit jedoch nicht besteht. Diese herbeizuführen scheint gerade deshalb so schwierig, weil die unterschiedlichen Grade der Zusammenarbeit zwischen den Gesellschaften eine Vereinheitlichung erschweren.
Sachlich geht es jedoch bei Code-Sharing stets um dasselbe:
Ein von einer Fluggesellschaft durchgeführter Flugdienst von zwei oder mehr Gesellschaften wird durch eine gemeinsame Codezuordnung genutzt, wodurch die Unternehmen nebeneinander den Flug als eigenen verkaufen, d.h. die Sitzplätze vergeben, sich dabei aber gleichzeitig das wirtschaftliche Risiko und die Kosten teilen. Insoweit ist Gansfort zuzustimmen, wenn er ausführt, daß man, da ja nicht der Airline-Designator-Code geteilt wird, sinnvollerweise von "Flight-" oder "Route Sharing" sprechen sollte[70].
Von Bedeutung ist aber in Abgrenzung zu anderen Kooperationsformen, daß nicht, wie bereits erörtert, in einigen anderen Fällen der Zusammenarbeit die zivilrechtliche Haltereigenschaft und die operationelle Verantwortlichkeit auseinanderfallen. Halter bleibt nach Ansicht des Verfassers grundsätzlich im Rahmen einer Code-Sharing-Vereinbarung, unabhängig davon, zu welchen Teilen Buchungen von den Code-Sharing-Partnern vorgenommen werden, die Airline, die den Flug auf der (Teil-)Strecke tatsächlich durchführt. Wenn zum Beispiel LTU GmbH & Co KG im Rahmen ihres Code-Sharing-Dienstes mit der Air Namibia ausschließlich Passagiere der Air Namibia unter gemeinsamer Flugnummer transportiert, verbleibt die Haltereigenschaft ebenso wie die operationelle, d.h. verkehrsrechtliche Verantwortlichkeit bei LTU.

[69] von Wrangell, S. 122
[70] Gansfort, S. 84

Um in Zukunft dem sehr komplexen System des Code-Sharing durch eine klare Abgrenzung gegenüber den übrigen Kooperationsformen gerecht zu werden und um ein gewisses Maß an Rechtssicherheit herbeizuführen, wäre es wünschenswert, eine international verbindliche Definition für Code-Sharing festzulegen. Diese Definition sollte sich aus den folgenden Bestandteilen zusammensetzen:

1. Kooperationsform von zwei oder mehr Fluggesellschaften
2. unter eigenem Namen einer der Gesellschaften
3. zum Transport von Fracht oder Fluggästen
4. unter Benutzung von nur einem gemeinsamen Airline-Designator-Code
5. die den Code stellende Fluggesellschaft führt den Flugdienst (evtl. auch nur streckenweise) mit eigenem Personal und Fluggerät, oder gar nicht selbst, durch
6. die operationelle Verantwortung für und während der Durchführung des Flugdienstes verbleibt ebenso wie die zivilrechtliche Haltereigenschaft alleinigbei der jeweils auf der Strecke operierenden Gesellschaft

Hieraus ergibt sich die folgende vom Verfasser vorgeschlagene und für die nachfolgenden Ausführungen verwendete Definition:

" Code-Sharing ist eine Kooperationsform mehrerer Fluggesellschaften zum Transport von Fluggästen oder Fracht, unter Benutzung nur eines Airline-Designator-Codes, wobei die den Code vergebende Gesellschaft zwar namentlich auftritt, die Dienste aber entweder nur streckenweise oder gar nicht selbst durchführt und die Haltereigenschaft sowie die operationelle Verantwortung für die Durchführung beim jeweils auf der (Teil-)Strecke operierenden Unternehmen verbleibt."

3. Die geschichtliche Entwicklung des Code-Sharing

3.1. Entwicklung in den USA

Historisch ist Code-Sharing auf eine Entwicklung in den USA Ende der siebziger Jahre zurückzuführen[71]. Zu dieser Zeit wurde größeres Fluggerät, insbesondere Jet-Fluggerät eingeführt, das anstelle von kleinen Propeller-Flugzeugen eingesetzt werden sollte. Hierdurch verdoppelten sich die Kapazitäten der Flüge[72]. Damit wurde für die großen Gesellschaften, wegen der Nichtauslastung der Flugzeuge zu kleineren Zielflughäfen, die Streckenbedienung wirtschaftlich unrentabler[73].

Diese Entwicklung verschaffte kleineren Regionalfluggesellschaften die Möglichkeit, den großen Fluggesellschaften Passagiere von den kleineren

---

[71] Montag, S. 99; De Groot, S. 64

[72] die Kapazität wurde dadurch von 40 auf bis zu 90 Passagiere erhöht

[73] Wilken/ Beyhoff/ Ehme, S. 17ff.

Flughäfen zu den Verkehrsknotenpunkten (sog. Hubs) zuzuführen. So kam es dazu, daß erstmals 1967 eine kleinere Regionalfluggesellschaft den Code einer großen amerikanischen Airline trug[74]. Damit war der Tatbestand des Code-Sharing geschaffen. In den Anfängen bezog sich Code-Sharing in der Regel nur auf die Zusammenarbeit zwischen einer großen nationalen und einer Regional-Fluggesellschaft.
Die amerikanische Entwicklung schritt in den achtziger Jahren fort, als im Rahmen von internationalen Code-Sharing-Abkommen auch ausländische Fluggesellschaften den Weg in den inneramerikanischen Markt suchten. Auf Seiten der USA bestand die Sorge, daß durch ausländische Code-Sharing-Angebote der Eindruck entsteht, ausländische Fluggesellschaften würden Flugdienste auf inneramerikanischen Strecken für die Öffentlichkeit anbieten (sog. Kabotage)[75], was seinerzeit nach amerikanischem Recht aber verboten war[76]. So hatten 1990 bereits 38 der 40 größten amerikanischen Regionalfluggesellschaften Code-Sharing-Abkommen getroffen[77]. Zwischen 1994 und 1998 haben sich die Code-Sharing-Allianzen in den USA von 61 auf heutige 163 Dienste mehr als verdoppelt[78]. Weltweit wurden im Januar 1997 bereits 17% aller verfügbaren Sitzmeilen in Code-Sharing angeboten[79].

3.2. Entwicklung in Europa

3.2.1. im Verkehr innerhalb Europas

Art. 1 ChikAbk legt fest, dass jeder Staat über seinem Hoheitsgebiet die volle und ausschließliche Lufthoheit besitzt. Art. 6 ChikAbk enthält jedoch einen Genehmigungsvorbehalt, wonach der internationale Fluglinienverkehr über oder in das Hoheitsgebiet eines anderen Staates von der besonderen Genehmigung des jeweiligen Vertragsstaates abhängt[80], der dem Interessenten -auf bisher meist restriktiver Grundlage- Verkehrsrechte einräumte.
Durch diesen Genehmigungsvorbehalt spielt sich auch bis heute noch der gesamte internationale Fluglinienverkehr außerhalb der EU im Rahmen eines komplizierten Systems der gegenseitigen Gewährung von Verkehrsrechten in bilateralen oder multilateralen Luftverkehrsabkommen (sog. „Air-Service-Agreements") ab[81], die ihrer Rechtsnatur nach völkerrechtliche Verträge

---

[74] De Groot, S. 69
[75] Wilken/ Beyhoff/ Ehme, S. 18
[76] De Groot, S. 69
[77] De Groot, S.64
[78] "Aviation Daily" vom 14. Januar 1999, S. 73
[79] "Aviation Daily" vom 10. März 1997, S. 403
[80] Chicagoer Abkommen, abgedruckt im BGBl. 1956, II, S. 411
[81] Gansfort, S. 87

darstellen[82]. Der internationale Luftverkehr, sowohl der Fluglinien- als auch der gewerbliche Gelegenheitsverkehr, basiert daher auf (Verkehrs-)Rechten, die sich Staaten in diesen bilateralen Abkommen gegenseitig gewähren[83]. Historisch betrachtet waren alle bilateralen Luftverkehrsabkommen restriktiv. Denn ursprünglich besaßen die meisten Länder einen eigenen Staatscarrier, der die jeweiligen Landesfarben ins Ausland trug und damit die Existenz dieses Staates gegenüber der übrigen Welt verdeutlichte. Er diente insoweit als Aushängeschild des Heimatlandes[84]. Zur Zeit fällt etwa noch 40% des deutschen Flugverkehrs ins Ausland unter die in den bilateralen Luftverkehrsabkommen getroffenen Regelungen, wobei in den meisten dieser etwa 125 Abkommen der Flugverkehr stark reglementiert wurde. Hierfür gilt nach wie vor der Grundsatz: "Was nicht ausdrücklich erlaubt ist, ist verboten"[85].

Die im Rahmen von Luftverkehrsverhandlungen von der Bundesrepublik Deutschland so geschlossenen Abkommen bedürfen, damit sie innerstaatlich verbindliches Recht mit Gesetzesrang werden, nach ihrer Zeichnung durch die Vertragsparteien der Umsetzung in Bundesrecht durch ein eigenes Bundesgesetz, das sog. Transformationsgesetz (Art. 59 GG), das als "Zustimmungsgesetz" verkündet wird[86].

In diesem Sinne ist ein "Verkehrsrecht" die Befugnis, den Luftraum eines Staates mit einem Luftfahrzeug benutzen zu dürfen[87], oder wie es die EU-Kommission für den Bereich der EU definiert, das Recht eines Luftfahrtunternehmens zur Beförderung von Fluggästen, Fracht und/ oder Post auf einem Flugdienst zwischen zwei Flughäfen der Gemeinschaft[88]. Möchte ein Unternehmen einen Flugdienst in ein Nicht-EU-Land aufnehmen, so bedarf es dazu zunächst einer zwischenstaatlichen Vereinbarung über die Verkehrsrechte, zwischen den von Start, Landung und Überflug betroffenen Ländern[89].

Die Verkehrsrechte werden international als sog. „Freiheiten der Luft" bezeichnet[90]. Auf der Chikagoer Konferenz von 1944 wurden zunächst fünf Freiheiten definiert, die inzwischen um drei weitere, offiziell nicht anerkannte Kombinationen ergänzt wurden[91]. Bei jeder einzelnen Typisierung sind daneben

---

[82] Gansfort, S. 88

[83] Giemulla, in Giemulla/ Schmid, Vor. § 20 LuftVG Rn. 29

[84] Gansfort, S. 84/ 85; Günther, S. 9

[85] Wilken/ Beyhoff/ Ehme, S. 103; Gansfort, S. 87

[86] Schwenk, S. 483

[87] Schwenk, S. 582

[88] Definitionen zu EU-VO 2407/92, 2408/92, 2409/92, herausgegeben vom Referat LS 12 beim Bundesministerium für Verkehr und Bau- und Wohnungswesen, S. 3

[89] Sabathil, S. 3

[90] Giemulla, in Giemulla/ Schmid Vor. § 20 LuftVG Rn. 29; Gansfort, S. 87

[91] Lufthansa-Jahrbuch 1992, S. 39

Abweichungen von einzelnen Typen und deren Mischformen nicht ausgeschlossen[92]. Die derzeit acht verschiedene Freiheiten sind:

Verkehrsrecht der 1. Freiheit:
Das Recht, das Hoheitsgebiet eines Vertragsstaates ohne Landung zu überfliegen.

Verkehrsrecht der 2. Freiheit:
Das Recht, im Hoheitsgebiet eines Vertragsstaates zu nicht gewerblichen Zwecken zu landen. (z.B. Tankstop, Crew-Wechsel)

Vekehrsrecht der 3. Freiheit:
Das Recht, Fluggäste, Fracht und Post vom Heimatstaat des Luftfahrzeuges in einen anderen Vertragsstaat zu befördern und dort abzusetzen.

Verkehrsrecht der 4. Freiheit:
Das Recht, Fluggäste, Fracht und Post im anderen Vertragsstaat aufzunehmen und in den Heimatstaat des Luftfahrzeuges zu befördern.

Verkehrsrecht der 5. Freiheit:
Das Recht, Fluggäste, Fracht und Post zwischen dem anderen Vertragsstaat und dritten Staaten zu befördern, entweder auf Intermediate-Punkten oder von/ zu Beyond-Punkten.

Verkehrsrecht der 6. Freiheit:
Das Recht, Fluggäste, Fracht und Post im anderen Vertragsstaat aufzunehmen und nach Zwischenlandungen im Heimatstaat des Luftfahrzeugs in einen dritten Staat weiterzubefördern und umgekehrt.

Verkehrsrecht der 7. Freiheit:
Das Recht, dauernd Fluggäste, Fracht und Post zwischen zwei anderen Vertragsstaaten zu befördern, ohne daß dieser Verkehr Teil einer Fluglinienverbindung mit dem Heimatstaat des Luftfahrzeugs ist.

Verkehrsrecht der 8. Freiheit:
Das Recht, Fluggäste, Fracht und Post innerhalb eines anderen Vertragsstaates zwischen den dort vorhandenen Flughäfen zu befördern (Kabotageverkehr)[93].

---

[92] Schwenk, S. 363 ff.
[93] Association of European Airlines, Jahrbuch 1999, S. 79

Da die Gewährung und Versagung von Verkehrsrechten zwischen Deutschland und den übrigen Nicht-EU-Staaten bis heute stets durch die gegenseitigen wirtschaftlichen Interessen der Parteien geprägt ist, handelt es sich um wirtschaftliche Vorteile von bedeutendem Wert[94].
Auch der innereuropäische Linienflugverkehr konnte sich zunächst nur im Rahmen bilateral festgelegter Luftverkehrsabkommen entwickeln[95].
Bereits seit 1987 arbeiteten die verschiedenen Gremien der Europäischen Gemeinschaft (heute: Europäische Union) kontinuierlich darauf hin, diesen bilateralen Ordnungsrahmen in den Ländern der Europäischen Union (EU) und den assoziierten Ländern des europäischen Wirtschaftsraums (EWR) durch eine liberale Marktordnung abzulösen. Ziel dieser Bemühungen war es, eine Öffnung des Wettbewerbs zwischen den einzelnen Luftfahrtunternehmen zu fördern und eine verbesserte Kapazitätsaufteilung zu erreichen[96]. In diesem Zusammenhang wurden nacheinander drei Maßnahmenbündel erarbeitet, die schlagwortartig als "Liberalisierungspakete" bezeichnet werden. Das dritte und für diese Arbeit wichtigste Liberalisierungspaket ist vollständig seit dem 01. April 1997 in Kraft. Seitdem steht der Himmel über der Europäischen Union den europäischen Fluggesellschaften verkehrsrechtlich offen[97] mit der Folge, daß für Flugunternehmen, die über eine Flugbetriebsgenehmigung nach der Verordnung (EWG) Nr. 2407/ 92[98] verfügen, verkehrsrechtliche und kapazitätsmäßige Beschränkungen grundsätzlich aufgehoben sind[99]. So gibt es auch für Code-

[94] Giemulla, in Giemulla/Schmid, Vor. § 20 LuftVG Rn. 29

[95] hierzu instruktiv Lücke

[96] Schmid, in Giemulla/ Schmid, Einf. S. 5 ff.

[97] man spricht in solchen Fällen von "Open Sky"- Abkommen, d.h. strecken- und verkehrsrechtlich bestehen keine Beschränkungen mehr für die Unternehmen, die diesem Abkommen unterliegen.

[98] Giemulla/ Schmid/ Mölls, B I 1.1

[99] Zur Aufnahme von Flugverkehr bedarf es grundsätzlich einer Betriebs- und Streckengenehmigung.Beide sind in ihrer Rechtsnatur begünstigende Verwaltungsakte i.S.v. § 35 Absatz 1 Satz 1 Verwaltungsverfahrensgesetz (VwVfG). Die Betriebsgenehmigung ist eine Genehmigung, die ein Unternehmen berechtigt, je nach Angaben in der Genehmigung Fluggäste, Post und/ oder Fracht im gewerblichen Luftverkehr zu befördern (vgl. Giemulla/ Schmid/ van Schyndel, S. 5; Definitionen zu Verordnungen (EWG) Nr. 2407/ 92, 2408/ 92, 2409/ 92). Sie findet ihre Regelung sowohl im nationalen Recht in § 20 Luftverkehrsgesetz (LuftVG) als auch in der europäischen Verordnung (EWG) Nr. 2407/ 92. Es handelt sich jedoch um eine Grundgenehmigung, die für sich allein noch keine Rechte auf bestimmten Strecken oder Märkten gewährt (vgl. Schwenk, S. 526). Deshalb ist daneben eine Streckengenehmigung erforderlich, um die Verkehrsrechte in das Zielgebiet nutzen zu können. Mit der Streckengenehmigung erteilt ein Staat einem Unternehmen mit einer gültigen Betriebsgenehmigung die Erlaubnis, Verkehrsrechte auf einer festgelegten Route zu nutzen. Die Streckengenehmigung wird in § 21LuftVG, sowie in Verordnung (EWG) Nr. 2408/ 92 für die Rechte innerhalb der Staatengemeinschaft geregelt. Führt der Flugdienst in Zielgebiete außerhalb von EU/ EWR,

Sharing-Vereinbarungen zwischen den europäischen Luftverkehrsgesellschaften auf Strecken innerhalb der EU beim Marktzugang keine verkehrsrechtlichen Beschränkungen mehr, d.h., es steht den Airlines jederzeit frei, Code-Sharing-Dienste zwischen den Städten der EU und des EWR in beliebiger Häufigkeit am Markt anzubieten.
Die in diesem Paket hierfür wesentliche Verordnung vom Juni 1992, die Verordnung (EWG) Nr. 2408/ 92, legt als eine Marktzulassungsordnung die verkehrsrechtlichen Rahmenbedingungen für eine Zulassung zu Strecken des innergemeinschaftlichen Flugverkehrs fest[100]. Sie ist seit dem 01. Januar 1993, in Einzelheiten spätestens seit dem 01. April 1997, in Kraft und folglich in den Mitgliedstaaten unmittelbar geltendes Recht. Gemäß Art. 3 Absatz I i.V.m. Art. 7 Verordnung (EWG) Nr. 2408/ 92 wurde es den Gemeinschaftsluftfahrtunternehmen erlaubt, Verkehrsrechte auf allen Strecken der Gemeinschaft auszuüben und diese "betrieblich zu verbinden sowie die gleiche Flugnummer zu verwenden". Hierdurch wurde der Tatbestand des Code-Sharing verkehrsrechtlich erstmals gesetzlich für das Gebiet der Staatengemeinschaft festgeschrieben. Die Luftfahrtunternehmen der Gemeinschaft haben nunmehr alle denkbaren Kombinationsmöglichkeiten und können folglich die Verkehrsrechte und die eingesetzte Kapazität zum beiderseitigen Vorteil fast unbegrenzt nutzen[101]. Die freie Ausübung von Streckenrechten ist jedoch nach Art. 1 Abs. 1 Verordnung (EWG) Nr. 2408/ 92 räumlich auf das Gebiet der Mitgliedstaaten begrenzt.

3.2.2. im Verkehr mit Nicht-EU-Staaten

Neben dem liberalisierten europäischen Binnenmarkt gibt es die Luftverkehrsverbindungen aus und in Nicht-EU-Staaten, die nach wie vor nur durch bilaterale, vielfach noch stark restriktive Abkommen, geregelt sind[102].
Inwieweit Code-Sharing-Dienste hierin ausdrücklich normiert sind bzw. normiert werden sollten, soll an dieser Stelle der Arbeit noch nicht ausführlich behandelt werden, sondern bleibt den Überlegungen zu den verkehrsrechtlichen Problemen zu Code-Sharing vorbehalten. Es kann jedoch schon jetzt festgehalten werden, daß zunehmend bei den Verhandlungen von

erfolgt die Erteilung der Streckengenehmigung durch die Benennung (Designierung) des Unternehmens im Rahmen eines bestehenden Luftverkehrsabkommens (vgl. Schwenk, S. 542). In Fällen, in denen solche Abkommen nicht bestehen, richtet sich die Streckengenehmigung nach den Vorschriften über den Ausflug deutscher Flugunternehmen aus dem Hoheitsgebiet, geregelt in § 2 Absatz 6 LuftVG, §§ 90-93 Luftverkehrszulassungsordnung (LuftVZO).

[100] Giemulla, Schmid, Mölls, B I 1.1

[101] Schwenk S. 523; Gansfort, S. 86

[102] weltweit existieren nach wie vor eine Vielzahl restriktiver Luftverkehrsabkommen

Luftverkehrsabkommen eine ausdrückliche "Code-Sharing-Klausel" in das Vertragswerk aufgenommen wird[103].

3.3. Entwicklung in der Bundesrepublik Deutschland

Die Entwicklung von Code-Sharing in Deutschland ist sehr stark durch die Luftverkehrsbeziehungen zu den USA beeinflußt worden. Das Thema wurde verkehrsrechtlich und verkehrspolitisch erstmalig in den langwierigen Luftverkehrsverhandlungen zwischen Deutschland und den USA in den Jahren 1992 bis 1994 thematisiert[104].

Im Rahmen einer Code-Sharing-Vereinbarung zwischen der amerikanischen Fluggesellschaft Northwest Airlines Inc. und dem niederländischen Staatscarrier KLM Royal Dutch Airlines wurde das Phänomen dieser neuen Form der Zusammenarbeit von Flugunternehmen erstmalig juristisch für die Bundesrepublik Deutschland, d.h. für das damalige Bundesverkehrsministerium, zum Präzedenzfall. Denn die Vereinbarung der beiden Gesellschaften ermöglichte es einer nicht designierten amerikanischen Gesellschaft, in ihrem eigenen Flugprogramm Landepunkte in Deutschland anzubieten.

Als Ausfluss dieser Erfahrung des Bundesverkehrsministeriums mit Code-Sharing wurden erstmals 1995 Leitlinien für die Aufnahme von Code-Sharing-Diensten durch deutsche Fluggesellschaften festgelegt[105]. Sie wurden seitdem nach Diskussionen mit Industrie und Verbänden immer wieder überarbeitet und liegen inzwischen in einer im Vergleich zur Urfassung erheblich modifizierten Auflage vor[106]. Die Entwicklung innerhalb der Leitlinien seit 1995 bis heute und die damit verbundene verkehrsrechtliche Praxishandhabung werden im folgenden noch ausfühlich erläutert.

Die Deutsche Lufthansa AG hatte bereits 1995 für Deutschland prognostiziert, daß Code-Sharing ihr einen Umsatzzuwachs im Jahr von 67 Mio. US $ oder täglich 1300 zusätzliche Passagiere erwirtschaften würde[107]. Allein durch die Kooperation im Code-Sharing mit United Airlines hat sich für die Partner ein Mehr von 100.000 Buchungen ergeben[108]. Außerdem haben sich für die Deutsche Lufthansa AG in 1996 durch Einkaufssynergien und gemeinsame

---

[103] so zuletzt auch bei den Luftverkehrsverhandlungen zwischen Deutschland und Australien/ Neuseeland im November 1997

[104] Gansfort, S. 81; De Groot, S. 67f.

[105] Verkehrspolitische Leitlinien des Bundesministeriums für Verkehr vom 05.12.1995 zu Code Sharing deutscher und ausländischer Fluglinienunternehmen, unveröffentlicht

[106] die Leitlinien wurden seit 1995 bereits 6 mal überarbeitet, was zweifelsfrei ein Zeichen dafür ist, daß die zuständigen Behörden selbst noch Probleme haben, die Kooperationsform Code-Sharing rechtlich sauber und abschließend einzuordnen.

[107] ICAO, vgl. Fn. 8, S. 15-18)

[108] "Kooperation läuft besser als erwartet" in: Handelsblatt vom 5./ 6. August 1994, S. 19

Flugdurchführungen mit dem Allianzpartner Kosteneinsparungen in Höhe von mehreren 10 Mio DM ergeben[109]. Deshalb sagt auch der Vorstandsvorsitzende der Deutschen Lufthansa AG, Jürgen Weber voraus, daß es in Zukunft nicht mehr den Wettbewerb der Gesellschaften, sondern den der Allianzen geben werde[110].
Die Deutsche Lufthansa AG hat inzwischen mit einigen anderen nationalen und internationalen Carriern unterschiedlichster Größe Code-Sharing-Vereinbarungen getroffen und so ein international verzweigtes Netz von Verbindungen geschaffen. Die Partnerschaften reichen von weltweiten Kooperationen über europäische Partner bis zu regionalen Zubringerdiensten[111].

4. Code-Sharing und das Computereservierungssystem "CRS"

Mit der Zunahme der Code-Sharing-Vereinbarungen wurde auch das Computer-Reservierungs-System (CRS) verfeinert und auf diese Entwicklung eingestellt[112]. Hierbei handelt es sich um ein System, das Informationen über Flugpläne, Tarife, verfügbare Sitzplätze sowie verwandte Leistungen liefert und mit dem Buchungen vorgenommen oder Flugscheine ausgestellt werden können[113].
In den Darstellungen der CRS für Flugverbindungen zwischen zwei Punkten gibt es sogenannte "Prioritäten Regelungen". Diese Regelungen unterliegen dem Code of Conduct, der verhindern soll, daß es zu einem sogenannten "Screen padding" kommt[114]. Erste Priorität genießen danach Non-Stop Flüge; zweite Priorität haben Direktflüge. Direktflüge sind Flugdienste zwischen zwei Flughäfen einschließlich Zwischenlandungen mit demselben Flugzeug und unter derselben Flugnummer[115]. Der Direktflug unterscheidet sich insoweit vom sogenannten Non-Stop Flug nur dadurch, daß er zwar mit dem selben Flugzeug durchgeführt wird, Zwischenstops aber möglich sind, während Non-Stop Flüge keine planmäßigen Unterbrechungen zulassen[116]. Dritte Priorität haben Umsteigeverbindungen, die einen Carrier-Wechsel beinhalten und als sog. Interline Flüge bezeichnet werden[117].

---

[109] Aviation Daily von 08. April 1997

[110] vgl. "Kein 'Big Bang' am europäischen Himmel" in Süddeutsche Zeitung vom 29./ 30./ 31. März 1997, S. 25

[111] Internet Homepage Lufthansa/ Alliances, www.lufthansa.de

[112] De Groot, S. 64

[113] Giemulla, Schmid, van Schyndel, S. 9; ABL. EG Nr. L 239 v. 30.08.1988, S. 13, Giemulla, Schmid, Mölls, Band I Nr. 2.2.

[114] Haanappel, S. 186; Leitlinie des BMVBW vom November 1994, S. 3

[115] Giemulla, Schmid, van Schyndel, S. 16

[116] Wilken/ Beyhoff/ Ehmer, S. 57

[117] Wassenbergh, in AASL 1995, S. 398

Im Ergebnis gelten danach die unter dem Code einer Gesellschaft durchgeführten Code-Sharing-Flüge, auch wenn es sich möglicherweise um Umsteigeverbindungen handelt, als Online-Verbindung ohne Carrier-Wechsel und erscheinen so vorrangig gegenüber Umsteigeflügen, die nicht auf einem Code-Sharing-Abkommen beruhen in der zweiten Prioritätsstufe auf der ersten Bildschirmseite[118], also vor den Interline Verbindungen[119]. Durch diese Regelung wurde den Airlines die Möglichkeit verschafft, sich mittels Code-Sharing Angeboten eine bessere Darstellung im CRS zu verschaffen , da erfahrungsgemäß ca. 85 % aller Flugbuchungen von der ersten Bildschirmseite (erste und zweite Prioritätsstufe) der Computer-Reservierungssysteme getätigt werden[120]. Der enorme Anstieg der Code-Sharing-Verbindungen der letzten Jahre hat jedoch zu einigen unvorhersehbaren Problemen im CRS geführt. Dadurch, daß jeder der paktierenden Carrier beim Code-Sharing seinen Flugnummerncode im CRS anzeigen darf, obwohl er nur auf den Flug des ausführenden Unternehmens "aufgesattelt" wird, kommt es zu einer Doppeldarstellung der Flugverbindungen, obwohl faktisch nur ein Flug stattfindet. Diesen Effekt bezeichnet man als sog. "Screen Clutter"[121], der dazu führt, daß oftmals die erste Bildschirmseite durch ein und den selben Flug vollständig ausgefüllt wird. Denn aufgrund der Code-Sharing-Vereinbarungen wird eine Vielzahl von Flugnummerncodes für den selben Flug angezeigt.
Wenn nunmehr beim Verkauf von Flügen der Vermittler sich nicht die Mühe macht, auch die übrigen Bildschirmseiten abzurufen, führt dies dazu, daß der Reisende niemals das gesamte Flugangebot vorgeschlagen bekommt. Darin liegt nach Ansicht des Verfassers eine Wettbewerbsverzerrung dergestalt, daß Gesellschaften im System, obwohl in der gleichen Priorität eingestuft, nicht gebucht werden, weil sie für den Kunden nicht sichtbar gemacht werden.

5. Formen des Code-Sharing

Es existieren unterschiedliche Varianten der Code-Sharing-Verbindungen, die auch oftmals noch miteinander verknüpft oder in ihrer Ausführung modifiziert werden[122].

5.1. Passagier- und Fracht Code-Sharing:

Einfachstes Unterscheidungsmerkmal von Code-Sharing ist wohl die Art des beförderten Gutes. Zum einen gibt es die herkömmlichen Passagier-Code-

[118] Schwenk, S. 497
[119] Chiavarelli, S. 199
[120] Wilken/ Beyhoff/ Ehmer, S. 56
[121] Rotations, 2/ 97, S. 4
[122] umfassende Erläuterung auch bei Wassenbergh in AASL 1995, S. 399f.

Sharing-Flüge, zum anderen sind aber auch durchaus Fracht-Code-Sharing-Flüge möglich, die nach dem gleichen System arbeiten.
So gab Lufthansa im Dezember 1999 seine erste "Allianz für Luftfracht" bekannt[123]. Danach soll Lufthansa Cargo ein Teil eines weltweit führenden Logistikverbundes werden. Das Ziel ist eine Allianz ähnlich der Star Alliance im Passagierverkehr.

5.2. Code-Sharing im Nachbarschaftsverkehr: (d.h. "dritte" und "vierte Freiheit Code-Sharing")

Es stellt die wohl gängiste und häufigste Form des Code-Sharing dar. Hierbei wird das Code-Sharing zwischen zwei Gateway-Flughäfen[124] durchgeführt, indem zwei Gesellschaften in der Form miteinander kooperieren, daß Fluggsellschaft A sowohl ihren als auch den Flug des Code-Sharing-Partners als eigenen vermarktet und vertreibt und Gesellschaft B umgekehrt das Gleiche tut. In diesem Fall sind die angebotenen Flugdienste rein rechnerisch doppelt so groß wie die tatsächlich geflogenen[125].

5.3. Code-Sharing als Umsteigeverbindung: (d.h. "fünfte Freiheit Code-Sharing")

Code-Sharing als Umsteigeverbindung wurde, wie oben bereits erläutert, im inneramerikanischen Verkehr entwickelt und später auf internationaler Ebene übernommen.
Hierbei dient Code-Sharing als grenzüberschreitender Flugdienst zu einem Auslands-Flughafen, von dem aus nach dem Umsteigen die Reisenden oder die Frachtgüter von der paktierenden Code-Sharing-Airline auf einem inländischen Flug weiterbefördert werden. Das gleiche wird auch in der umgekehrten Form betrieben, wobei der Inlandsflug nicht als Ab- sondern als Zubringerflug zur Weiterbeförderung dient[126].
Klassisches Beispiel für diese Fallvariante ist das heute durch die Open-Sky-Vereinbarung mit den USA hinfällig gewordene, aber bis vor wenigen Jahren noch betriebene Code-Sharing auf der Nordatlantikroute zwischen der Deutschen Lufthansa AG und United Airlines Inc.. Durch diese Kooperation bestand für die Lufthansa die Möglichkeit, über die drei Großflughäfen Chicago, Washington D.C. und San Francisco auf United Airline Zu- und Abbringer-Flügen 26 amerikanische Städte anzubieten. Umgekehrt konnte United Airline

[123] Lufthansa Magazin 12/ 1999, S. 75
[124] dies sind solche Flughäfen, dieVerkehrsknotenpunkte in den jeweiligen Staaten darstellen (sog. "Drehkreuzflughäfen")
[125] Wilken/ Beyhoff/ Ehmer, S.14; Gansfort, S. 83
[126] Wilken/ Beyhoff/ Ehmer, S. 14ff.

über Frankfurt mit innerdeutschem Zu- und Abbringer-Flug durch die Deutsche Lufthansa AG 11 deutsche Städte bedienen.
Eine solche Umsteigeverbindung wäre auch mit einem gekoppelten vor- und nachgelagerten Inlandsflug denkbar. Diese Variante der Umsteigeverbindung fand bisher jedoch wegen der zweimaligen Flugunterbrechung nicht viel Beachtung, wäre aber gleichwohl als günstigere Alternative zu anderen Umsteigeverbindungen ohne konkrete Flugplanabstimmung durchaus denkbar[127].

5.4. Code-Sharing als Drittland-Umsteiger: (d.h. "sechste Freiheit Code-Sharing")

Bei dieser heute vielfach verbreiteten Form des Code-Sharing, auch Drittland-Code-Sharing genannt, kooperieren zwei Airlines aus den Ländern A und B in der Weise, daß sie eine gemeinsame Umsteigeverbindung in einem Drittland C einrichten, also keine der beiden Airlines das Heimatland des Partners direkt bedient, oder aber nur einer der Partner den Flugdienst ins Drittland C durchführt[128].
Gründe für solche Code-Sharing-Vereinbarungen können sein, daß kein Partner allein ausreichende Nachfrage in das betreffende Drittland hat oder aber einem Partner die verkehrsrechtlichen Grundlagen zum Einflug fehlen[129].
Code-Sharing-Vereinbarungen dieser Art sind, wie noch gezeigt werden wird, verkehrspolitisch bedeutender und rechtlich brisanter als die Formen, die nur zwei Länder berühren, da der internationale Linienluftverkehr von den bilateralen Abkommen der Staaten berherrscht wird, die primär auf Direktdienste von Airlines der Vertragsstaaten zwischen den beiden Ländern eines Abkommens abgestellt sind. Denkbar wäre somit, daß die vielfältigen Möglichkeiten, die den Luftverkehrsgesellschaften durch das Drittland-Code-Sharing im weltweiten Luftverkehr geboten werden, für diesen Fall mit den engen verkehrspolitischen Zuständigkeiten, die zwei Staaten in einem bilateralen Rahmen gegeben sind, kollidieren.

5.5. Linien- und Charterflug- Code-Sharing

Bisher ist Code-Sharing ausschließlich auf Linienflügen[130] durchgeführt worden. Anfang 1999 wurde nun auch das erste Charterflug-Code-Sharing-Abkommen

---

[127] Wilken/ Beyhoff/ Ehmer, S. 5f.
[128] Montag, S. 103; De Groot, S. 63
[129] Gansfort, S. 77
[130] Der Fluglinienverkehr ist in § 21 Absatz 1 Satz 1 LuftVG legal definiert. Er ist demnach dadurch gekennzeichnet, daß er auf bestimmten Linien öffentlich und regelmäßig durchgeführt wird und einer Betriebs-, Beförderungs- und Tarifpflicht unterliegt. Linienflugverkehr in Deutschland wurde ursprünglich fast ausschließlich von der

zwischen der deutschen Fluggesellschaft Aero Lloyd GmbH & Co KG und der israelischen Gesellschaft ICS (Israeli Charter Services) unterzeichnet[131]. Damit steht fest, daß Code-Sharing auch für den Bereich von Flugpauschalreisen zunehmend Bedeutung bekommt[132].

5.6. "Naked" und "Common-Product-Code-Sharing"

Während beim "Naked-Code-Sharing" die Gesellschaften tatsächlich nur den selben Letter-Code teilen, geht die Zusammenarbeit im Rahmen eines "Common-Product-Code-Sharing" erheblich weiter. In dieser stärkeren Form der gemeinsamen Zusammenarbeit nutzen die Gesellschaften jeweils auch die Reservierungs-, Abfertigungs und Kommunikationssysteme des Partners.

Deutschen Lufthansa AG durchgeführt. Die übrigen nationalen Carrier betrieben dagegen in erster Linie gewerblichen Gelegenheitsverkehr, umgangssprachlich Charterverkehr genannt, oftmals in der Form reiner Ferienflüge. Jedoch wurden diese Flüge von den übrigen deutschen Luftfahrtunternehmen in den letzten Jahren zunehmend auf Linienmodus umgestellt, da nachfolgende Gründe von nicht unbeträchtlicher finanzieller und betrieblicher Relevanz sind:

- Sicherheit der Verkehrsrechte, d.h. eine individuelle Aushandlung der Verkehrsrechte für die jeweilige Flugplanperiode findet nicht mehr statt, da diese Bestandteil der bilateralen Vereinbarungen (Luftverkehrsabkommen) sind.
- Recht zur Luftfrachtbeförderung, das in der Regel dem gewerblichen Gelegenheitsverkehr nicht zusteht.
- Recht zum Umkehrverkauf, d.h. das Recht auch im Zielland Flüge für die Strecke Zielland-Heimatland-Zielland zu verkaufen.
- Recht zum one-way-Verkauf, d.h. die Beförderung in nur eine Richtung.
- Aufführung und Buchbarkeit der Flüge in weltweiten Computer-Reservierungs-Systemen (CRS)

Da die meisten deutschen Ferienfluggesellschaften diese Vorteile erkannt haben, versuchen sie, ihren bereits durchgeführten Gelegenheitsverkehr auf Linienmodus umzustellen. Bei LTU GmbH & Co KG und Condor Flugdienst GmbH z.B. werden inzwischen mehr als 90% aller Flugdienste als Linienflüge durchgeführt.

[131] Touristik R.E.P.O.R.T. Nr. 4/ 1999, S. 62

[132] Der gewerbliche Gelegenheitsverkehr ist, anders als in § 21 LuftVG der Linienverkehr, gesetzlich nicht definiert. Unter Zuhilfenahme der Definition des Fluglinienverkehrs aus § 21 LuftVG und der Negativabgrenzung in § 22 LuftVG ergibt sich für den gewerblichen Gelegenheitsverkehr folgende Definition:
„Gelegenheitsverkehr ist jeglicher gewerblicher Luftverkehr, bei dem nicht Personen oder/ und Sachen auf bestimmten Linien öffentlich und regelmäßig befördert werden".
Umgangssprachlich ist der heute wohl gebräuchlichste Ausdruck für den Gelegenheitsverkehr im deutschen Luftrecht „Charterverkehr". Dieser Begriff dient jedoch im praktischen nationalen und internationalen Sprachgebrauch nur als Synonym für den Gelegenheitsverkehr, um dadurch eine klarere Abgrenzung zum Linienverkehr vorzunehmen (vgl. Giemulla, in Giemulla/ Schmidt, Vor. § 20 LuftVG Rn. 17).

Ebenso besteht für den Fluggast die Möglichkeit, die im Rahmen von Vielflieger-Programmen zur Verfügung gestellten Freiflüge auf Strecken der Partner Airline zu nutzen[133].

5.7. "Intermodales Code-Sharing"

Eine gänzlich andere Form der Kombination von Codes ist das "Intermodal-Code-Sharing"[134]. Anders als beim Code-Sharing zwischen Flugesellschaften kooperieren in diesem Fall verschiedene Verkehrssysteme, z.B. Flugzeug und Eisenbahn, in der Form miteinander, daß sie für die Beförderungsleistung im Computerreservierungssystem und bei der Abfertigung den selben Code benutzen[135].

---

[133] De Groot, S. 64; Montag, S. 103

[134] Montag, S. 104; ICAO, vgl. Fn. 51, Kapitel. 4.1-8

[135] Vermilye John, S. 19

TEIL II: DIE VERKEHRSRECHTLICHEN AUSWIRKUNGEN DES CODE-SHARING

Im Folgenden soll geklärt werden, wie sich Code-Sharing auf das Gebiet des Luftverkehrsrechts auswirkt und welche Probleme es mit sich bringt, die einer Lösung in der Zukunft zugeführt werden sollten.
Grundsätzlich wirkt sich Code-Sharing übergreifend sowohl auf das private als auch auf das öffentlich-rechtliche Luftverkehrsrecht aus, denn es greift zum einen in völkerrechtliche Abkommen ein, ist zum anderen aber auch Gegenstand privatrechtlicher Vereinbarungen zwischen Fluggesellschaften verschiedener Nationalitäten[136].

1. Code-Sharing als Umgehungstatbestand für internationale luftverkehrsrechtliche Vereinbarungen

1.1. Code-Sharing als Umgehungstatbestand für Luftverkehrsabkommen

1.1.1. Klauseln der Luftverkehrsabkommen und deren Umgehung durch Code-Sharing

1.1.1.1. Eigentümerklausel (Ownershipclause)

1.1.1.1.1. Begriff, Sinn und Zweck der Klausel

In Artikel 3 Absatz 4 Satz 1 des deutschen Musterabkommens findet sich die sog. "Eigentümerklausel"[137]. Danach kann ein Vertragsstaat die Erteilung der Betriebsgenehmigung zum Linienverkehr an das von dem anderen Vertragsstaat bezeichnete Luftfahrtunternehmen ablehnen, wenn sich dieses nicht mehrheitlich in den Händen natürlicher oder juristischer Personen dieses oder des Vertragsstaates selbst befindet.
Sinn und Zweck zur Aufnahme einer Eigentümerklausel war es seinerzeit, zu verhindern, daß die zwischen den vertragsschließenden Staaten gewährten Rechte durch Luftfahrtunternehmen anderer Staaten ausgenutzt wurden[138].

1.1.1.1.2. Arten von Eigentümerklauseln

Über die Jahre wurde im Luftverkehr wegen der weltweit zunehmenden Liberalisierung der Luftverkehrsmärkte die Eigentümerklausel in

---

[136] dies sind die jeweiligen Code-Sharing Verträge zwischen den kooperierenden Airlines
[137] Artikel 3 Absatz 4 Musterabkommen, Stand 01.07.1997, unveröffentlicht
[138] Schwenk, S. 490; ICAO, vgl. Fn. 51, Kapitel 4.4-1 f

Luftverkehrsabkommen immer weiter entwickelt und den aktuellen Bedürfnissen der politischen Situation angepaßt.
Die ursprüngliche sog. "strenge nationale Eigentümerklausel" sah vor, daß nur Fluggesellschaften für die Aufnahme von Linienflugdiensten zwischen den vertragsschließenden Staaten benannt werden durften, die im Eigentum und unter der tatsächlichen Kontrolle einer der Vertragsstaaten standen[139].
Während die Mehrzahl deutscher Luftverkehrsabkommen vor 1989 diese Eigentümerklausel verlangte, gibt es inzwischen auch Abkommen, vor allem mit osteuropäischen und GUS Staaten, aber auch mit Kuba und der Dominikanischen Republik, welche dieses Erfordernis nicht mehr enthalten[140], soweit darin keine Eigentümerklausel mehr aufgenommen wurde.
Durch die Einführung des EU-Luftverkehrsmarktes wurde es inzwischen notwendig, eine sog. "europäische Eigentümerklausel" in neu geschlossene Abkommen aufzunehmen, um so der durch das Gemeinschaftsrecht zugesicherten Niederlassungsfreiheit in Artikel 52 des Europavertrages (EVG) gerecht zu werden. Dieser normiert die Gleichbehandlung aller natürlichen und juristischen Personen bei der Ausübung ihrer unternehmerischen Tätigkeit in jedem Gemeinschaftsstaat.
Deswegen wird seit dem Inkraftreten des Europarechts eine erweiterte Klausel ratifiziert, nach der die Anforderungen an das Eigentum der Fluggesellschaften auch dann erfüllt sind, wenn sie in der Person eines anderen EU-Mitgliedes vorliegen, sei es nun eine natürliche oder juristische Person.
Jedoch behalten die " strengen nationalen Eigentümerklauseln", die vor dem Inkrafttreten des supranationalen Rechts geschlossen wurden, ihre Wirkung. Sie werden nicht durch das nunmehr bestehende Niederlassungsrecht beseitigt, weil die europäischen Regelungen grundsätzlich keine Rückwirkung zu Lasten der bestehenden Abkommen haben[141].

1.1.1.1.3. Beispiele für die Umgehung von Eigentümerklauseln durch sog. "Drittland-Carrier-Code-Sharing"

Code-Sharing-Vereinbarungen könnten als Umgehung von bestehenden Luftverkehrsabkommen mit strenger nationaler oder europäischer Eigentümerklausel genutzt werden, wenn sie als "sog. Drittland-Carrier-Code-Sharing-Vereinbarungen" ausgestaltet sind[142].

---

139 Artikel 3 Absatz 4 Musterabkommen, Stand 01.07.1997, unveröffentlicht

140 das erste deutsche Abkommen ohne Eigentümerklausel wurde am 18.12.1989 mit Ungarn geschlossen, vgl. BGBL. 1992 II, S. 42

141 Schwenk, S. 521

142 Abeyratne, S. 119; ICAO, vgl. Fn. 8, S. 24

Generell werden die Luftverkehrsbeziehungen zwischen Staaten durch bi- oder multilaterale Luftverkehrsabkommen geregelt. Dadurch wurde inzwischen ein weltweites Netz von Flugverkehrsverbindungen geschaffen. Jedoch existieren auch heute noch vielfach nicht zu allen Luftverkehrsmärkten direkte Verbindungen, weil zum einen Abkommen als völkerrechtliche Grundlage für den Anflug fehlen und zum anderen bestehende Abkommen aufgrund ihrer Eigentümerklauseln nur Gesellschaften der Vertragsstaaten den Einflug gewähren. Grund ist auch in der heutigen Zeit der großen politischen Umstürze noch häufig der politische Gegensatz der Regierungssysteme, der einen direkten Flugverkehr in den anderen Staat nicht erlaubt. Deswegen ist es selbst mit Zwischenstop in einem Staat, der mit dem Zielland ein Abkommen unterhält, nicht möglich, diesen anzufliegen, wenn das Flugunternehmen nicht die im Abkommen festgelegte Eigentümerklausel einhält.

Sofern daher direkte Flüge zwischen einzelnen Staaten nicht stattfinden konnten und können, mußte in der Vergangenheit und auch heute noch stets mit einer Umsteigeverbindung über einen dritten Staat der Flugdienst geleistet werden. Dieser Staat hat dann sowohl mit dem Abgangs- als auch mit die Zielstaat ein Luftverkehrsabkommen geschlossen. Nachteil dieser sogenannten Drittlandumsteiger war und ist es, daß diese nicht als Direktflug gekennzeichnet werden können und deswegen im Computerreservierungssystem keine Priorität genießen. Sie erscheinen darum vielmehr erst hinter den Direktflügen. Um diesen Wettbewerbsnachteil zu vermeiden, nutzen heute viele Airlines die Möglichkeit, mittels Code-Sharing als eine Direktverbindung im computergesteuerten Reservierungssystem aufzutreten. Zwar findet auch beim sog. "Drittland-Carrier-Code-Sharing[143]" ein Umsteigen statt, aber in der Priorität der Buchungssysteme erscheinen die Code-Sharing-Flüge über einen Mittelsstaat auf gleicher Bildschirmseite mit den Direktflügen. Der Zwischenstop wird mithin für den Reisenden nicht mehr ohne weiteres deutlich.

Zur Verdeutlichung der mit dieser Form des Code-Sharing einhergehenden verkehrsrechtlichen Problematik soll folgendes Beispiel dienen:

Zwischen den USA und der ehemaligen Sowjetunion besteht kein Luftverkehrsabkommen. Es ist daher weder einem Carrier der Amerikaner noch der Russen möglich, einen Direktflug zwischen z.B. der Stadt New York und Moskau bzw. umgekehrt anzubieten.

Deswegen bedient man sich in diesem Fall einer Zwischenstation in Europa, die sowohl mit Russland, als auch mit den USA ein Luftverkehrsabkommen unterhält, z.B. die Niederlande. Das Abkommen der Niederlande mit den USA und auch mit Russland sieht jedoch die Verkehrs- und Streckenrechte zur Aufnahme von Linienflugdiensten nur mit solchen Unternehmen vor, die im Eigentum des jeweiligen Vertragstaates stehen.

---

[143] Definition vgl. oben Kapitel 5.4. in Teil I dieser Arbeit

Deswegen wird ein Code-Sharing-Abkommen zwischen dem russischen Staatscarrier Aeroflot und der holländischen Staatslinie KLM geschlossen. Nunmehr bedient KLM unter Flugnummer der Aeroflot einen Flugdienst zwischen Amsterdam und New York, während die Teilstrecke von Amsterdam nach Moskau von Aeroflot selbst durchgeführt wird. Obwohl Aeroflot die Teilstrecke auf der Atlantikroute nicht selbst bedient und mangels verkehrsrechtlicher Grundlage auch nicht bedienen kann, wird unter der Aeroflot Flugnummer eine Direktverbindung New York-Moskau und umgekehrt angezeigt und angeboten.
Dies hat jedoch nicht zur Folge, daß ein russisches Flugzeug unter Verstoß gegen das Luftverkehrsabkommen über die Transatlantikroute in den amerikanischen Luftraum einfliegt. Denn faktisch bedient ein in holländischem Eigentum stehendes Flugzeug die Strecke. Mithin bleibt die Eigentümerklausel gewahrt, denn holländische Gesellschaften als Eigentümer von Flugzeugen, die den amerikanischen Luftraum passieren, sind ausdrücklich vom Luftverkehrsabkommen zwischen den USA und den Niederlanden gedeckt. Die Code-Sharing-Verbindung hat daher verkehrsrechtlich im Bezug auf die Eigentümerklausel keine Relevanz.

1.1.1.1.4. Zwischenergebnis und Lösungsversuch

Drittland-Carrier-Code-Sharing umgeht somit nicht die in bilateralen Abkommen vielfach vorgesehene Eigentümerklausel. Mittels Code-Sharing wird es einem dritten Carrier, der nicht die Nationalität einer der Vertragstaaten trägt, auch nicht ermöglicht, den Luftraum des Drittstaates zu durchqueren. Allein die Darstellung des Fluges als Direktflug unter eigener Flugnummer im CRS macht noch keinen verkehrsrechtlichen Tatbestand aus. Hiergegen bestehen allenfalls wettbewerbsrechtliche Bedenken, die aber in dieser Arbeit keine Berücksichtigung finden. Zwar war es auch in der Vergangenheit höchst umstritten, ob Code-Sharing mit Carriern aus Drittländern überhaupt genehmigungsfähig ist. Gerade deswegen wurde Code-Sharing mit Drittländern in zahlreichen Luftverkehrsabkommen inzwischen ausdrücklich ausgeschlossen[144]. Wenn man sich den geschichtlichen Hintergrund der Luftverkehrsabkommen vor Augen hält, so ist Luftverkehr primär eine bilaterale Angelegenheit, bei der nach Ansicht des Verfassers, unabhängig von der verkehrsrechtlichen Beeinträchtigung, für Drittland Code-Sharing kein Raum sein sollte.
Im Ergebnis führt Drittland-Carrier-Code-Sharing jedenfalls nicht zu einer Umgehung der Eigentümerklauseln in bilateral restriktiven Abkommen.

---

[144] so z.B. im Abkommen mit The Gambia vom Dez. 1998

1.1.1.2. Designierungsklausel (Artikel 3 des deutschen Musterabkommens)[145]

1.1.1.2.1. Begriff, Sinn und Zweck

Nach Abschluss des Luftverkehrsabkommens benennen (designieren) die Vertragsparteien gegenseitig die Fluggesellschaft(en), die von ihrer Seite aus die jeweiligen Verkehrsrechte auf den vereinbarten Flugrouten nutzen soll(en).
Diese förmliche Designierung erfolgt schriftlich, in der Regel durch Übermittlung einer diplomatischen Note[146]. Ist eine Gesellschaft an der Aufnahme von Linienflugdiensten interessiert, so kann sie gegenüber der zuständigen Behörde ihr Interesse an einer Designierung bekunden. Dies geschieht meist schon während der laufenden Verhandlungen zum Luftverkehrsabkommen, an denen stets die Vertreter der interessierten Luftverkehrsgesellschaften, sowie die Verbände teilnehmen[147].
Ein Anspruch auf Benennung gegenüber dem anderen Vertragsstaat besteht nicht. Welche(s) Unternehmen zugelassen wird/ werden, richtet sich nach dem jeweiligen innerstaatlichen Recht des Vertragstaates[148]. Auch wenn ein Unternehmen einmal bezeichnet wurde, kann es jederzeit durch ein anderes Unternehmen ersetzt werden. Dieses genießt dann die gleichen Rechte, unterliegt aber auch den gleichen Verpflichtungen wie das Unternehmen, an dessen Stelle es tritt (Artikel 5 Absatz 3 des deutschen Musterabkommens)[149].

1.1.1.2.2. Arten der Designierung

Man unterscheidet grob zwischen zwei Arten der Designierung, die sich ihrerseits noch einmal unterscheiden lassen; die Einzeldesignierung ("Single Designation") und die Mehrfachdesignierung ("Dual-" oder Multiple unlimited Designation" oder Multiple controlled Designation)[150]. Im Rahmen einer Einzeldesignierung ist es nur einem Unternehmen der Vertragsparteien gestattet, den Flugliniendienst aufzunehmen[151]. Im Rahmen einer Mehrfachdesignierung können zwei oder mehr Luftfahrtunternehmen der Vertragsstaaten die vereinbarten Zielpunkte oder Flughafensysteme in diesen Staaten anfliegen[152].

---

[145] Stand 01.07.1997, unveröffentlicht
[146] ICAO, vgl. Fn. 51, Kapitel. 4. 1-5
[147] Gansfort, S. 88
[148] Schwenk, S. 489, 543
[149] Schwenk, S. 489, 543
[150] ICAO, vgl. Fn. 8, Kapitel. 4. 1-5
[151] so z.B. in den Abkommen mit Vietnam, Kenia, Kolumbien, Venezuela
[152] Giemulla, Schmid, van Schyndel, S. 54/ 55

Ursprünglich beinhalteten die meisten Abkommen eine Einfachdesignierung, in deren Rahmen stets der jeweilige Staatscarrier benannt wurde. Grund dafür war, daß die Staaten dadurch in die Lage versetzt wurden, den Marktzugang in der Weise zu kontrollieren, daß nur die Unternehmen zugelassen wurden, an denen selbige mehrheitlich Anteile hielten[153]. Dies waren und sind in vielen Staaten auch noch heute die Staatscarrier, die auf diese Art gleichzeitig auch als Aushängeschild dienen[154]. Vor dem Hintergrund solch komfortabler Monopolstellungen hatten es neue private Fluggesellschaften sehr schwer, in den Wettbewerb zu den monopolistischen Staatscarriern zu treten. In vielen Ländern der sog. zweiten und dritten Welt sind selbst heute noch oftmals solche Monopolstellungen zu finden, weil Konkurrenten zu den staatlichen Unternehmen wegen fehlender finanzieller Mittel nicht existieren. Staaten, die hingegen neben der nationalen Gesellschaft über verschiedene, in der Regel private Fluggesellschaften verfügen, streben meist eine Mehrfachdesignierung an, um so möglichst einer breiten Masse der Luftfahrtunternehmen die Möglichkeit zu geben, am Linienflugverkehr teilzunehmen[155]. So stehen sich heute durch eine sehr liberale Luftverkehrspolitik in der Bundesrepublik Deutschland viele verschiedene Unternehmen gegenüber, die den Markt unter sich aufteilen. Vor diesem Hintergrund konnten sich in Deutschland neben der Deutschen Lufthansa AG mit Condor Flugdienst GmbH und der LTU GmbH & Co KG zwei Unternehmen im internationalen Langstrecken-Fluglinienverkehr etablieren[156]. Deshalb ist die Bundesrepublik Deutschland bei Luftverkehrsverhandlungen auch stets um eine Mehrfachdesignierung bemüht.

1.1.1.2.3. Beispielsfälle für die Umgehung der Designierungsklausel durch Code-Sharing-Vereinbarungen

Durch nachfolgende Beispiele der Vergangenheit und Gegenwart soll gezeigt werden, wie im Rahmen von Code-Sharing-Vereinbarungen ein nicht in den bilateralen Abkommen benanntes Unternehmen Flugdienste unter seinem eigenen Lettercode anbieten kann und so in den gleichen Genuß der Verkehrsrechte kommt, wie designierte Carrier:
Ein Praxisbeispiel stellt die Code-Sharing-Vereinbarung zwischen dem italienischen Staatscarrier Alitalia und der amerikanischen Fluggesellschaft Continental Airlines dar. In den Luftverkehrsverhandlungen von 1990/ 91 zwischen den USA und Italien wurden der amerikanischen Seite befristet bis 1996 drei neue Landepunkte in Italien zugestanden. Im Gegenzug wurde den

---

[153] in der Bundesrepublik Deutschland war dies bis zur vollständigen Privatisierung 1997 die Deutsche Lufthansa AG

[154] Gansfort, S. 85; Schwenk, S. 489, 490

[155] Schwenk, S. 489, 490; Gansfort, S. 86

[156] Gansfort, S. 86

italienischen Fluggesellschaften neue Beyondpunkte und Gateway-Routen zugesichert. Die Flugliniendienste sollten von Italien aus durch die italienische Alitalia bedient werden, bzw. wenn diese den Flug nicht selbst durchführen wollte, wurde ihr das bilaterale Code-Sharing auf dieser Strecke mit US-Carriern gestattet.
Im Mai 1994 schlossen Alitalia und die amerikanische Gesellschaft Continental Airlines ein Code-Sharing-Abkommen. Ziel der Vereinbarung war von italienischer Seite weniger eine Umsatzsteigerung. Die Entwicklung der Umsatzzahlen im USA-Geschäft der Vorjahre war für Alitalia durchaus positiv. So hatte der italienische Carrier allein 1993 45 % seines Umsatzes Langstreckenverbindungen in und aus den USA zu verdanken[157]. Den Italienern ging es vielmehr um die Bedienung neuer attraktiver Hubs in den USA. Dafür war als Partner die Gesellschaft Continental Airlines hervorragend geeignet, denn sie verfügte über ein Flugangebot zu den grossen Drehkreuzflughäfen Housten, Denver und Newark.
Im Gegenzug stellte sich damit aber folgendes Problem:
Auch Continental Airlines flog aus den USA Ziele in Italien an. So wurden vorzugsweise Rom und Mailand bedient. Dies wäre auch nicht weiter ungewöhnlich, wenn nicht im Falle der Continental Airlines die Besonderheit bestanden hätte, daß die Gesellschaft im Rahmen des Luftverkehrsabkommens von 1990/ 91 von amerikanischer Seite nicht designiert worden war. Sie war somit aufgrund der bilateralen Vereinbarung überhaupt nicht berechtigt, Flugdienste von und nach Italien aufzunehmen[158]. Die Code-Sharing-Vereinbarung erweiterte insoweit den Verkehrsrechtsrahmen der amerikanischen Gesellschaft und stellte mithin einen klaren Verstoß gegen das seinerzeit bereits bestehende Luftverkehrsabkommen dar.
Gleichgelagert war der Fall im Rahmen des Code-Sharing-Abkommens zwischen Alitalia und US-Air aus dem Jahr 1991. US-Air hatte dadurch die Möglichkeit, im Code-Sharing die Strecken von Baltimore nach Rom und Mailand anzubieten, obwohl die Fluggesellschaft US-Air überhaupt nicht gegenüber den italienischen Luftverkehrsbehörden zur Durchführung von Linienflugdiensten in den bilateralen Vereinbarungen designiert worden war[159]. Auch hier wurde mit Code-Sharing ein klarer Umgehungstatbestand geschaffen.

1.1.2. Zwischenergebnis und Lösungsversuch

Somit steht fest, daß Code-Sharing-Vereinbarungen als ein Mittel zur Umgehung bestehender Designierungsklauseln in Luftverkehrsabkommen eingesetzt werden können und in der Vergangenheit auch mehrfach wurden. Daneben kommt es zu

[157] allein in 1993 beförderte Alitalia 863.000 Passagiere auf den Transatlantikrouten
[158] Chiavarelli, S. 199
[159] Chiavarelli, S. 203

einer Wettbewerbsverzerrung in der Form, daß der Fluggast irrig glaubt, Fluggesellschaften würden die Strecke tatsächlich bedienen, obwohl sie weder designiert sind, noch tatsächlich den Flug selbst durchführen.
Zu Vermeidung solcher Verstöße gegen bestehendes internationales Luftverkehrsrecht ist daher ein Gleichlauf zwischen den in den Luftverkehrsabkommen designierten Gesellschaften und jenen Unternehmen erforderlich, die Code-Sharing-Vereinbarungen schließen. Damit könnten zukünftig nur noch die Carrier paktieren, die auch im jeweiligen Luftverkehrsabkommen für die Aufnahme von Linienflugdiensten von ihrer Regierung benannt wurden. Denn in diesem Fall wäre es außerhalb der Luftverkehrsabkommen stehenden Airlines nicht möglich, über den Umweg des Code-Sharing Strecken anzubieten, für die sie verkehrsrechtlich nicht zugelassen sind.

1.2. Code-Sharing als Umgehungstatbestand für Memorandum of Understanding (MoU) und Fluglinienpläne

1.2.1. Allgemeines zum Memorandum of Understanding (MoU) und Fluglinienplänen

Neben den Luftverkehrsabkommen als Grund- oder Rahmenabkommen werden gleichzeitig von den Vertragsstaaten mittels diplomatischer Notenwechsel Protokolle, sog. „Memorandum of Understanding" (oder auch häufig „Agreed Minutes" genannt), verabschiedet, die nicht förmlicher Bestandteil des Abkommens werden und aufgrund ihrer Rechtsnatur einer Änderung leicht zugänglich sind, da sie jederzeit durch erneuten diplomatischen Notenwechsel geändert oder ergänzt werden können[160].
Inhalt dieser Protokolle sind u.a. die Fluglinienpläne. In de Fluglinienplänen wird detalliert geregelt, wieviele Flüge[161] von welchem Abgangspunkt im Heimatland der Fluggesellschaft(en) über welche Zwischenlande-Punkte zu welchen Punkten darüber hinaus durchgeführt werden dürfen[162].
Dabei ist jede Nuance von Restriktivität bis zu völliger Liberalität denkbar. Die Spannbreite der bilateralen Vereinbarungen reicht deswegen von der Zulassung nur einer Gesellschaft pro Vertragsstaat[163] (sog. Einfachdesignierung) mit der Nennung maximaler Sitzplatzkapazitäten oder Flugzeuggröße bis hin zu beliebig vielen interessierten Carriern der jeweiligen Vertragsstaaten mit weitgehender

---

[160] Schwenk, S. 483
[161] sog. "Frequenzrahmen" der nach Wochenflugdiensten bestimmt wird (zB. vierzehn Frequenzen pro Woche = 14/ 7)
[162] Schwenk, S. 483
[163] z.B. enthalten in Abkommen mit Vietnam, Kenia, Kolumbien, Venezuela

Freiheit in der Streckenführung und unbegrenzten Flug-Frequenzen[164] (sog. Open-Sky Abkommen)[165].

1.2.2. Beispielsfälle für die Umgehung von Memorandum of Understanding (MoU) durch Code-Sharing-Vereinbarungen

1.2.2.1. Code-Sharing als Umgehungstatbestand für Frequenz- (Flughäufigkeit) und Kapazitätsrahmen

1.2.2.1.1. Sinn und Zweck der Frequenz- und Kapazitätsrahmen

Sowohl Frequenzen als auch Fracht- und/ oder Passagierkapazitäten fallen unter den gemeinsamen Oberbegriff "Kapazitäten im weiteren Sinne". In der vorliegenden Arbeit wird deswegen zwischen "Frequenzrahmen" und "Kapazitätsrahmen im engeren Sinne" unterschieden.
Mit den Frequenzrahmen legen die Vertragsstaaten fest, in welcher Häufigkeit der jeweilige Staat mit Flugliniendiensten bedient werden darf. Die Frequenzrahmen werden in Wochendiensten gezählt[166]. Die tatsächliche Vergabe der Streckenrechte an die designierten Unternehmen richtet sich anschließend nach innerstaatlichem Recht, das regelt, unter welchen Bedingungen ein Unternehmen, das designiert wurde, eine oder mehrere Frequenzen zugeteilt bekommt[167].
Unter Kapazitätsrahmen im engeren Sinne versteht man hingegen die genaue Festlegung des zugelassenen Passagier- und/ oder Frachtaufkommens pro Jahr[168]. Vielfach existieren solche Beschränkungen auch noch in den Luftverkehrsabkommen neueren Datums[169]. Ein Beispiel ist das Luftverkehrsabkommen mit Neuseeland, in dem die Beförderung der Air New Zealand auf 20.000 Passagiere pro Jahr beschränkt und zuletzt 1997 auf 30.000 Passagiere pro Jahr aufgestockt wurde[170].

---

[164] wie das Abkommen mit den USA

[165] Gansfort, S. 85

[166] so bedeuted die Formulierung 12/ 7 im MoU, daß insgesamt von allen im Luftverkehrsabkommen designierten Gesellschaften nur 12 mal pro Woche in den Vertragsstaat geflogen werden kann.

[167] Für die Bundesrepublik Deutschland hat das BMVBW Leitlinien erlassen, in denen geregelt wird, unter welchen Voraussetzungen Frequenzen an deutsche Linienfluggesellschaften vergeben werden.

[168] Giemulla, Schmid, van Schyndel, S. 35/ 36

[169] Schwenk, S. 493

[170] Fluglinienplan der Luftverkehrsverhandlungen mit Neuseeland vom Nov. 1997

1.2.2.1.2. Möglichkeiten der Frequenzenzuteilung

Als Verhandlungsergebnis bei Luftverkehrsverhandlungen ist jede Nuance von absoluter Restriktivität bis zu völliger Liberalität[171] denkbar. D.h., die Spannbreite reicht von der Zulassung nur eines Unternehmens pro Vertragsstaat mit eventueller Benennung der Sitzplatzkontingente und des Flugzeugtyps bis hin zu weitgehender Liberalität in der Streckenführung für beliebig viele interessierte Airlines mit unbegrenzten Flugfrequenzen[172].

1.2.2.1.3. Beispielsfälle für die Umgehung der Frequenz- und Kapazitätsrahmen durch Code-Sharing-Vereinbarungen

Die Problematik im Umgang mit Code-Sharing und Frequenzrahmen läßt sich anhand der Luftverkehrsabkommen mit Thailand und Südafrika erläutern:
Die bilateralen Vereinbarungen sowohl mit Thailand als auch mit Südafrika enthalten in beiden Fällen strenge Frequenzrahmen. So wurden im Falle Thailands seinerzeit 30[173], mit Südafrika 10 wöchentliche Flugdienste vereinbart[174]. Die jeweiligen Frequenzrahmen wurden von den deutschen Airlines bereits voll ausgeschöpft. Allein die Deutsche Lufthansa AG flog seinerzeit 19/ 7 Frequenzen eigene Dienste nach Thailand und 8/ 7 Frequenzen nach Südafrika. Die übrigen Frequenzen teilen sich LTU GmbH & Co KG und Condor Flugdienst GmbH.
Durch Code-Sharing-Vereinbarungen der Deutschen Lufthansa AG mit der South African Airlines und dem thailändischen Staatscarrier THAI Airways im Rahmen der strategischen Allianz STAR ALLIANCE war es der Deutschen Lufthansa AG seinerzeit möglich, im Computerreservierungssystem (CRS) 29/ 7 Dienste nach Thailand und 14/ 7 Dienste nach Südafrika anzubieten. Diese Darstellung entsprach aber nicht den Vereinbarungen des Frequenzrahmens im MoU, sondern überschritt diesen in Verbindung mit den anderen von den Mitbewerbern Condor GmbH und LTU GmbH & Co KG angebotenen Flügen.
Ein völlig neuartiges Modell bei der Festlegung von Frequenzrahmen wurde bei den letzten Verhandlungen mit den Regierungsdelegationen von Australien und Neuseeland im November 1997 eingeführt. Dabei wurden die Code-Sharing-Dienste von vorneherein in die Frequenzrahmen der Vertragsstaaten einbezogen und somit versucht, diesen Diensten einen eigenen Rahmen zu geben, was jedoch auf heftige Kritik der deutschen Carrier stieß. Damit wurde erstmals in

---

[171] sog. "Open Sky Abkommen", wie das mit den USA aus dem Jahr 1995
[172] Schwenk, S. 483, 484; Gansfort, S. 85
[173] vgl. Fluglinienplan als Annex zum Luftverkehrsabkommen (MoU) vom 17.09.1997, unveröffentlicht
[174] vgl. Fluglinienplan als Annex zum Luftverkehrsabkommen (MoU) vom 24.07.1996, unveröffentlicht

einem Frequenzrahmen eine Dreiteilung vorgenommen. So verblieb es zunächst für Eigendienste im bilateralen Nachbarschaftsverkehr bei den schon bereits früher vereinbarten 3/ 7 Frequenzen. Für Drittland-Carrier-Code-Sharing wurden 4/ 7 Frequenzen vereinbart. Darüber hinaus wurde ein unbegrenztes Code-Sharing mit allen Airlines vereinbart, die Mitglieder einer Allianz sind.
Über letzteren dritten Rahmen konnten nunmehr Allianzmitglieder, von deutscher Seite insbesondere die Deutsche Lufthansa AG, die zahlenmäßige Beschränkung der ersten beiden Rahmen umgehen und eine unbegrenzte Anzahl an Code-Sharing-Flügen anbieten. Zwar wurden damit auch faktisch keine neuen Flüge geschaffen, aber Mitglieder einer Allianz konnten sich auf diesem Wege mit einem größeren Flugangebot bei gleicher Priorität im Reservierungssystem darstellen. Die übrigen Carrier, die ihrerseits keine Allianzen eingehen wollen oder können, erleiden dadurch einen klaren Wettbewerbsnachteil. Selbst wenn die Mitbewerber einen Code-Sharing-Partner in einem Drittland finden sollten, werden sie frequenzmäßig beschränkt, wie auch schon die Eigendienste. Insofern wirkt sich das Ergebnis einer solchen Dreiteilungsvereinbarung stark wettbewerbsverzerrend aus und ist m.E. strikt abzulehnen, da es zu einer "Zwei-Klassen Gesellschaft" bei den Airlines führt.
Sofern den Unternehmen limitierte Kapazitäten im Bezug auf Passagier- oder Frachtaufkommen in den bilateralen Vereinbarungen vorgegeben sind, wurde nicht selten in der Vergangenheit versucht, selbige über Code-Sharing-Vereinbarungen zu umgehen. So beförderte die Air New Zealand, die im Abkommen bis 1997 noch auf 20.000 Passagiere pro Jahr beschränkt war, auf der Strecke von Neuseeland über Los Angles nach Frankfurt im Rahmen eines Drittland-Carrier-Code-Sharing auf der Strecke von Los Angeles nach Frankfurt Passagiere im Code-Sharing mit LTU GmbH & Co KG, um auf diese Weise die Kapazitätsbegrenzung zu umgehen. Durch dieses Vorgehen wurde der Kapazitätsrahmen nicht unwesentlich überschritten.

1.2.2.1.4. Zwischenergebnis und Lösungsversuch

Durch ihr Verhalten dominieren die Allianzpartner eindeutig den Luftverkehr zwischen den Vertragsstaaten und verdoppeln durch die Code-Sharing-Vereinbarungen ihr eigenes Flugverbindungsangebot, ohne daß dies durch die bestehenden zwischenstaatlichen Vereinbarungen des Fluglinienplanes bzw. Frequenzrahmens abgedeckt wäre. Ebenso, wenn auch nicht ganz so deutlich, läßt sich diese Situation auf den Passagierflugverkehrsmarkt zwischen Deutschland und USA durch die Allianz der Deutschen Lufthansa AG mit der United Airlines übertragen.
Somit ist auch für den Bereich von Frequenzen und Kapazitätsbeschränkungen festzustellen, daß Code-Sharing ein geeignetes Mittel zur Umgehung bestehender Regelungen in Memorandum of Understanding (MoU) darstellt,

solange keine einheitliche internationale Handhabung im Bezug auf Code-Sharing vorliegt. Dringend erforderlich ist zunächst, daß Code-Sharing überhaupt international auf den bestehenden Frequenz- und Kapazitätsrahmen angerechnet wird. Eine solche Klärung ist auch deswegen notwendig, damit zwischen den einzelnen Gesellschaften gleiche Wettbewerbsbedingungen geschaffen werden. Eine Dreiteilung des Frequenzrahmens zugunsten allianzgebundener Airlines, wie im Modell Neuseeland/ Australien versucht, ist strikt abzulehnen. Eine solche Vereinbarung benachteiligt ungerechtfertigt nichtallianzgebundene Gesellschaften.

1.2.2.2. Zählweise von Code-Sharing-Flügen

1.2.2.2.1. Allgemeines

Es stellt sich nachfolgend die Frage, wie ein einzelner Code-Sharing-Flug auf die jeweiligen Kapazitäten und Frequenzen angerechnet wird. Normalerweise wird jeder Flug als eine Frequenz gezählt und sollte auf ein etwaiges Kontigent in den bilateralen Vereinbarungen angerechnet werden[175]. Somit könnte, sobald der Frequenzrahmen erschöpft ist, kein weiterer Flugdienst von Seiten der Vertragsstaaten mehr aufgenommen werden.

1.2.2.2.2. Verschiedene Zählweisen bei Code-Sharing-Flügen

Sehr umstritten ist jedoch, wie die einzelnen Code-Sharing-Flüge selbst gezählt werden, wenn der Frequenzrahmen beschränkt ist. Hierzu gibt es in der Praxis unterschiedliche Modelle.
Zum Teil werden die Code-Sharing-Dienste jeder Seite, die ihren Code auf einen bestimmten Flug gibt, voll zugerechnet (sog. "Doppelzählung").
Beispiel: Flugstrecke München – Frankfurt – New York – New Orleans
(Code-Sharing-Partner sind die Deutsche Lufthansa AG und United Airlines)
Fliegt ein Lufthansa Passagier mit Lufthansa-Ticket und Lufthansa-Flugnummer von München über Frankfurt nach New York und von dort weiter mit United Airlines nach New Orleans, so würde bei Bestehen eines Frequenz- und Kapazitätsrahmens die Frequenz und das Passagieraufkommen der Lufthansa und der United zugerechnet. Hierfür spricht, daß es dadurch zu keinen Wettbewerbsverzerrungen der Art mehr käme, daß Gesellschaften über einen bestehenden Rahmen hinaus Flüge im Computerreservierungssystem anbieten könnten.
Die andere Zählweise, die sich in der Praxis inzwischen durchzusetzen scheint, rechnet die Code-Sharing-Frequenz voll nur der Seite zu, die den Operating-

[175] Gansfort, S. 96

Carrier des Code-Sharing-Fluges stellt. Dafür spricht, daß durch Code-Sharing tatsächlich keine neuen Flüge geschaffen werden, sondern vielmehr die Kooperationspartner lediglich ihre Letter-Codes gemeinsam nutzen. Im übrigen würden im Falle der ersten Alternative wertvolle Frequenz- und Kapazitätsrechte verschenkt, wenn bei beiden Partnern voll angerechnet würde. Im Ergebnis ist daher m.E. die Frequenz nur dem Carrier zuzurechnen, der die Strecke tatsächlich bedient. Damit sollten die angebotenen Code-Sharing-Flüge nicht jeweils als volle Frequenz des anbietenden Carriers gezählt, sondern nur dem durchführenden Carrier zugerechnet werden. Auf diese Weise wird trotz doppelter Anbietung in den computergesteuerten Buchungssystemen und im Markt eine Doppelzählung vermieden und der Frequenzrahmen eingehalten[176].
Daneben wurde neuerdings eine dritte Zählweise vereinbart, nach der Code-Sharing-Frequenzen bei Drittland-Carriern-Code-Sharing nur als halbe Frequenz zu zählen sind[177]. Diese Zählweise ist m.E. jedoch abzulehnen, denn in den Computerreservierungssystemen tauchen diese Frequenzen zweimal auf, so daß logisch nicht nachvollziehbar ist, wieso nur eine halbe Frequenz gezählt werden soll. Die zuvor vorgestellte Regelung muß deshalb auch beim Drittland-Carrier-Code-Sharing gelten, bei dem es auch nicht zu einer Erhöhung der in den bilateralen Vereinbarungen festgesetzten Frequenz- und Kapazitätsrahmen kommen darf.
Beispiel: Die Flugroute ist diesmal New Orleans – New York – Frankfurt – Hamburg – Göteborg – Stockholm. Code-Sharing-Partner auf dieser Strecke sind United Airlines, die Deutsche Lufthansa AG und die schwedische Gesellschaft SAS.
Im Code-Sharing könnte nun die Strecke nach den oben genannten möglichen Codenummern-Kombinationen[178]durchgehend mit einer Flugnummer belegt werden. Hierbei sind unterschiedliche Fallgestaltungen denkbar, je nachdem, ob die Gesamtstrecke oder Teilstrecken von einem oder mehreren Code-Sharing-Partnern beflogen werden. Ausgangspunkt der Beurteilung der Zurechnung von Kapazitäten und Frequenzen muß sein, wer Adressat der Vereinbarungen aus dem jeweiligen Memorandum of Understanding (MoU) ist. M.E. sind die Passagiere der United Airlines, die mit schwedischer SAS Flugnummer fliegen, auf ihrem Transport von USA nach Deutschland als Passagiere der United Airlines anzusehen, mit der Folge, daß sich etwaige Beschränkungen im Frequenzrahmen oder im Passagieraufkommen dem Annex zum Luftverkehrsabkommen zwischen den USA und Schweden unterliegen, d.h., sie werden dem Kontingent der United Airlines zugerechnet. Eine entgegenstehende Betrachtungsweise würde zu einer Umgehung der bilateralen Vereinbarungen führen, denn dann könnte bei limitiertem Frequenzrahmen der USA mit

[176] Gansfort, S. 97
[177] vgl. Vereinbarung mit Malaysia vom Dez. 1997, unveröffentlicht
[178] vgl. die Ausführungen im Vorwort dieser Arbeit

Schweden ein unlimitierter Rahmen zwischen den USA und Deutschland, sowie Deutschland und Schweden genutzt werden.

1.2.2.2.3. Zwischenergebnis und Lösungsversuch

Im Ergebnis ist daher der vollen Einfachzählung von Code-Sharing-Diensten bei der den (Teil-)Streckendienst tatsächlich durchführenden Gesellschaft der Vorzug zu geben, weil diese Zählweise vollumfänglich die tatsächliche Situation berücksichtigt. Denn tatsächlich werden durch Code-Sharing-Verbindungen keine neuen Flüge geschaffen, die die Notwendigkeit einer Doppelzählung begründen würden.
Eine hälftige Zählung der Frequenzen bei Drittland-Carrier-Code-Sharing ist abzulehnen, denn eine solche Lösung wird der tatsächlichen Erscheinung in den Reservierungssystemen nicht gerecht. Vielmehr ist auch hier der jeweiligen, den Flugdienst auf den einzelnen (Teil-)Strecken durchführenden Airline die volle Frequenz zuzurechnen.

1.2.2.3. Code-Sharing als Umgehung von festgelegten Landepunkten (Intermediate- und Beyond- Punkte)

1.2.2.3.1. Begriffe, Sinn und Zweck

Die als Annex der Luftverkehrsverhandlungen im Rahmen der Memorandum of Understanding (MoU) geschlossenen Fluglinienpläne enthalten oftmals eine genaue Festlegung der Routenführung zwischen den Vertragsstaaten. Im Rahmen der Streckenführung werden dann alle Punkte, die vor, im und hinter dem Zielgebiet angeflogen werden dürfen, genauestens festgelegt. In vielen restriktiven Fluglinienplänen werden die Punkte, die angeflogen werden dürfen, nicht nur anzahlmäßig beschränkt, sondern sogar die Städte namentlich festgelegt. Daran sind dann alle auf der Linie designierten Carrier gebunden. In weniger restriktiven Fluglinienplänen hingegen wird nur der Staat nicht aber die genauen Städte vorgegeben (z.B. "any points in Africa")[179].

In den Plänen sind die Fluglinien durch Bezeichnung der Punkte nach folgendem System näher bestimmt[180]:
- Abgangspunkte im Heimatstaat des Unternehmens
- Zwischenlandepunkte (sog. "Intermediate Points"), d.h ein Punkt/ Punkte der/ die außerhalb vom Heimatstaat des Unternehmens, aber vor dem Zielstaat gelegen ist/ sind[181].

[179] ICAO, vgl. Fn. 51, Kapitel 4. 1-3
[180] Schwenk, S. 483
[181] ICAO, vgl. Fn. 51, Kapitel 4. 1-3

- Punkte im anderen Vertragsstaat, in denen gelandet werden darf, wobei hierbei jede Variante von der Regelung "any point" bis hin zu einzelnen namentlich aufgeführten Städten denkbar ist.
- Punkte jenseits des anderen Vertragsstaates (sog. "Beyond Points), d.h. ein Punkt/ Punkte der/ die hinter dem Vertragsstaat liegt/ liegen und die zur natürlichen Streckenführung des Carriers gehören[182]. Hierbei ist wieder von völliger Liberalität ("to any point" oder "to any point in Asia") bis hin zu absoluter Restriktivität alles denkbar, d.h., nur eine oder einige im Fluglinienplan genau benannte Städte dürfen angeflogen werden.

1.2.2.3.2. Code-Sharing als Umgehungstatbestand von festgelegten Streckenführungen (sog. "Intermediate Points", "Points" und "Beyond Points")

Eine ähnliche Schwierigkeit wie bei der Zählweise von Code-Sharing ergibt sich bei den anzufliegenden Punkten im Vertragsstaat.
Am besten läßt sich die Problematik wieder am Beispiel Deutschland/ Thailand aufzeigen. Der Fluglinienplan mit Thailand sieht für die thailändische Seite nur vier Punkte in Deutschland als Landepunkte vor (nämlich Frankfurt, Berlin, Köln oder Düsseldorf und einen weiteren Ort nach Wahl)[183]. Im Rahmen der Code-Sharing-Allianz zwischen Thai Airways und der Deutschen Lufthansa AG werden aber von Thai Airways im Computerreservierungssystem neun Punkte in Deutschland angeboten (Frankfurt, Berlin, Köln, Düsseldorf, Hannover, Hamburg, München, Nürnberg und Stuttgart). Das bilaterale Abkommen wird dadurch also umgangen, was erneut die Gefahr verdeutlicht, die durch Code-Sharing für verkehrsrechtliche Vereinbarungen ausgelöst wird.
Beim oben bereits erwähnten Code-Sharing der italienischen Alitalia mit der amerikanischen Fluggesellschaft US-Air trat der gleiche Widerspruch zu den bilateralen Vereinbarungen zwischen den USA und Italien auf, als die italienischen Carrier den Flughafen Baltimore in den USA anflogen, obwohl dieser Punkt nicht im Fluglinienplan vereinbart war[184].
Selbiges ergibt sich auch für Intermediate- und Beyond-Points im Fluglinienplan mit Thailand. Hier wurde zwischen der deutschen und der thailändischen Seite eine genaue und individuelle Benennung der Punkte vorgenommen[185]. Die Allianz zwischen der Deutschen Lufthansa AG und der THAI Airways führt aber auch in diesem Fall Flüge zu Punkten durch, die im Fluglinienplan so zwischen den Delegationen der Vertragsstaaten nicht vereinbart wurden.

---

[182] ICAO, vgl. Fn. 51, Kapitel 4. 1-3
[183] Fluglinienplan als Annex zum Luftverkehrsabkommen von 1997
[184] Chiavarelli. 203
[185] Fluglinienplan als Annex zum Luftverkehrsabkommen von 1997

So hat z.B. die THAI Airways in der Wintersaison 1996/ 97 Code-Sharing-Flüge zu den Intermediatepoints Brüssel und Wien durchgeführt, ohne daß diese Punkte vom bilateralen Fluglinienplan gedeckt wurden[186]. Im umgekehrten Fall gestaltet sich die Sachlage gleich. Denn im Gegenzug befliegt die Deutsche Lufthansa AG im Code-Sharing-Verfahren nämlich die Strecke Deutschland – Thailand mit den Beyond-Points Yangon (Myanmar), Phnom Penh (Kambodscha) und Taipei (Taiwan). Auch diese Beyond Points sind nicht im Fluglinienplan enthalten. Auf dem deutschen Markt angeboten und in den computergesteuerten Reservierungssystemen dargestellt wird deshalb ein Lufthansa-Flug auf der Strecke Deutschland - Bangkok - Yangon, obwohl Lufthansa weder diese Strecke selbst bedient, noch für sie eine entsprechende Grundlage im Fluglinienplan gegeben wäre. Hiermit wurde durch Code-Sharing-Vereinbarungen gegen die seinerzeitigen vereinbarten bilateralen Fluglinienpläne verstoßen[187].

1.2.2.3.3. Zwischenergebnis und Lösungsversuch

Durch das Zulassen von Code-Sharing-Flugdiensten zu bzw. über Punkte, die nicht im Fluglinienplan vorgesehen sind, werden nicht nur bilaterale Vereinbarungen ausgehöhlt und umgangen, sondern die Kooperationsform führt auch zu einem verkehrsrechtlichen Ungleichgewicht zugunsten der Code-Sharing-Allianzpartner. Denn durch die Praxis beim Code-Sharing werden gerade die kleineren deutschen Fluggesellschaften benachteiligt, da sie zwar als Linienfluggesellschaften im sog. Umkehrverkauf[188] auch Flüge nach Deutschland vertreiben, jedoch mangels deutschlandweitem Zu- und Abbringersystem nicht deutschlandweite Direktflüge mit entsprechender Priorität im CRS anbieten können. Da sich die Luftverkehrsabkommen ohnehin sehr stark an den Interessen der ehemaligen grossen National Carrier orientieren, würde die uneingeschränkte Zulassung von Code-Sharing-Abkommen zu den an den Beispielen dargestellten Effekten führen und den Vorteil der Allianz gegenüber anderen, kleinen, unabhängigen Airlines noch vergrößern.
Um einen Spagat zwischen den widersprüchlichen Rechtspositionen zu vermeiden, wurde zur Lösung dieser Problematik und nach heftigem Protest der nicht allianzgebundenen Fluggesellschaften in Deutschland durch das zuständige Ministerium ein Passus in die bilateralen Vereinbarungen aufgenommen, der explizit für Code-Sharing-Flüge die Bedienung auch solcher Punkte ermöglicht, die nicht ausdrücklich im Fluglinienplan enthalten sind[189]. Damit wurde zwar

---

[186] siehe Flugplan der Deutschen Lufthansa vom Wi. 96/ 97
[187] Gansfort, S. 97, 98
[188] Das Recht zum Umkehrverkauf bietet der Airline die Möglichkeit, Tickets auch im Ausland zu verkaufen.
[189] Gansfort, S. 98

eine abgesicherte verkehrsrechtliche Grundlage geschaffen mit der Folge, daß zukünftig derartige Vereinbarungen auf einer bilateralen Rechtsgrundlage beruhen. Jedoch stellt die Lösung m.E. nach wie vor eine starke Wettbewerbsverzerrung zu Lasten der nicht allianzfähigen/ -willigen Airlines in Deutschland dar, die strikt abzulehnen ist. Es ist daher dringend erforderlich, daß ein Gleichlauf zwischen den in den bilateralen Vereinbarungen getroffenen Verkehrsrechten und den von den Code-Sharing-Partnern angebotenen und durchgeführten Flugdiensten stattfindet. Damit würde auch die aufgezeigte Möglichkeit unterbunden, eigens auf die Allianzen zugeschnittene Regelungen in die zwischenstaatlichen Luftverkehrsabkommen aufzunehmen. Damit alle Fluggesellschaften, die auf den jeweiligen Märkten ihre Dienste anbieten, die gleichen Chancen haben, darf es auch keine unterschiedliche Behandlung von Code-Sharing-Partnern geben.
Ein solches Ergebnis würde dadurch erreicht, daß Code-Sharing-Flüge nur im Rahmen der bestehenden Verkehrsrechte genehmigt und keine Sonderregelungen zugunsten von Allianzpartnern vereinbart werden. Zwar werden durch Code-Sharing-Verbindungen faktisch keine neuen Flüge geschaffen und daneben können sie zu einer ökonomisch sinnvolleren Auslastung des Fluggerätes führen. Aber all dies sollte nur im Rahmen der zwischenstaatlichen Vereinbarungen geschehen.

1.2.3. Ergebnis

Im Ergebnis steht somit fest, daß Code-Sharing-Vereinbarungen geeignet sind, Memorandum of Understanding (MoU) sowie die darin enthaltenen Fluglinienpläne zu unterwandern und zu umgehen. Denn die aufgeführten Fälle verdeutlichen, daß die dort genannten Code-Sharing-Flugangebote nicht dem Wortlaut der jeweiligen bilateralen Vereinbarungen entsprechen. Es kommt deswegen zu einer völkerrechtswidrigen Aushöhlung vorhandener bilateraler restriktiver Abkommen.

1.3. Schlussfolgerung des Verfassers

Code-Sharing tritt nur dort in Erscheinung, wo der Marktzugang durch Reglementierungen erheblich beschränkt ist. Diese Form der Kooperation ist ein Mittel, das bilaterale Gefüge im Luftverkehr zu unterlaufen bzw. zu umgehen. Das über Jahrzehnte gewachsene System, was zumindest einen Konsens auf den kleinsten gemeinsamen Nenner darstellt, muß aber erhalten bleiben und darf nicht der Code-Sharing Politik der großen Carrier zum Opfer fallen. Denn durch Code-Sharing-Vereinbarungen erhalten solche Airlines die Möglichkeit, ihre Flugdienste aufzustocken, ohne selbst mehr Flüge durchführen zu müssen und ohne damit den bilateralen Frequenzrahmen weiter auszuschöpfen. Als sehr

nützlichen Nebeneffekt bekommen die Airlines darüber hinaus mit Code-Sharing zumeist Zugang zu den wichtigsten Inlandsflugverbindungen und zu den Zu- und Abbringern der Partnergesellschaften. Damit gewinnen die paktierenden Unternehmen zahlreiche neue Punkte in ihrem Streckenangebot, was nach den verkehrsrechtlichen Grundsätzen nur dann möglich wäre, wenn die entsprechenden Punkte auch in den zwischenstaatlichen Vereinbarungen enthalten wären. Dies ist jedoch, wie zuvor dargelegt, vielfach nicht der Fall.
Somit ist die Reglementierung von Code-Sharing durchaus unterstützenswert. Denn würde Code-Sharing zukünftig nicht einheitlich geregelt, könnte das ganze System der bilateralen Vereinbarungen im Wege von Allianzen unterlaufen werden. Ein solches Resultat kann nicht beabsichtigt sein, denn dann würden sämtliche derzeit noch streng restriktiv reglementierten Märkte sofort liberalisiert, da über den Umweg des Code-Sharing verkehrsrechtlich nicht zugelassene Verbindungen dennoch geschaffen werden.
Daneben spricht ein weiteres Argument für die verkehrsrechtliche Regelung von Code-Sharing. Treffen die Airlines außerhalb bestehender bilateraler Vereinbarungen Absprachen, wird der kommerzielle Wert solcher Abreden gesteigert, weil zusätzliche Einnahmemöglichkeiten für die jeweiligen Allianzpartner entstehen, die nicht allen Wettbewerbern zugänglich sind. Gleichzeitig wird der verkehrsrechtliche Wert einer solchen Vereinbarung erhöht. Da dies alles nicht gewollt sein kann, ist nach Ansicht des Verfassers Code-Sharing unbedingt einer eigenen internationalen verkehrsrechtlichen Regelung zuzuführen. Deswegen ist ein strikter Gleichlauf der Rechte und Möglichkeiten zwischen Code-Sharing und Eigen-Diensten zu verlangen.

2. Ist Code-Sharing ein neues Verkehrsrecht ?

Im Anschluß stellt sich deswegen die Frage, ob Code-Sharing wegen seiner zuvor dargestellten Auswirkungen auf bilaterale völkerrechtliche Vereinbarungen als ein Verkehrsrecht im Sinne dieser Vereinbarungen behandelt werden muß und infolgedesssen in Luftverkehrsverhandlungen zwingend mit aufzunehmen ist. Hierfür ist es erforderlich, die Rechtsnatur des Code-Sharing zu untersuchen.

Dafür muß man Code-Sharing mit der bereits vorgestellten Definition des Verkehrsrechts[190] vergleichen. Dabei kommt man zu keinem eindeutigen Ergebnis, denn die Definition setzt nicht voraus, daß zur Ausübung eines in einem Luftverkehrsabkommen gewährten Verkehrsrechts das Unternehmen die Flugverbindung faktisch auch selbst bedienen muß. Es muß vielmehr ausreichend sein, wenn die Luftbeförderung als eigene angeboten wird und der

[190] zur Definition siehe Kapitel 3.2.1. in Teil I dieser Arbeit

Flug unter der Flugnummer desjenigen getätigt wird, der auch die Verantwortung für die Erbringung der Beförderungsleistung trägt.
Das ergibt sich im übrigen auch aus Folgendem:
Zwischen Passagier und dem Carrier erfolgt ein unmittelbarer Vertragsschluss über die Luftbeförderung, weil der Luftbeförderungsvertrag als formloser Konsensualvertrag zwischen demjenigen, der eine Beförderung auf dem Luftwege als eigene verspricht, und dem Fluggast abgeschlossen wird[191]. Durch einen derartigen Vertragsschluß nutzt die Airline kommerziell die von staatlicher Seite erteilte Befugnis, Luftverkehr zwischen zwei Orten durchzuführen. Also übt der Carrier das erteilte Verkehrsrecht bereits durch den Abschluß eines Luftbeförderungsvertrages und die Übernahme der schuldrechtlichen Verpflichtung zur Durchführung des Lufttransportes aus. Mithin kommt es für eine Qualifizierung von Code-Sharing als Verkehrsrecht nicht darauf an, ob die Allianzpartner die Strecke auch tatsächlich selbst befliegen.
Voraussetzung, um Code-Sharing als ein Verkehrsrecht zu qualifizieren, ist folglich, daß ein Flugunternehmen die Berechtigung erhält, eine Beförderung mittels eines eigenen oder eines fremden Luftfahrzeugs im Luftraum eines oder mehrerer Staaten zu erbringen und diese Erlaubnis kommerziell nutzt[192].
Fraglich ist, ob Code-Sharing diese Vorausetzungen erfüllt, um somit als Verkehrsrecht qualifiziert zu werden. Zu diesem Zweck untersucht der Verfasser zunächst die legislativen Entwicklungen und die bisher einzige zu Code-Sharing in der deutschen Rechtsprechung ergangene Entscheidung des Verwaltungsgerichts Köln. Ferner werden die Entwicklungen in der Praxishandhabung von Code-Sharing-Verbindungen in einigen Staaten exemplarisch nachgezeichnet. Den Abschluss der Überlegungen bildet eine Auseinandersetzung mit den verschiedenen Ansichten zu dieser Frage in der Literatur.

2.1. Code-Sharing innerhalb Europas (Verordnung (EWG) Nr. 2408/ 92)

Auf den Luftverkehrswegen innerhalb der Europäischen Union (EU) und des europäischen Wirtschaftsraumes (EWR) ist Code-Sharing seit der Veordnung (EWG) Nr. 2408/ 92 ausdrücklich reglementiert[193]. Gemäß Art. 3 Absatz I i.V.m. Art. 7 Verordnung (EWG) Nr. 2408/ 92 wurde es den Gemeinschaftsluftfahrtunternehmen erlaubt, Verkehrsrechte auf allen Strecken der Gemeinschaft auszuüben und diese betrieblich zu verbinden, sowie die gleiche Flugnummer zu verwenden.
Die Luftfahrtunternehmen der Gemeinschaft haben damit heute alle denkbaren Kombinationsmöglichkeiten und können folglich die Verkehrsrechte und die

---

[191] Gansfort, S. 90
[192] Montag, S. 106
[193] Giemulla, Schmid, Mölls, B I 1.1

eingesetzte Kapazität zum beiderseitigen Vorteil fast unbegrenzt nutzen[194]. Die freie Ausübung von Streckenrechten ist jedoch nach Art. 1 Abs. 1 Verordnung (EWG) Nr. 2408/ 92 räumlich auf das Gebiet der Mitgliedsstaaten begrenzt[195].
Zusammengefasst heißt das:
Wenn beide Code-Sharing-Gesellschaften über eine Betriebsgenehmigung nach Verordnung (EWG) Nr. 2407/ 92 verfügen, d.h., in einem Mitgliedsstaat registriert sind, hat die zuständige deutsche Behörde bei der Aufnahme von Code-Sharing-Diensten auf Strecken innerhalb der europäischen Union (EU) oder dem europäischen Wirtschaftsraum (EWR) keine Möglichkeit, die verbundenen Flugdienste zu verbieten.
Sofern jedoch von Seiten der Allianzpartner eine Streckenführung in einen Nicht-EU-Staat im Code-Sharing geplant ist, greift Verordnung (EWG) Nr. 2408/ 92 jedoch als Rechtsgrundlage nicht, mit der Folge, daß die Genehmigung der Flüge sich nach den bilateralen völkerrechtlichen Vereinbarungen der den Flugverkehr betreibenden Staaten und den Vorschriften des Luftverkehrsgesetzes richtet, insbesondere nach § 21a LuftVG[196].

2.2. Code-Sharing in und/ oder aus Nicht-EU-Staaten

Während das Recht zum Code-Sharing im innergemeinschaftlichen Fluglinienverkehr völlig liberalisiert wurde, ist es im Verkehr in und/ oder aus Nicht-EU Staaten nicht selbstverständlich, sondern von weiterhin bilateralen Vereinbarungen der Vertragsstaaten abhängig[197]. Außerhalb des europäischen Marktes und innerhalb restriktiver bilateraler Abkommen ist deswegen nach wie vor die Genehmigung durch beide Vertragsparteien notwendig, wenn Code-Sharing als ein eigenständiges Verkehrsrecht bei den völkerrechtlichen Regelungen Berücksichtigung finden soll[198].

2.2.1. Ansicht der deutschen Rechtsprechung anhand der Entscheidung des Verwaltungsgerichts Köln[199]

Das Verwaltungsgericht Köln[200] hatte im Jahre 1993 als bisher einziges deutsches Gericht über eine Drittstaaten-Code-Sharing-Vereinbarung der

---

194 Günther, S. 10; De Groot, S. 72ff.; Montag, S. 107f; Chiavarelli, S. 199
195 VG Köln in ZLW 3/ 1994, S. 363
196 Montag, S. 111
197 Schwenk, S. 524
198 Günther, S. 10
199 Beschluß vom 01.Okt. 1993, Az.: 1236/ 93, auszugsweise veröffentlicht in ZLW 3/ 1994, S. 363 ff.
200 Beschluß vom 01.Okt. 1993, Az.: 1236/ 93, auszugsweise veröffentlicht in ZLW 3/ 1994, S. 363 ff.

ausländischen Fluggesellschaften Royal Dutch Airlines (KLM) und Northwest Airlines Inc. im einstweiligen Rechtsschutzverfahren zu entscheiden. Dem Beschluss lag folgender Sachverhalt zugrunde:
Beide Fluggesellschaften hatten eine Direktflugverbindung im Code-Sharing-Verfahren von den USA nach Deutschland unter Northwest- und KLM-Flugnummer angeboten. Nach dem Code-Sharing-Agreement war Northwest Airlines berechtigt, von KLM durchgeführte Flüge, für die ein Code-Sharing vereinbart wurde, mit Northwest-Flugnummern zu versehen, sie als Northwest Flüge zu bezeichnen und als solche bekanntzumachen. Im Gegenzug war KLM seinerseits berechtigt, von Northwest durchgeführte Flüge, für die ein Code-Sharing vereinbart wurde, mit KLM-Flugnummern zu versehen, sie als KLM Flüge zu bezeichnen und als solche bekanntzumachen. Somit wurde tatsächlich die Teilstrecke Deutschland-Niederlande und umgekehrt von der niederländischen KLM durchgeführt, weil die Northwest Airline im damaligen Luftverkehrsabkommen zwischen den USA und der Bundesrepublik Deutschland nicht designiert war.
Antragsgegner im Verfahren vor dem Verwaltungsgericht Köln war seinerzeit das Bundesverkehrsministerium, das den Niederländern die Genehmigung solcher Flugdienste mit der Begründung verwehrt hatte, die Vereinbarung zwischen den Carriern sei nicht durch die bilateralen Vereinbarungen zwischen den Niederlanden und Deutschland, sowie den USA und Deutschland gedeckt und insoweit das Flugangebot beider Airlines rechtswidrig. Zum einen sei der amerikanische Carrier nicht durch die USA designiert worden, zum anderen würde durch die Flüge der zwischen den USA und Deutschland vereinbarte Frequenzrahmen überschritten. Denn dieser Frequenzrahmen wurde unstreitig bereits durch die bestehenden Fluglinien voll ausgeschöpft, so daß die Code-Sharing-Flüge eine nicht gedeckte Ausweitung des bilateralen Frequenzrahmens darstellten.
Die deswegen angerufenen zuständigen holländischen Zivilluftfahrtbehörden lehnten ein Tätigwerden mit der Begründung ab, für ein solches existiere keine Eingriffsnorm, da Code-Sharing ein reines Marketinginstrument darstelle und als solches lediglich die Auswahl für den Konsumenten und die Effizienz der Luftfahrtunternehmen erhöhe.
In seiner Entscheidung wies das Verwaltungsgericht Köln den Antrag der KLM als unbegründet zurück.
Zur Begründung führten die Richter aus, daß das amerikanische Unternehmen nicht durch das Interimsabkommen der USA mit Deutschland vom 06. November 1992 designiert gewesen sei. Deswegen stelle die Aufnahme eines Fluges von Amerika nach Deutschland unter einheitlicher Flugnummer eine neue Fluglinienverbindung dar. Kriterium für die Betreibung einer Fluglinie sei nach Auffassung des Gerichts nicht das Eigentum am eingesetzten Flugzeug, sondern vielmehr die verwendete Flugnummer, denn der Flugcode sei nicht nur

eine verwaltungstechnische Bezeichnung, die beliebig austauschbar sei. Vielmehr handele es sich um ein eindeutiges Zuordnungskriterium, wer für die Durchführung des Fluges rechtlich und flugtechnisch die Verantwortung übernehme.
Hieraus wird nach Ansicht des Verfassers deutlich, daß das Verwaltungsgericht Köln in seiner Argumentation von einer selbständigen verkehrsrechtlichen Qualität des Code-Sharing im Sinne des bilateralen Abkommens ausging. Denn es verweist in seiner Entscheidungsbegründung auf formal-juristische Voraussetzungen, nämlich einer Designierung durch die Vertragspartei. Auffällig ist auch, daß die Richter in der Flugnummer einer Flugverbindung ein Verantwortlichkeitskriterium sahen. Ferner bestätigte diese Begründung eine formelle Genehmigungspflicht für Code-Sharing-Flugdienste[201].

2.2.2. Mitteilung der europäischen Kommission (EU Kommission) zu Code-Sharing

Die EU- Kommission äußerte sich in einer Mitteilung zu den späteren Vereinbarungen einer strategischen Allianz zwischen der KLM und der Northwest Airlines[202]. Zwar hat die EU-Kommission, anders als der Rat, grundsätzlich keine Rechtssetzungsbefugnis, jedoch haben die in der Kommission versammelten Kommissare die Möglichkeit, dem Rat bestimmte Sachverhalte, die der Europavertrag regelt, zur Entscheidung vorzulegen. Die Mitteilungen haben insoweit zumindestens richtungsweisenden Charakter.
Unter "Punkt 16" der Mitteilung vom April 1997 hat die Kommission festgelegt, daß das Code-Sharing zwischen KLM und Northwest ausschließlich auf der Grundlage der dem Code-Sharing-Partner zustehenden Luftverkehrsrechte erfolgen darf. Insofern kann man nach Ansicht des Verfassers davon ausgehen, daß bei Code-Sharing-Vereinbarungen alle Allianzpartner über Verkehrsrechte auf allen Teilstrecken verfügen müssen, egal wer bei wem "huckepack" fliegt. Folglich geht auch die EU-Kommission von der Verkehrsrechtsqualität des Code-Sharing aus, denn sie bezieht diese Kooperationsform ausdrücklich in die verkehrsrechtlichen Reglementierungen mit ein, wenn sie Verkehrsrechte für die Partner auf der gesamten Strecke fordert.

2.2.3. Der Umgang mit bestehenden Code-Sharing Vereinbarungen

Nachfolgend will der Verfasser den Umgang der zuständigen Behörden mit Code-Sharing-Vereinbarungen exemplarisch an den Beispielen Großbritannien, USA und Deutschland vorstellen.

---

[201] Schwenk, S. 524; Montag, S. 110, Gansfort, S. 93/ 94

[202] Mitteilung der EU-Kommission Nr. 97/ C 117/ 08, vom 15.04.1997, veröffentlicht im Amtsblatt der europäischen Gemeinschaften Nr. C 117/ 8 ff.

Die ersten Code-Sharing-Vereinbarungen wurden von den jeweiligen Staaten zunächst als reines Marketinginstrument betrachtet und deswegen ausschließlich auf eine Streckengenehmigung der jeweiligen Flüge bei dem Unternehmen abgestellt, das den Flug selbst durchführte. Der Carrier, der sozusagen "huckepack" flog, indem er seinen Flugnummerncode auf die Flugverbindung der paktierenden Airline setzte, benötigte hierfür zunächst keine gesonderte Genehmigung. Dies änderte sich aber im Laufe der Zeit in allen Staaten, die mit Code-Sharing zu tun hatten[203]:

2.2.3.1. Code-Sharing in Großbritannien

Das englische Department of Transportation (DOT), als sachlich zuständige Behörde, startete im Juli 1993 eine Umfrage bei allen Airlines, die zu diesem Zeitpunkt schon Code-Sharing-Flüge zu Drittstaaten anboten, um auf diesem Wege zunächst Meinungen von Seiten der Industrie und der Interessenverbände einzuholen[204]. Erst im Anschluß daran wollte die Behörde rechtlich verbindliche Leitlinien für die Aufnahme von Code-Sharing-Flügen aus und in Drittstaaten erlassen. Die Grundhaltung der Behörde war als Ausgangspunkt für die Umfrage seinerzeit jedoch, eine eher liberale Handhabung von Code-Sharing zu fördern[205].

Bis zu diesem Zeitpunkt wurde Code-Sharing ausdrücklich nur in den bilateralen Vereinbarungen Großbritanniens mit Japan und den USA geregelt. So wurde z.B. in dem Memorandum of Understanding (MoU) zwischen USA und Großbritannien aus dem Jahre 1991 zu Code-Sharing folgende Regelung getroffen:

Code-Sharing zwischen den englischen und den amerikanischen Linienfluggesellschaften ist grundsätzlich erlaubt. Voraussetzung ist aber, daß:

1. *für die Strecke zwischen den USA und Großbritannien der englische Carrier designiert wurde und die amerikanische Gesellschaft auf der weiterführenden Inlandsstrecke entsprechende Verkehrsrechte besitzt*
   und
2. *im Gegenzug mindestens ein anderer US – Carrier die Strecke zwischen dem Gateway- oder Zielpunkt in den USA und Großbritannien als Direkt- oder Stop–Over/ Inlands Code-Sharing-Verbindung bedient.*

Wegen der eindeutigen Regelungen zum Code-Sharing in diesen bilateralen Vereinbarungen und der inzwischen bestehenden Rechtslage innerhalb Europas war bis zum Zeitpunkt der Umfrage im Juli 1993 eine staatliche Regulierung von Flugdiensten im Code-Sharing-Verfahren als überflüssig erachtet worden. Jedoch nach Abschluss der Umfrage wurden durch das englische

---

[203] ICAO, vgl. Fn. 8, S. 23

[204] Montag, S. 112

[205] Montag, S. 113

Verkehrsministerium erstmalig am 31. Januar 1994 verbindliche Code-Sharing-Regeln erlassen. Sie betrafen ausschließlich das Code-Sharing zwischen Nicht-EU-Carriern mit Zwischenstop in Großbritannien zu anderen Staaten Europas, zwischen EU-Airlines und Nicht-EU-Airlines auf Strecken außerhalb der europäischen Union, sowie Code-Sharing zwischen zwei Nicht-EU-Airlines auf Strecken zwischen England und Drittstaaten[206].

Das Verkehrsministerium legte auszugsweise folgende Kriterien für die Durchführung von Code-Sharing-Flügen dieser Art fest:

1. *Code-Sharing wird nur auf reziproker Grundlage gewährt.*
2. *Die Code-Sharing-Partner müssen über Verkehrsrechte auf der gesamten Strecke verfügen.*
3. *Alle Gesellschaften müssen zum Schutz der Verbraucher rechtzeitig über das Unternehmen informieren, das den Flugdienst tatsächlich ausführt*

Sofern englische Airlines Code-Sharing von und zu Zielen in Drittstaaten betreiben wollten, waren sie nunmehr verpflichtet, eine entsprechende Genehmigung beim Ministerium zu beantragen. Somit bestand für Code-Sharing seit diesem Zeitpunkt eine feste Antrags- und Genehmigungspflicht.

Unklar an der englischen Regelung blieb aber, ob beide Code-Sharing-Partner auf allen Teilstrecken über volle Verkehrsrechte verfügen mußten. Nach dem Wortlaut[207] der Leitlinien hing die Entscheidung des Ministerium darüber von der Reziprozität der Rechte ab. So hatte im Falle der Beschränkung von englischen Carriern im anderen Staat die Behörde jederzeit mit der Argumentation, es fehle an den Verkehrsrechten beider Unternehmen auf jeder Teilstrecke, einen Hebel, die Genehmigung für eine Allianz zu versagen.

Im Ergebnis stellt die englische Leitlinie nach Ansicht des Verfassers aber einen Rückschritt von der ursprünglichen Tendenz der Engländer bei der Umfrage zur Liberalisierung von Code-Sharing dar. Sie schafft vielmehr die Möglichkeit zur Beschränkung solcher Dienste und fördert sie nicht. Andererseits wird hierdurch deutlich, daß man in Großbritannien bereits 1993 von der selbständigen verkehrsrechtlichen Qualität des Code-Sharing ausging. Denn zur Durchführung solcher Flugdienste war eine Genehmigung erforderlich, die sich nach vorher festgelegten verkehrsrechtlichen Grundsätzen richtete.

2.2.3.2. Code-Sharing in den USA

Die Entwicklung der amerikanischen Code-Sharing-Praxis bis heute untergliedert sich in mehrere Stufen:

---

[206] Brief des Department of Transportation an alle Fluggesellschaften vom 31.01.1994, unveröffentlicht

[207] die Leitlinie lautet im Orginal: "traffic rights must be held both to the point at which the code share partner takes on the service and to the destination with starbursting also beeing allowed to the extend that the relevant traffic rights are held."

Ursprünglich wurde auch in den USA Code-Sharing als reines Marketinginstrument verstanden, was nach Meinung der Behörden lediglich den Nutzen hatte, die kommerziellen Möglichkeiten der paktierenden Airlines zu erweitern[208]. Deswegen wurden verkehrsrechtlich, wie auch beim Interlining, die Streckenrechte lediglich beim durchführenden Flugunternehmen verlangt[209]. Weitere Reglementierungen gab es nicht.

Diese Auffassung änderte sich jedoch in den Jahren 1985–1988. Das amerikanische Department of Transportation (DOT) erkannte, daß in Code-Sharing-Verbindungen eine Gefahr für den amerikanischen Luftverkehrsmarkt liegen konnte und bezog deswegen den Standpunkt, daß ausländische Fluggesellschaften entsprechende Verkehrsrechte für die Strecken haben mußten, die sie mit dem Code eines US-Carriers anboten. Dies wurde damit begründet, daß durch die Code-Sharing-Angebote der Eindruck entstehen könne, die ausländischen Carrier würden Flugdienste auf Inlandsstrecken für die Öffentlichkeit anbieten, also inneramerikanischen Verkehr (sog. "Kabotage") in den USA betreiben. Damit wurde die Schaffung eines nicht akzeptabelen Präzedenzfalles befürchtet. Daneben bestand die Sorge, daß ausländische Carrier durch Code-Sharing ein Mittel erhalten könnten, durch das sie Zugang zum riesigen inneramerikanischen Markt erhalten würden, was aber nach amerikanischem Recht verboten war[210].

Deswegen wurde Code-Sharing mit den USA in der Folgezeit nur noch solchen Allianzen gewährt, die zusammen über die vollen Verkehrsrechte auf allen Teilstrecken verfügten[211]. Der amerikanische Ansatz wurde in Folge auch von anderen Ländern übernommen und dahingehend erweitert, daß beide Fluggesellschaften auf jedem Teilstück der Strecke jeweils selbst volle Verkehrsrechte besitzen mußten[212].

In der Entwicklungsphase in den USA nach 1988 wurden die Erfordernisse an Code-Sharing noch weiter verschärft. Neben der verkehrsrechtlichen Grundlage war erstmalig eine besondere Genehmigung des Transportministeriums notwendig. Dieses machte seine Entscheidung nunmehr vom sog. "public interest test"[213], in der deutschen Rechtsterminologie m.E. vergleichbar mit dem "öffentlichen Interesse" in §§ 20 ff LuftVG, abhängig. Hierbei sollte eine Abwägung zwischen den Interessen der kooperierenden Carrier an der Code-Sharing-Verbindung und den übrigen Wettbewerbern stattfinden, sowie das Bedürfnis der Allgemeinheit an der Einrichtung der geplanten Code-Sharing-

---

208 Gansfort, S. 80/ 81
209 Günther, S. 8
210 De Groot, S. 69; Gansfort, S. 80/ 81
211 Wassenberg, S. 73, Günther, S. 8/ 9
212 De Groot, S. 70 m.w.N.; Gansfort, S. 81
213 Günther, S. 8/ 9

Verbindung überprüft werden[214]. Damit hatte die Behörde erstmalig die Möglichkeit, auch außerhalb bilateraler völkerechtlicher Vereinbarungen Code-Sharing von einer eigenen Ermessensentscheidung abhängig zu machen, ohne dabei gegen Völkerrecht zu verstoßen.
Anfang der 90-er Jahre wurde von den USA in den bilateralen Vereinbarungen mit einigen Ländern Europas und Asiens Code-Sharing als eigenes Verkehrsrecht verhandelt. Solche Vereinbarungen waren vornehmlich durch den Grundsatz der Reziprozität geprägt[215]. Zwischen 1991 und 1993 schlossen die USA allein drei völkerrechtliche Vereinbarungen mit europäischen Ländern, in denen spezielle Verkehrsrechte für Code-Sharing reglementiert wurden. Jedoch lassen diese Vereinbarungen allesamt keine einheitliche Verhandlungsposition erkennen und variieren von Fall zu Fall[216]. Insoweit ist auch die amerikanische Code-Sharing-Politik der Gegenwart eine Sammlung von Einzelfallentscheidungen.
Code-Sharing wird heute in den USA in den Regelungen zum Wet-Lease unter der Nr. C.F.R. 14 Parts 207, 208, 212 und 218 mitbehandelt. Genauso wie Wet-Lease hängt auch Code-Sharing nach wie vor von einer ausdrücklichen Genehmigung der amerikanischen Behörden ab[217]. Insbesondere liberalisieren die Vereinigten Staaten Code-Sharing-Vereinbarungen mit solchen Staaten, mit denen sie ein sog. "Open-Sky-Agreement" geschlossen haben.
Die amerikanische Genehmigungspraxis unterscheidet bei Code-Sharing-Vereinbarungen derzeit drei Typen:

- Typ 1 betrifft Code-Sharing zwischen US-Carriern und europäischen Carriern auf Strecken von und nach Europa zu und von Zielen außerhalb der USA, d.h., zu Zielen hinter den Vereinigten Staaten (sog. "Beyond Points").
- Ein zweiter Typ ist das Code-Sharing amerikanischer und europäischer Carrier auf Strecken von den USA zu Zielen hinter Europa.
- Typ 3, gleichzeitig das häufigste Erscheinungsbild von Code-Sharing in den USA, sind Flüge der paktierenden Airlines, die ausschließlich auf der Transatlantik Route geführt werden.

Sachlich zuständig für die Genehmigung von Code-Sharing ist nach wie vor das amerikanische Department of Transportation (DOT), wobei die amerikanische Seite das Code-Sharing als eine Form des Long-Term-Wet-Lease behandelt. Insoweit fallen sie unter die allgemeinen Beförderungsbedingungen für den Flugverkehr und unterliegen als solche einer Genehmigungspflicht. Die von der zuständigen Verkehrsbehörde erteilte Genehmigung ist zeitlich und zahlenmäßig begrenzt, jedoch ist die eigentliche Code-Sharing-Vereinbarung zwischen den Airlines nicht bei der Behörde zu hinterlegen. Antragsteller ist jeweils nur

---

[214] Günther, S. 8/ 9
[215] ICAO, vgl. Fn. 8, S. 23/ 24
[216] ICAO, vgl. Fn. 8, S. 24
[217] Montag, S. 113

derjenige Carrier, der den Flugdienst tatsächlich auch bedient (sog. "lessor"), es sei denn, es handelt sich um reziprok vereinbartes Code-Sharing. Denn in solchen Fällen müssen beide Airlines die Genehmigung beantragen.
Für den Fall, daß die Fluggesellschaften ihren Sitz in Staaten haben, mit denen die USA ein Open-Sky-Abkommen geschlossen haben, ist die Genehmigung der Code-Sharing-Verbindung der Regelfall, denn die notwendigen Verkehrsrechte für alle Teilstücke der Strecken werden ausdrücklich im Luftverkehrsabkommen geregelt. Sollte ein amerikanischer Carrier im Abkommen nicht designiert sein, und verfügt er somit nicht über die notwendigen Rechte, will aber trotzdem eine Transatlantik Code-Sharing-Verbindung aufnehmen, so wird ihm eine Ausnahmegenehmigung hierzu erteilt.
Nach wie vor wird als Erfordernis für die Genehmigung in jedem beantragten Fall der sog. "public interest test" durchgeführt, bei dem eine Abwägung der verschiedenen Verkehrsinteressen vorgenommen wird. Sofern jedoch eine Open-Sky-Vereinbarung existiert, wurden die Aspekte des "public interest test" schon bei der Festlegung des Abkommens hinreichend berücksichtigt, mit der Folge, daß keine erneute Prüfung stattfindet.
Das Department of Transportation tendiert inzwischen immer mehr zu einer Politik der sog. "Blankogenehmigung" von Code-Sharing-Verbindungen für Airlines, mit deren Heimatstaaten eine Open-Sky-Vereinbarung besteht. Hier wird eine Rahmengenehmigung erteilt, so daß die paktierenden Gesellschaften von Fall zu Fall dergestalt ausfüllen, daß sie diese nur noch vor der Aufnahme der einzelnen Code-Sharing-Verbindungen anzeigen müssen. Eine seperate Genehmigung jeder Fluglinie, die im Code-Sharing Verfahren betrieben wird, entfällt damit. So erhielten die Gesellschaften Swissair und Delta Airlines schon im April 1997 eine Blankogenehmigung mit einer Laufzeit von 2 Jahren, die zwischenzeitlich um weitere zwei Jahre verlängert wurde. Inzwischen sind noch die Gesellschaften Crossair (Schweiz) und Sabena (Belgien) in die Genehmigung mit aufgenommen worden. Somit können diese Gesellschaften beliebig viele Code-Sharing-Verbindungen innerhalb des Open-Sky-Streckennetzes bedienen, sofern sie diese in einer Frist von mindestens 30 Tagen vor Aufnahme der Flugdienste bei der Verkehrsbehörde anmelden.
Nicht angewandt wird dieses Verfahren jedoch bei Code-Sharing zu Beyond-Punkten in Staaten, die ihrerseits mit den USA ein eher restriktives Abkommen geschlossen haben (so z.B. zu Zielen in Indien). In solchen Fällen muß der Antragsteller die besondere Notwendigkeit an der Schaffung der Code-Sharing-Verbindung in ein Land, das seinerseits amerikanische Carrier beschränkt, gesondert begründen. Anschließend ermittelt die US-Behörde zunächst, inwieweit auch andere Gesellschaften an der Einrichtung einer solchen Code-Sharing-Verbindung interessiert sind. Danach erteilt sie die Genehmigung für eine Allianz, die dann die nur beschränkt gewährten Verkehrsrechte zum Beyond-Staat nutzen kann.

In jüngster Vergangenheit tauchten im Zuge eines Genehmigungsverfahrens verkehrsrechtliche Bedenken auf. Es stellte sich auch hier die Frage, ob Code-Sharing nicht die Umgehung von bilateralen Vereinbarungen ermöglicht. Das Department of Transportation hatte nämlich eine Code-Sharing-Vereinbarung zwischen der schweizer Fluggesellschaft Swissair und der mexikanischen Aeromexico genehmigt, obwohl das Luftverkehrsabkommen zwischen Mexico und den USA kein Code-Sharing in beide Richtungen zuläßt. Eine Entscheidung in der Angelegenheit steht noch aus[218].

Selbst wenn die amerikanischen Behörden Code-Sharing ausdrücklich nur als ein Marketing-Mittel zur Belebung des Wettbewerbs mit Direkt- und Anschlußflügen verstehen, so stellt es nach Ansicht des Verfassers bei Zugrundelegung der amerikanischen Genehmigungspolitik doch eindeutig ein selbständiges Verkehrsrecht dar, denn seine Genehmigung hängt von einer Abwägung und Überprüfung der Flugverbindung unter verkehrsrechtlichen Gesichtspunkten aus dem Luftverkehrsabkommen ab. Wäre es kein Verkehrsrecht, so wäre folglich auch keine verkehrsrechtliche Genehmigung, insbesondere kein "public interest test" erforderlich. Insoweit ist m.E. Code-Sharing zwar unter anderem, wie es die amerikanischen Behörden behaupten, ein Marketing-Instrument, aber nach der dortigen Genehmigungspraxis in erster Linie ein selbständiges Verkehrsrecht.

2.2.3.3. Code-Sharing in Deutschland

2.2.3.3.1. Die verkehrsrechtlichen Anfänge in Deutschland

In Deutschland wurde Code-Sharing verkehrsrechtlich und verkehrspolitisch erstmalig bei den deutsch-amerikanischen Luftverkehrsverhandlungen in den Jahren 1992-1994 thematisiert[219].

In Artikel 5 des damaligen Transitional Agreements von 1994 vereinbarten die Parteien, daß grundsätzlich Kooperationsvereinbarungen zwischen Fluggesellschaften beider Staaten geschlossen werden können, wenn beide Unternehmen über die entsprechenden Genehmigungen verfügen[220]. Desweiteren wurde vereinbart, daß generell das Recht für die Airlines der Vertragsparteien besteht, im Nachbarschaftsverkehr, auf Teilstrecken über Zwischenlandepunkte ("Intermediate Points"), sowie zu Beyond-Punkten, Code-Sharing-Dienste auszuüben.[221] Dieser Grundsatz wurde im Anschluss über mehrere Abkommensseiten präzisiert und eingeschränkt, soweit es z.B. um

---

[218] diese Informationen erhielt der Verfasser bei einem Gespräch mit dem für die LTU GmbH & Co KG, Düsseldorf tätigen Rechtsanwalt Fredric S. Hird, Washington D.C.

[219] Gansfort, S. 81

[220] Bartkowski/ Byerry, S. 3 ff.

[221] Artikel 5 c Ziff. 1 der Vereinbarung; Gansfort, S. 95

inneramerikanische Code-Sharing-Flüge für deutsche Carrier oder um Code-Sharing-Verbindungen mit Airlines aus anderen Staaten ging[222]. Auch zur Zählweise des Code-Sharing innerhalb eines bestehenden Frequenzrahmens wurden minutiöse Regelungen für den Einzelfall getroffen[223].
Es fällt auf, daß schon bereits zu diesem Zeitpunkt die beiden Parteien detallierte verkehrsrechtliche Vorstellungen im Zusammenhang mit Code-Sharing hatten. Dies fand letztlich auch in den sehr genauen und speziellen verkehrsrechtlichen Regelungen im Abkommen Eingang.
Schließlich wurde bereits während der laufenden Verhandlungen im Oktober 1993 durch den Präzedenzfall der KLM/ Northwest Kooperation vom Verwaltungsgericht Köln[224] ein Präjudiz geschaffen, das wie bereits oben erläutert, eindeutig –wenn auch nicht offen ausgesprochen- als Basis für die Positionierung des in Deutschland zuständigen Bundesverkehrsministeriums wonach Code-Sharing als selbständiges Verkehrsrecht gilt, diente. Denn das Ministerium berief sich bei seiner damaligen Ablehnung der Code-Sharing-Vereinbarung beider Airlines ausdrücklich auf verkehrsrechtliche Regelungen aus dem Luftverkehrsabkommen zwischen den USA und Deutschland[225].

2.2.3.3.2. Die Leitlinien des Bundesverkehrsministeriums zu Code-Sharing in Deutschland

Seit den Erfahrungen aus der KLM/ Northwest Kooperation und den Luftverkehrsverhandlungen mit den USA sahen es auch die deutschen Behörden als notwendig an, eine innerstaatliche Grundlage für die Durchführung von Code-Sharing-Flügen zu schaffen. Deshalb wurde seit Ende 1994 an einer verkehrspolitischen Leitlinie zu Code-Sharing gearbeitet. Die Leitlinie liegt der Industrie inzwischen mit der letzten Version vom Dezember 1999 in sechster Auflage vor, nachdem sie immer wieder in Gesprächen mit den Interessenvertretern der Airlines und Verbänden überarbeitet wurde. Im folgenden Abschnitt soll durch die Vorstellung der einzelnen Leitlinien aufgezeigt werden, wie sich die Behörden dem Rechtsproblem Code-Sharing über die Jahre genähert und den Versuch unternommen haben, eine für alle Seiten zufriedenstellenden Lösung zu finden.

---

[222] Artikel 5 c Ziff. 3 der Vereinbarung; Artikel 5 d; Gansfort, S. 95
[223] Gansfort, S. 81
[224] vgl. oben Kapitel 2.2.1. dieses Teils der Arbeit
[225] Günter, S. 9; ; Montag, S. 109

2.2.3.3.2.1. Inhalt und verkehrsrechtliche Entwicklung der "Verkehrspolitischen Leitlinien zu Code-Sharing"

Die verkehrspolitischen Leitlinien zum Code-Sharing sind seit ihrer Erstfassung vom November 1994 des öfteren überarbeitet worden. Heute liegen sie in der letzten aktuellen Fassung vom 01. Dezember 1999 vor[226]. Der nachfolgende Abschnitt zeigt anhand von Auszügen aus den jeweiligen Leitlinien die verkehrsrechtliche Weiterentwicklung des Regelungsinhaltes über die Jahre, die aufgrund der Zusammenarbeit mit Industrie und Verbänden notwendig wurde. Sie verdeutlicht auch insoweit die verkehrsrechtliche Haltung des sachlich zuständigen Bundesministeriums für Verkehr- Bau- und Wohnungswirtschaft (BMVBW)[227] gegenüber Code-Sharing.

2.2.3.3.2.1.1. Die Leitlinien vom 15. November 1994[228]

Die Leitlinie vom 15. November 1994 enthielt auszugsweise folgende Bestimmungen:
" Die Code-Sharing-Vereinbarung ist im allgemeinen nur ein Teil eines umfassenden Kooperationsabkommens zwischen zwei oder mehreren Luftfahrtunternehmen. Sie ist damit vorrangig unternehmerische Entscheidung kommerzieller Parteien mit dem Ziel, ihre Luftverkehrsoperationen zu optimieren, und damit Marketing Instrument[229]. "
Die Behörde stellt sich seither und bis heute auf den Standpunkt, daß Code-Sharing kein Verkehrsrecht, sondern vielmehr ausschließlich ein Marketing-Instrument sei. Dem widerspricht aber die weitere Formulierung in den Leitlinien nämlich,
" Ausgehend von den gegenwärtig noch überwiegend bilateralen staatlichen Regelungen im internationalen Luftverkehr, sollte die Nutzung von Code-Sharing an vorliegende Verkehrsrechte für jeden Streckenabschnitt gebunden sein. Eine gesonderte rechtliche Verankerung von Code-Sharing-Rechten zusätzlich zu den Verkehrsrechten der 3./ 4./ 5. Freiheit ist nicht erforderlich. Sie würde entgegen aller Notwendigkeit zur Liberalisierung des Luftverkehrs zu verstärkter staatlicher Beschränkung und damit unzulässiger Reglementierung des sich am Markt regelnden Prozesses führen[230]. "

---

[226] Verkehrspolitische Leitlinien "Code-Sharing deutscher und ausländischer Fluglinienunternehmen" v. 01. Juli 1998, Referat LR 12, unveröffentlicht
[227] Wurde nach dem Regierungswechsel im September 1998 umbenannt und hieß bis dahin "Bundesministerium für Verkehr" (BMV)
[228] Verkehrspolitische Leitlinien "Code-Sharing deutscher und ausländischer Fluglinienunternehmen" v. 15. November 1994, Referat LR 12, unveröffentlicht
[229] S. 1 Abs. 3 der Leitlinie von 1994
[230] S. 2 Abs. 1 der Leitlinie von 1994

Demnach wurden zwar nicht ausdrückliche Code-Sharing-Verkehrsrechte vom Bundesministerium verlangt. Jedoch bedurften die Carrier für den Betrieb einer Code-Sharing-Verbindung Verkehrsrechten auf den beflogenen Strecken. Ungeklärt blieb in der Ursprungsfassung der Leitlinien aber, inwieweit alle Mitglieder der Kooperation auf der gesamten Strecke über entsprechende Rechte verfügen mußten. Das wird insbesondere mit folgender Formulierung deutlich:
"Bei Vorliegen der notwendigen Verkehrsrechte sollte den Luftfahrtunternehmen freigestellt werden, welchen Code-Sharing-Typ, welche Routenführung, welchen Frequenzumfang, welches Luftfahrtunternehmen sie für die Realisierung ihrer Code-Sharing-Dienste nutzen...[231]*"*
Was die Verfasser seinerzeit unter den "notwendigen Verkehrsrechten" verstanden, bleibt auch beim weiteren Studium der Leitlinie unklar, denn an keiner Stelle wurde der Umfang der notwendigen Rechte geklärt.
Ferner fügte die Behörde in die Erstfassung der Leitlinie eine sog. "Reziprozitätsklausel" ein. Diese lautete:
"Restriktionen zu diesem liberalen Ansatz müssen jedoch dann im Interesse deutscher Luftfahrtunternehmen in Betracht gezogen werden, wenn ein Partnerstaat und/ oder Drittlandstaat Code-Sharing einschränkt. Das ist der Fall, wenn der Partnerstaat keine reziproken Rechte einräumt, das Drittland keine reziproken Rechte einräumt, bei Restriktionen für Anträge im Drittland-Code-Sharing, wenn Kapazitätsbeschränkungen im Nachbarschaftsverkehr vorliegen oder eine spezielle Code-Sharing-Gesetzgebung des Partner Staates besteht und damit faire und gleiche Wettbewerbsbedingungen für deutsche Unternehmen verhindert werden[232].
Hierdurch sollte verhindert werden, daß Carrier aus Staaten außerhalb der Gemeinschaft in Deutschland eine völlig liberale Code-Sharing-Politik antrafen, im Gegenzug aber deutsche Gesellschaften im Ausland beschränkt wurden. Abschließend wurden zur Umsetzung der Leitlinie folgende Instrumentarien festgelegt:

- *"Automatische Genehmigung von Code-Sharing auf der Grundlage vorhandener Verkehrsrechte ohne zusätzliche bilaterale Regierungsvereinbarung. Hierfür sind die Flugpläne bei den Zivilluftfahrtbehörden zu hinterlegen.*
- *Schaffung eines multilateralen Instrumentariums zur Genehmigung von Code-Sharing (Verordnung (EWG) Nr. 2407/ 92, ICAO, GATT/ GATS), auf deren Grundlage ebenfalls automatische Genehmigung erfolgt.*
- *Bilaterale Regelungen nur dann, wenn ein Partnerstaat und/ oder Drittlandstaat Code-Sharing zu deutschen Lasten beschränkt."*

---

[231] S. 2 Abs. 2 der Leitlinie von 1994

[232] S. 4 Abs. 2 Spiegelstrich 1 der Leitlinie von 1994

Die Genehmigung von Code-Sharing sollte insoweit automatisch erfolgen, als die in der Leitlinie festgesetzten Voraussetzungen vorliegen. M.E. ist jedoch kritisch festzuhalten, daß diese Voraussetzungen durch die zu unbestimmten Formulierungen nur schwerlich einheitlich für die Behörde prüfbar waren, denn die Leilinien eröffneten insoweit einen breiten Interpretationsrahmen.

2.2.3.3.2.1.2. Die Leitlinien vom 26. Oktober 1995[233]

Innerhalb des sog. "Verkehrsrechtlichen Rahmens für Code-Sharing" legte die erste überarbeitete Leitlinie eine verkehrsrechtliche Neuerung fest:
" Code-Sharing als Marketinginstrument der Luftfahrtunternehmen erfordert im zunehmend multilateralen Umfeld keine zusätzlichen verkehrsrechtlichen Regelungen[234]*."*
Im Umkehrschluß besagte das aber, daß die Luftfahrtunternehmen zumindest die üblichen Verkehrsrechte für die Strecke vorzuweisen haben. Innerhalb der Voraussetzungen für die Durchführung der Flüge wurde durch die Behörde eine neue Formulierung gewählt:
"Das vermarktende Unternehmen muß unabhängig davon, ob es selbst fliegt oder nicht, über Verkehrsrechte auf jedem vermarkteten Streckenabschnitt verfügen[235]*."*
Nunmehr wurde verkehrsrechtlich erstmals klar geregelt, daß alle kooperierenden Unternehmen der Code-Sharing-Allianz über die kompletten Verkehrsrechte verfügen müssen, mithin die Verkehrsrechte lediglich auf den selbst beflogenen Teilstrecken nicht ausreichen. Ferner wurde die Genehmigung an die jeweils zu erteilende Flugplangenehmigung gekoppelt.
Jedoch ist das Ministerium in der Vergangenheit, z.B. in den Fällen der bilateralen Abkommen mit Südafrika und Thailand, von dieser Regelung in den selbst aufgestellten Leitlinien abgewichen und hat damit gegen das eigene Grundsatzpapier verstoßen. Denn in den beiden genannten Fällen boten die jeweiligen Staatscarrier innerhalb Deutschlands Landepunkte im Code-Sharing an, zu denen sie überhaupt keine Verkehrsrechte besaßen[236].

---

[233] Verkehrspolitische Leitlinien "Code-Sharing deutscher und ausländischer Fluglinienunternehmen" v. 26. Oktober 1995, Referat LR 12, unveröffentlicht
[234] S. 1 Abs. 2 Punkt 1 der Leitlinie von Okt. 1995
[235] S. 2 Abs. 1 Punkt 2 der Leitlinie von Okt. 1995
[236] vgl. Kapitel 2.2. dieses Teils der Arbeit

2.2.3.3.2.1.3. Die Leitlinien vom 05. Dezember 1995[237]

Bereits zwei Monate nach der Fassung vom Oktober 1995 wurde vom Ministerium eine überarbeitete Leitlinie an die Fluggesellschaften herausgegeben.
Unter dem ersten Punkt der verkehrsrechtlichen Rahmenvoraussetzungen legte das Ministerium zunächst fest:
"Code-Sharing als Marketinginstrument erfordert im zunehmend liberalen Umfeld keine zusätzlichen verkehrsrechtlichen Regelungen[238]."
Nach Auffassung des Verfassers ist dieser Satz mißverständlich. Zwar ist es richtig, daß im liberalen Umfeld keine zusätzlichen verkehrsrechtlichen Regelungen für Code-Sharing erforderlich sind. Jedoch trifft diese Aussage nicht auf die Fällen zu, in denen keine Open-Sky-Bedingungen bestehen. Das bedeuted, daß in allen anderen Fällen Code-Sharing sehr wohl verkehrsrechtlich geregelt werden muß. Denn beim Code-Sharing bietet eine Gesellschaft, auch wenn sie faktisch nicht selbst fliegt, eine Flugverbindung im Markt als eigenen Flug mit eigener Flugnummer an und vertreibt dieses Angebot auch. Damit handelt es sich um ein Verkehrsrecht und bedarf entsprechender verkehrsrechtlicher Regelungen. Dem tragen im übrigen auch die sonstigen verkehrsrechtlichen Voraussetzungen für Code-Sharing-Dienste in den Leitlinien ausdrücklich Rechnung.
Ferner enthielt die Leitlinie verkehrsrechtlich eine gravierende Weiterung. Bei den Voraussetzungen für die Durchführung von Code-Sharing-Flügen wurde eine neue Tatbestandsvoraussetzung geschaffen, nämlich
" Tatsächlich geflogene Dienste der Luftfahrtunternehmen haben Vorrang vor Code-Sharing-Diensten bei der Aufteilung von Frequenzen auf deutsche Luftfahrtunternehmen im bilateralen Luftverkehr[239]."
Damit wurde eine Prioritätenregelung zugunsten von Eigendiensten geschaffen. Im Ergebnis geht insoweit die Verbindung einer Gesellschaft im Eigendienst einer lediglich "aufgesattelten" Code-Sharing-Verbindung vor, wenn nur begrenzte Frequenzen vorhanden sind.
Sinn und Zweck der Einführung dieser Subsidiaritätsregelung in Deutschland war, es zu verhindern, daß durch die Zulassung von Code-Sharing-Diensten mit dem eigentlichen Ziel der Förderung des Wettbewerbs und der Absatzmöglichkeiten der Flugunternehmen nicht diese durch die Verhinderung von Eigendiensten zugunsten von Code-Sharing-Flügen benachteiligt wurden. Im übrigen sicherte eine Regelung zugunsten deutscher Eigendienste deutsche

---

[237] Verkehrspolitische Leitlinien "Code-Sharing deutscher und ausländischer Fluglinienunternehmen" v. 05.Dezember 1995, Referat LR 12, unveröffentlicht
[238] S.1 Abs. 2 Punkt 1 der Leitlinie von Dez. 1995
[239] S. 2 Abs. 1 Punkt 4 der Leitlinie von Dez. 1995

Arbeitsplätze und eröffnete daneben deutschen Carriern neue Beschäftigungsfelder.
In jüngster Vergangenheit stellte der gleiche Fall die italienischen Luftverkehrsbehörden, die bislang über ein Regelwerk für Code-Sharing-Vereinbarungen noch nicht verfügen, vor ein Problem:
Im Frühjahr 1999 beantragte die Air-Europe, ein kleinerer italienischer Carrier, einen Genehmigung zur Aufnahme von direkten Linienflugdiensten auf der Strecke von Rom nach Mexico-City. Das Luftverkehrsabkommen zwischen den USA und Italien sieht jedoch derzeit nur eine Einfachdesignierung vor[240]. Diese einzige Designierung wird vom Staatscarrier Alitalia gehalten, der die Strecke Rom – Mexico City über Newark im Code-Sharing-Verfahren mit Continental Airlines anbietet. Hierbei fliegt Alitalia die Strecke zwischen Rom-Newark und weiter im Code-Sharing-Verfahren mit Continental Airlines nach Mexico City. Würde hier eine vergleichbare Regelung wie in Deutschland zur Verfügung stehen, müßte Alitalia, weil sie die Strecke nicht im Eigendienst bedient, ihre Designierung und Frequenz zugunsten der Air-Europe verlieren, da Eigendienste den Code-Sharing-Diensten vorgehen.

2.2.3.3.2.1.4. Die Leitlinien vom 10. Dezember 1997[241]

Innerhalb der Vorschriften zum verkehrsrechtlichen Rahmen des Code-Sharing wurde in die Leitlinien vom Dezember 1997 eine neue Bestimmung aufgenommen:
"Das tatsächlich fliegende und das vermarktende Luftfahrtunternehmen müssen für die beflogenen Strecken designiert sein und über eine entsprechende Unternehmensgenehmigung verfügen[242]."
Hintergrund für diese Regelung, war zu verhindern, daß Gesellschaften, die nicht ausdrücklich in den bilateralen Vereinbarungen als zur Durchführung von Fluglinienverkehr berechtigt benannt waren, auf dem Umweg des Code-Sharing Zugang zu ihnen eigentlich verschlossenen Luftverkehrsmärkten erhielten. Es ist jedoch erstaunlich, daß diese Klausel erst drei Jahre nach der gerichtlichen Auseinandersetzung vor dem Verwaltungsgericht Köln[243] bzgl. der Code-Sharing-Vereinbarung zwischen KLM und Northwest Airlines in die Leitlinie eingefügt wurde. Denn ein gleichgelagerter Fall lag bereits damals vor, da die

---

240 im übrigen erlaubt das Abkommen USA-Mexico keine Code-Sharing-Flüge, insoweit beweist die Code-Sharing-Vereinbarung mit der Alitalia erneut, daß Code-Sharing zur Umgehung bilateraler Abkommen geeignet ist, siehe dazu Ciavarelli, S. 204

241 Verkehrspolitische Leitlinien "Code-Sharing deutscher und ausländischer Fluglinienunternehmen" v. 10.Dezember 1997, Referat LR 12, unveröffentlicht

242 S. 2 Abs. 1 Punkt 2 der Leitlinie von 1997

243 vgl. Kapitel 2.2.1. dieses Teils der Arbeit

amerikanische Fluggesellschaft im Abkommen der Bundesrepublik Deutschland mit den USA nicht designiert worden war.
Zusätzlich zu der schon in der Leitlinie vom Oktober 1995 festgelegten Voraussetzung, daß alle an der Allianz beteiligten Gesellschaften über Verkehrsrechte auf jeder Teilstrecke verfügen mußten, wurde hierzu in der neueren Leitlinie folgende Ergänzung aufgenommen:
"Kapazitäts- und Frequenzrahmen sind frei gestaltbar.[244] *"*
Damit setzte sich die Behörde nach Ansicht des Verfassers aber in krassen Gegensatz zu den in vielen bilateralen Luftverkehrsabkommen festgelegten Frequenz- und Kapazitätsrahmen mit der Folge, daß das Ministerium selbst einen Umgehungstatbestand für Luftverkehrsabkommen durch die Leitlinien schuf. Damit stellte sich gleichzeitig die Frage, welche Art von Kapazitätsrahmen frei gestaltbar sein sollen. So wird nicht selten auch die Anzahl der designierten Carrier als "Kapazität im weiteren Sinne" verstanden. Aufgrund der Formulierung in obiger Klausel wird man jedoch davon ausgehen müssen, daß die Verfasser der Leitlinie hierbei ausschließlich die Passagier- und Frachtkapazitäten regeln wollten. Im Ergebnis ist jedoch nach Ansicht des Verfassers dieser Satz in den Leitlinien nicht akzeptabel. Denn Code-Sharing muß sich ebenso an die vereinbarten Kapzitäts- und Frequenzrahmen halten wie Eigendienste.
Im Rahmen der verkehrsrechtlichen Grundlagen für Code-Sharing legt die Leitlinie desweiteren neu fest:
"Tatsächlich geflogene Dienste der Luftfahrtunternehmen haben Vorrang vor Code-Sharing-Diensten bei der Aufteilung eines vertraglich begrenzten Frequenzrahmens auf deutsche Luftfahrtunternehmen im bilateralen Luftverkehr[245]*."*
M.E. müßte sich dies auch aus der im Abkommen jeweils geregelten Designierung ergeben. Wenn nämlich mit einem Vertragsstaat nur Einfach- oder Zweifachdesignierung vereinbart wurde, müssen Eigendienste in diesem Zusammenhang auch Vorrang vor Code-Sharing-Diensten haben. Es stellt sich deswegen die Frage, weshalb eine solche Regelung überhaupt aufgestellt wurde, wenn Code-Sharing von Seiten der Behörde unabhängig von Frequenzrahmen und Fluglinienplänen behandelt wird. Würde Code-Sharing nämlich außerhalb von Frequenzrahmen gesehen, so bedürfte es einer derartigen Klarstellung nicht mehr.
Ferner wurde in die Leitlinien innerhalb der Voraussetzungen für die Durchführung von Code-Sharing-Flügen ein Punkt hinzugefügt:
"Sofern der bilaterale Vertragspartner Möglichkeiten für zusätzlichen Verkehr, die über den im Fluglinienplan und in den entsprechenden Protokollen

---

[244] S. 2 Abs. 1 Punkt 4 der Leitlinie von 1997
[245] S. 2 Abs. 1 Punkt 6 der Leitlinie von 1997

vereinbarten Verkehrsrechte und Frequenzen im Nachbarschaftsverkehr- und Drittlandverkehr hinausgehen, nur über Code-Sharing-Verbindungen einräumt, sollte dies im Interesse der Maximierung der Verkehrsrechte mit dem Ziel der Wettbewerbsentwicklung und der Erhöhung des Luftverkehrsangebotes für den Verbraucher vereinbart werden[246]*."*

Eine solche Regelung ist m.E. nicht tragbar. Resultat ist nämlich die Einführung einer Zwei-Klassen Gesellschaft im Luftverkehr. Das sind zum einen die Eigendienste, die sich an die klassischen bilateralen Frequenzrahmen zu halten haben; zum anderen die Code-Sharing-Dienste, die völlig losgelöst von bilateralen Vereinbarungen behandelt werden. Ein solches Ergebnis konnte seinerzeit nicht ernstlich gewollt sein. Denn einmal würde dadurch das gesamte bilaterale Abkommens-System in Frage gestellt, da dann für Code-Sharing-Dienste überhaupt keine bilateralen Regelungen mehr von Bedeutung wären. Ferner würden alle Carrier, die nicht allianz-orientiert sind, insoweit erheblich benachteiligt, als sie sich nach wie vor im "bilateralen Korsett" zu bewegen hätten. Dies kann von der Behörde erst recht dann nicht gewollt sein, wenn die Code-Sharing-Vereinbarungen keine Erhöhung des Luftverkehrsangebotes für den Verbraucher bewirken. Denn die bisher im sog. Interlining angebotenen Flüge werden jetzt lediglich unter einer gemeinsamen Flugnummer angeboten, kreieren aber eben keine zusätzlichen Flüge. Damit entfällt aber gleichzeitig das vom Bundesministerium in diesem Passus genannte entsprechende Kriterium.

Im Ergebnis sollten deswegen nach Ansicht des Verfassers "Sonderregelungen" für Code-Sharing-Dienste nur dort zulässig sein, wo sie auch für entsprechende Eigendienste gelten. Es kann zwar nur ein Kompromiß sein, weil er die Eigendienste allianz-ungebundener Unternehmen abhängig macht vom Fortbestand der jeweiligen Allianzen. Ein unbefriedigender Zustand, der jedoch im Interesse einer Kompromißfindung akzeptiert werden müßte.

Nach wie vor fehlte auch den Leitlinien vom Dezember 1997 eine Regelung über die "Teilstrecken-Designierung" und die "Zählweise" von Code-Sharing-Flügen. Eine Regelung für letzteres wurde von den Luftfahrtunternehmen seinerzeit dringend gefordert, da insoweit völlige Rechtsunsicherheit herrschte. Es gab Zählweisen, die Code-Sharing-Flüge bei begrenztem Frequenzrahmen beiden Partnern, bei nur einem oder bei jedem zur Hälfte oder auf Teilstrecken auch gar nur zu einem Viertel zurechneten.

---

[246] S. 3 Abs. 1 Punkt 1 der Leitlinie von 1997

2.2.3.3.2.1.5. Die Leitlinien vom 01. Juli 1998[247]

Die Leitlinien zum Code-Sharing vom Sommer 1998 befassten sich erstmalig mit der "Zählweise" des Code-Sharing bei beschränkten Frequenzrahmen und legten dazu folgendes fest:
"Die Code-Sharing-Dienste werden im Rahmen der vereinbarten Frequenzen beim tatsächlich fliegenden Luftfahrtunternehmen gezählt[248]."
Die Bestimmung legte jedoch nur fest, daß die Frequenzen nur einmal, nämlich bei dem den Flug durchführenden Unternehmen gezählt werden. Nicht normiert wurde, ob ein Code-Sharing-Flug als ganze, halbe oder gar nur viertel Frequenz zu zählen ist. Insoweit muß die damalige Regelung als unvollständig gewertet werden.
Im übrigen sind die Leitlinien in Bezug auf verkehrsrechtliche Belange, die für diesen Teil der Arbeit ausschließlich von Bedeutung sind, nicht mehr erweitert worden.

2.2.3.3.2.1.6. Die Leitlinien vom 01. Dezember 1999[249]

Verkehrsrechtlich haben auch die Leitlinien vom Dezember letzten Jahres keine Weiterungen erfahren. Lediglich die im Anhang der Leitlinien abgedruckten Muster-Code-Sharing-Klauseln, von denen die deutsche Delegation bei der Verhandlung neuer Luftverkehrsabkommen Gebrauch macht, wurden geringfügig modifiziert. Ein Abdruck der vollständigen aktuellen Leitlinien findet sich unter www.luftrecht-online.de. im Internet.

2.2.3.3.3. Zwischenergebnis

Betrachtet man die Entwicklung der verkehrspolitischen Leitlinien zum Code-Sharing aus rein verkehrsrechtlicher Sicht, so läßt sich nach Ansicht des Verfassers feststellen, daß auch das Ministerium jeher von der verkehrsrechtlichen Qualität des Code-Sharing ausging. Auch wenn die Behörde diese Kooperationsform in jeder Fassung der Leitlinie als reines Marketinginstrument bezeichnet, so spricht gerade die von ihr angeordnete Handhabung für deutsche und ausländische Fluglinienunternehmen für ein Verkehrsrecht. Allein die Bezeichnung als Marketinginstrument schließt eine solche Bewertung auch nicht aus. Insoweit bleibt im Ergebnis festzuhalten, daß Code-Sharing auch in der Deutschland aufgrund der Handhabung durch die zuständige Behörde als Verkehrsrecht zu qualifizieren ist.

---

[247] Verkehrspolitische Leitlinien "Code-Sharing deutscher und ausländischer Fluglinienunternehmen" v. 01. Juli 1998, Referat LR 12, unveröffentlicht
[248] S. 3 Abs. 1 Punkt 1 der Leitlinie von 1998
[249] www.luftrecht-online.de

2.2.3.3.4. Exkurs: Rechtsnatur und Rechtsschutz gegen die Leitlinie zum Code-Sharing

Hat eine Fluggesellschaft die Möglichkeit gegen die Versagung einer Code-Sharing-Verbindung aufgrund der Leitlinie der Bundesbehörde ein Rechtsmittel einzulegen? Welche Rechtsnatur hat die Leitlinie und welcher Rechtsbehelf ist folglich einschlägig?
Die bestehenden Gesetze lassen keine ausdrückliche Norm als Grundlage für die Genehmigung einer Code-Sharing-Verbindung zwischen der Bundesrepublik Deutschland und einem Nicht-EU-Staat erkennen. Die Leitlinie in der derzeit gültigen Fassung wird von der zuständigen deutschen Behörde aber zur Genehmigung von Code-Sharing-Verbindungen deutscher Fluggesellschaften mit ausländischen Carriern als Bewertungs- und Rechtsgrundlage für eine Bewilligung oder Ablehnung herangezogen.
Eine insoweit ergehende Entscheidung könnte einen Verwaltungsakt i.S.v. § 35 VwVfG darstellen, wenn es sich bei der Entscheidung um eine hoheitliche Maßnahme mit Einzelfallcharakter und Außenwirkung auf dem Gebiet des öffentlichen (Luftverkehrs-) Rechts handelt.
Fraglich könnte aber vorab schon sein, ob die Behörde den Kriterienkatalog der Leitlinie überhaupt als Rechtsgrundlage vestanden wissen will, denn die Regelungen sind ausdrücklich mit "Verkehrspolitischer Leitlinie" überschrieben. Insofern wäre denkbar, daß die Leitlinie lediglich verkehrspolitische und keine verkehrsrechtlichen Aussagen trifft mit der Folge, daß von ihr keine rechtsverbindlichen Wirkungen ausgehen. Dagegen spricht jedoch, daß die Leitlinien ausdrücklich einen verkehrsrechtlichen Rahmen für Code-Sharing festlegen, der an die Parteien klare verkehrsrechtliche Anforderungen stellt (z.B. Designierung im Abkommen und Einhaltung des Frequenzrahmens), bei deren Nichteinhaltung die Verbindung nicht genehmigungsfähig wäre. Insoweit stellt m.E. allein die Benennung als Leitlinie noch keinen Grund dafür dar, sie nicht als Rechtsgrundlage, sondern nur als politische Willensäußerung zu verstehen.
Da aber jede solcher Entscheidungen wegen des sog. "Vorbehalts des Gesetzes", der dem Grundgesetz zu entnehmen ist, einer gesetzlichen Ermächtigungsgrundlage durch die Legislative bedarf, stellt sich nunmehr die Frage, inwieweit die durch eine Bundesbehörde erlassene Leitlinie zur verbindlichen Regelung solcher Flüge ausreicht, oder inwieweit sie möglicherweise gegen den Parlamentsvorbehalt verstößt. Denn wenn es sonst keine rechtssatzmäßigen Kriterien für die Genehmigung einer Code-Sharing-Verbindung in und aus Nicht-EU-Staaten gibt, stellt sich die verfassungsrechtliche Frage, inwieweit dies mit dem Parlamentsvorbehalt (sog. "Wesentlichkeitstheorie") zu vereinbaren ist.
Nach der Wesentlichkeitstheorie müssen Eingriffe in die Sphäre auch der gewerblich Tätigen, die grundrechtlich geschützte Rechtspositionen

folgenschwer beschränken können, stets durch ein Gesetz als Ermächtigungsgrundlage ermöglicht werden[250]. Reine Verwaltungsvorschiften reichen hierfür nicht aus. Sofern sich daher gravierende Folgen in wirtschaftlicher Hinsicht befürchten lassen, müßte man davon ausgehen, daß wenigstens die tragenden Grundsätze der Genehmigung der Gesetzesform bedürfen und sollte eine solche Rechtsgrundlage fehlen, könnte eine Fluggesellschaft die Genehmigung von Code-Sharing-Diensten bzw. deren Versagung erfolgreich angreifen.
Da Code-Sharing-Flüge in und aus Nicht-EU-Staaten nur im Rahmen der Genehmigung ausgeführt werden können, könnte man nach Ansicht des Verfassers an eine staatliche Bewirtschaftung für diesen Bereich denken, außerhalb derer eine wirtschaftliche Tätigkeit ja nur durch ausschließliche Eigendienste stattfinden kann. Damit könnte ein Eingriff in die Berufsfreiheit von Artikel 12 Absatz I GG jedenfalls aber in die allgemeine Handlungsfreiheit nach Artikel 2 Absatz I GG in Betracht kommen.
Dem steht aber meines Erachtens entgegen, daß die wirtschaftliche Bewegungsfreiheit nicht soweit eingeengt wird, daß man davon ausgehen muß, bei Versagung einer Code-Sharing-Verbindung das Flugunternehmen ernsthaft wirtschaftlich zu schädigen. Denn es besteht immer noch die, wenn auch kostenintensivere Möglichkeit, die Strecke als Eigendienst im Fluglinienverkehr oder als Charterflug im gewerblichen Gelegenheitsverkehr zu bedienen. Einen Verstoß gegen den Parlamentsvorbehalt wird man deswegen wohl verneinen müssen.
Dessen ungeachtet ist darüber hinaus aber auch fraglich, ob die Leitlinie überhaupt mittelbare rechtliche Außenwirkung entfaltet.
Sollte es sich nämlich um rein verwaltungsinterne Regelungen handeln, so begründen sie als Verwaltungsvorschiften für die gewerblichen Unternehmen grundsätzlich keine Pflichten[251]. Die Nichterfüllung lediglich intern wirkender Vorschriften kann mithin nicht zu einer Rechtsverletzung führen. Jedoch könnte man die mittelbare rechtliche Aussenwirkung m.E. über die Verwaltungspraxis oder den Gleichheitssatz (sog. "Selbstbindung der Verwaltung"[252]) konstruieren, da die Leitlinien inwischen schon mehrfach zur Anwendung gekommen sind.
Ebenso könnte man eine mittelbare Aussenwirkung über die sogenannte antizipierte Verwaltungspraxis[253] annehmen, denn diese setzt voraus, daß weitere vergleichbare Fälle in Zukunft zu erwarten sind, auf die die Leitlinie dann angewendet wird.
Aufbauend auf diesen Überlegungen kommt man nach Ansicht des Verfassers zu dem Ergebnis, daß die Leitlinien als taugliche Rechtsgrundlage für die

---

[250] Kopp/ Schenke § 42, Rn. 125; Redeker/ von Oertzen § 1, Rn. 6
[251] Kopp/ Schenke § 137, Rn. 18; Redeker/ von Oertzen § 137, Rn. 6
[252] Kopp/ Schenke § 114, Rn. 15; Redeker/ von Oertzen § 42, Rn. 148
[253] Kopp/ Schenke § 114, Rn. 42; Redeker/ von Oertzen § 42, Rn. 149

Erteilung/ Versagung einer Genehmigung von Code-Sharing-Verbindungen in Drittstaaten geeignet sind und sehr wohl rechtliche Aussenwirkung entfalten.
Stellt sich damit die weitergehende Frage, welcher Rechtsschutz gegen Leitlinien einer Bundesbehörde besteht, wenn eine Genehmigung versagt wurde und die Fluggesellschaft dagegen vorgehen möchte. Zunächst ist bei einem ablehnenden Bescheid des Ministeriums ein Rechtsbehelfsverfahren in Form eines Widerspruchsverfahrens nach § 68 ff. VwGO nicht notwendig, da die Versagung von einer obersten Bundesbehörde erlassen wurde und eine Nachprüfung gesetzlich nicht vorgeschrieben ist. Es wäre somit der direkte Klageweg zum Verwaltungsgericht nach § 40 VwGO eröffnet.
Was die richtige Klageart anbelangt, so ist das Rechtschutzbegehren der Gesellschaft entscheidend. Für den Fall, daß das Unternehmen selbst eine positive Bescheidung wünscht, kommt eine kombinierte Anfechtungs- und Verpflichtungsklage insofern in Betracht, als dem vermeintlichen Kläger allein mit der Beseitigung der Versagung im Wege der Anfechtungsklage noch nicht gedient ist. Da er im Anschluß direkt eine Verpflichtungsklage einreichen müßte, läßt die heutige Rechtsprechung auch die Möglichkeit zu, beide Klagearten in solchen Fällen zu einem einheitlichen Verfahren zu verbinden[254]. Dieses Vorgehen hat zur Folge, daß die Fluggesellschaft erfolgreich in nur einem Verfahren die Versagungsaufhebung und Neubescheidung erreichen könnte.
Denkbar wäre aber auch, daß der Kläger daneben die Aufhebung einer Genehmigung bei einem Konkurrenzunternehmen begehrt. In solchen Fällen ist die komplizierte Rechtsprechung und Literatur[255] zur Konkurrentenklage zu beachten.
Mit dem Begriff der Konkurrentenklage werden Rechtsstreitigkeiten erfaßt, die sich aus einer durch die Behörde beeinflußten Konkurrenzsituation zwischen mehreren Personen bzw. Unternehmen ergeben. Die Problematik stellt sich in den verschiedensten Zusammenhängen, so z.B. bei der Vergabe von kontingentierten Genehmigungen im Bereich des Wirtschaftsverwaltungsrecht (so auch denkbar bei beschränkten Frequenzen). Die richtige Klageart hängt dabei wesentlich vom Rechtsschutzziel der Konkurrentenklage ab. Geht es dem Kläger dabei ausschließlich um die Beseitigung von einer dem Konkurrenten gewährten Begünstigung, spricht man von einer negativen oder defensiven Konkurrentenklage. Erstrebt dagegen die Klagepartei dieselbe Vergünstigung wie die Konkurrenz, ohne dessen Begünstigung in Frage zu stellen, so liegt eine positive oder offensive Konkurrentenklage vor. Eine Mischung dieser Klagetypen nimmt die herrschende Meinung bei der sog. Mitbewerberklage an, bei welcher die Klagepartei sich gegen die Begünstigung eines Dritten wendet,

---

[254] Kopp/ Schenke § 42, Rn. 21ff.
[255] Kopp/ Schenke § 40, Rn. 13 m.w.N.

weil nur durch die (teilweise) Aufhebung dieser Begünstigung des Dritten die selbst begehrte Begünstigung erlangt werden kann. Für diese Fallgestaltung nimmt die herrschende Meinung[256] als richtige Klageart der Mitbewerberklage eine Kombination aus Anfechtungs- und Verpflichtungsklage an.
Der Teil der Klage, der sich als Verpflichtungsklage darstellt, wäre gemäß § 113 Absatz V Satz 2 VwGO in der Form der sog. Verbescheidungsklage zu erheben. Das Gericht spricht dann die Verpflichtung aus, den Kläger unter Beachtung der Rechtsauffassung des Gerichts neu zu bescheiden.
Eine strenge Verpflichtungsklage mit dem Antrag, der Fluggesellschaft bestimmte Code-Sharing-Flüge durch Gerichtsurteil zuzusprechen, kommt nicht in Betracht, da die Verteilung der Code-Sharing-Dienste eine Ermessensentscheidung der Behörde ist und eine sog. "Ermessensreduzierung auf Null" wohl nicht in Betracht kommt.
Bei der vorhergehenden Überlegung ist jedoch zu bedenken, daß sich die Genehmigung der Code-Sharing-Flüge durchaus als Dauerverwaltungsakte[257] für eine Flugplanperiode qualifizieren ließe mit der Folge, daß sie sich mit dem Ablauf der Begünstigungsfrist erledigte. Es kann also während eines evtl. Verfahrens zu einer Erledigung der Genehmigung kommen, weil sich die prozessualen Voraussetzungen höchstwahrscheinlich länger hinziehen würden. Dem "Leerlauf" der prozessualen Situation kann dadurch begegnet werden, daß nach § 113 Absatz 1 Satz 4 VwGO auf die sog. Fortsetzungsfeststellungsklage umgestellt würde. Dafür ist allerdings ein gesondertes Feststellungsinteresse erforderlich. Dieses Feststellungsinteresse könnte in der hier gegebenen Konstellation mit einer Wiederholungsgefahr begründet werden. Das Gericht würde dann festzustellen haben, daß die angegriffene Genehmigung bzw. Versagung rechstwidrig war. In der Urteilsbegründung müßte das Verwaltungsgericht trotz der Erledigung im näheren auf die sachliche Rechtfertigung der Zuteilung von Code-Sharing-Diensten eingehen.

2.2.4. Verhandlung von Code-Sharing-Klauseln in Luftverkehrsabkommen Deutschlands

Die meisten Luftverkehrsabkommen sehen bisher keine Code-Sharing-Regelung vor. Dies könnte einerseits bedeuten, daß wegen der Nichtregelung das Code-Sharing in solchen Fällen möglich ist, oder aber es bedarf einer ausdrücklichen Regelung, damit eine entsprechende Genehmigung erteilt werden kann. Dies wurde bisher von den Staaten sehr verschieden gehandhabt.
Im Rahmen der deutschen Luftverkehrsverhandlungen der letzten Jahre mit diversen Staaten waren deswegen die Vertragsparteien in dem Bewußtsein der

[256] Kopp/ Schenke, § 42, Rn. 48 m.w.N.
[257] Kopp/ Schenke, § 113, Rn. 43ff.

eigenständigen verkehrsrechtlichen Bedeutung von Code-Sharing-Flugdiensten für den Luftverkehrsmarkt der Zukunft bemüht, direkt mit Abschluß der Abkommen Code-Sharing-Klauseln als Annex zu den Memorandum of Understanding (MoU) zu vereinbaren. Diese sollten den Rahmen, innerhalb dessen Code-Sharing genehmigt wird, im Voraus bereits abstecken und damit sowohl Rechtssicherheit für die Code-Sharing-Partner bewirken als auch spätere gesonderte Regierungsabkommen zu Code-Sharing erübrigen[258].
Seit Juli 1998 stehen dafür der deutschen Delegation bei Verhandlungen mit anderen Staaten zwei Klauselentwürfe zur Ratifizierung zur Verfügung[259]. Die Klauseln wurden in der letzten Fassung der Leitlinien zu Code-Sharing nachjustiert und lauten nunmehr wie folgt:

2.2.4.1. erste Variante

- *In operating or holding out the authorized services on the agreed routes, any designated airline of one Contracting Party may enter into code-sharing-arrangements with*
  - *an airline or airlines of one Contracting Party,*
  - *an airline or airlines of the other Contracting Party, and*
  - *an airline or airlines of a third country, provided that such third country authorizes or allowes comparable arrangements between the airlines of the other Party and other airlines on services to, from and via such third country;*

  provided that all airlines in such arrangements
  - *hold the appropriate authority and*
  - *meet the requirements normally applied to such arrangements and*
  - *in respect of any ticket sold by it, make it clear to the purchaser at the point of sale which airline will actually operate each sector of the service and with which airline or airlines the purchaser is entering into a contractual relationship.*

---

[258] inzwischen findet sich als Annex zu diversen Luftverkehrsabkommen Code-Sharing-Klauseln, z.B. in den Abkommen mit dem Oman vom Dez. 1998, Neuseeland vom Okt. 1998 sowie The Gambia vom Dez. 1998

[259] S. 5, in Verkehrspolitische Leitlinien "Code-Sharing deutscher und ausländischer Fluglinienunternehmen" v. 01. Juli 1998, Referat LR 12, unveröffentlicht,

2.2.4.2. zweite Variante

The designated airline or airlines of one or both sides may enter into code-share- arrangements with any carrier including airlines of third countries, provided that the airlines in such arragements hold the appropriate authority[260].

2.2.4.3. Kritik

Es ist festzustellen, daß der erste und umfangreichere Klauselentwurf nahezu alle notwendigen verkehrsrechtlichen Aspekte von Code-Sharing, die als Rahmenbedingungen innerhalb eines bilateralen Abkommens Berücksichtigung finden sollten, beinhaltet. Ihm ist insoweit gegenüber der alternativen Möglichkeit der Vorzug zu geben.
Der zweite Entwurf hingegen läßt nach Ansicht des Verfassers zu große verkehrsrechtliche Interpretationsspielräume zugunsten der Code-Sharing-Partner, da er im Rahmen der Voraussetzungen für derartige Verträge große Auslegungsmöglichkeiten schafft. Deren Inhaltskontrolle durch die zuständigen Luftfahrtbehörden würde sich deswegen äußerst schwierig gestalten. Der zweite Klauselentwurf ist somit m.E. abzulehnen.
Beiden Ausführungen fehlt es jedoch an einer Regelung zur "Zählweise von Code-Sharing" bei begrenztem Frequenzrahmen. Deswegen schlägt der Verfasser noch folgende Ergänzung zur Standard-Code-Sharing-Klausel vor:
"Code-Sharing services are not counting against the capacity entitlement of the Marketing-Carrier."
Dadurch wird die Vorgabe in den deutschen Richtlinien Bestandteil eines völkerrechtlichen Vertrages und hat insoweit über Deutschland hinaus rechtsverbindliche Wirkung.

2.2.4.4. Exkurs: Kompetenz zur Verhandlung von Luftverkehrsabkommen und damit zugleich Code-Sharing Klauseln an die EU-Kommission ?

Im Rahmen der Entwicklung einer gemeinsamen europäischen Luftverkehrspolitik stellt sich die Frage, inwieweit die Kompetenzen zur Verhandlung von Luftverkehrsabkommen und damit zugleich auch zur Verhandlung von Code-Sharing-Klauseln mit Nicht-EU-Staaten auf die EU-Kommission übertragen werden sollten. Folge einer solchen Ermächtigung wäre die Möglichkeit für die Kommission, direkt und verbindlich in die bisherige autonome Luftverkehrspolitik der einzelnen Mitgliedstaaten eingreifen zu können und verbindliche Regelungen für den Luftverkehr zu und aus Nicht-EU-

[260] Beide Klauselentwürfe finden sich abgedruckt bei: www.luftrecht-online.de.

Staaten zu treffen. Fraglich ist, ob eine solche Ermächtigung zur Zeit wünschenswert ist.
Befürworter einer solchen Ermächtigung zugunsten der EU-Komission führen als Begründung an, daß es in einem vereinten Europa auch eine gemeinsame Luftverkehrspolitik und damit ein gemeinsames Regelwerk für Code-Sharing geben müßte. Zwar seien die Interessen der Mitgliedstaaten nach wie vor stark an ihren nationalen Interessen ausgerichtet, dies müßte aber im Interesse der Gemeinschaft zurückstehen[261].
Im Moment fällt es den Mitgliedstaaten der EU aber noch sehr schwer, eine gemeinsame Luftverkehrspolitik zu definieren. Die Schwierigkeiten liegen zum einen in der weltweiten Verflechtung des internationalen Luftverkehrs und zum anderen in den nationalen Egoismen und damit in den unterschiedlichen Interessen begründet.
Die von der Kommission gewünschte Übertragung der Befugnisse durch den gemeinsamen Rat der Mitgliedsstaaten würden die nationalen Luftverkehrsbehörden wesentlich an Bedeutung verlieren, was unweigerlich zu einer Einschränkung der nationalen Souveränität führte. Ebenfalls würde sich die Kompetenzverlagerung möglicherweise zum Nachteil von bisher benannten Luftverkehrsunternehmen für den Fall der Designierung anderer Gemeinschaftsluftfahrtunternehmen und einer Erhöhung des Frequenzrahmens auswirken[262]. Die Kommission würde dann vorrangig anstreben, die zur Verfügung stehenden Frequenzen auf alle in der EU zugelassenen Fluggesellschaften gleichmäßig zu verteilen. Dies führte zu einer erheblichen Schwächung der Wettbewerbsfähigkeit der einzelnen Unternehmen in den Mitgliedstaaten.
Zwar stehen inzwischen einige Mitgliedstaaten, u.a. auch die Bundesrepublik Deutschland, dem Verlangen der Kommission nicht mehr völlig ablehnend gegenüber, jedoch nur soweit von dieser der Nachweis geführt werden kann, daß der gemeinschaftliche Ansatz im Vergleich zum traditionellen einen Mehrwert erzielt. Solange dieser Nachweis nicht geführt wird, was der Kommission bisher aus den oben angeführten Gründen nicht gelang, stehen die meisten Mitgliedstaaten dem Verlangen der Kommission ablehnend gegenüber. Langfristig ist jedoch davon auszugehen, daß die Kommission das Mandat erhält[263].
In der Übergangszeit ist es nach Ansicht des Verfassers die vorrangige Aufgabe der deutschen Luftverkehrsbehörden, insbesondere des Bundesministeriums für Verkehr, Bau- und Wohnungswesen (BMVBW), in Luftverkehrsverhandlungen

---

[261] Montag, S. 126

[262] eine Designierung zu Lasten benannter Gesellschaften wäre ein rechtswidriger Eingriff in den eingerichteten und ausgeübten Gewerbebetrieb i.S.v. § 823 I BGB. Solche sog. „Großvaterrechte" sind unantastbar, mit der Ausnahme des Rückfalls wegen Nichtnutzung.

[263] Bentzien, S. 439 ff.

mit Drittstaaten den verkehrsrechtlichen Besitzstand für deutsche Unternehmen zu maximieren und deren Interessen auch im europäischen Binnenmarkt nachhaltig zu vertreten, solange die oben aufgezeigten Rahmenbedingungen noch nicht harmonisiert sind[264].

2.2.5. Ansichten in der Literatur

Auch diverse Stimmen in der Literatur haben sich in den letzten Jahren mit der Frage auseinandergesetzt, ob Code-Sharing als ein selbständiges Verkehrsrecht einzustufen ist.
Hierbei haben sich in der Sache vier Meinungen herausgebildet. Neben einer verneinenden und bejahenden Ansicht und einer Reihe von Autoren, die dem Phänomen Code-Sharing verkehrsrechtlich eher neutral gegenüberstehen, gibt es eine vierte Meinung, die Code-Sharing als ein sog. Quasi-Verkehrsrecht im Sinne bilateraler Abkommen definiert.

2.2.5.1. Ablehnende Meinungen

2.2.5.1.1. De Groot

Eine der Stimmen in der Literatur, die die verkehrsrechtliche Qualität von Code-Sharing ablehnen, ist der Holländer De Groot[265]. Er sieht in Code-Sharing ein reines Marketing-Instrument ohne jede verkehrsrechtliche Bedeutung[266]. Durch eine verbesserte Auslastung der Sitzplätze des Fluggerätes würde sofort die Wirtschaftlichkeit einer Airline verbessert. Zwar bestätigt er die amerikanische Praxisentwicklung von Code-Sharing, begründet sie aber als eine Folge restriktiver US-Politik, die häufig zu Fehlinterpretationen bei der Bewertung des Code-Sharing führe. Vielmehr sei die Bejahung von Code-Sharing als Verkehrsrecht luftfahrtpolitischer Oppertunismus und Protektionismus der Amerikaner, den er generell für überholt und nicht mehr zeitgemäß hält[267].
Code-Sharing sei gerade bei einer Luftverkehrspolitik dieser Art ein geeignetes Mittel, um restriktive bilaterale Vereinbarungen zu umgehen. Eine Fehleinschätzung von Code-Sharing, so warnt De Groot, könne zu einer Gefährdung des internationalen Interline-Systems führen, wenn zukünftig bilaterale Frequenzbeschränkungen auch bei Code-Sharing auf Zu- oder Abbringerflügen angewendet würden[268].

---

[264] Götting, S. 499ff.
[265] De Groot, S. 62 ff.
[266] De Groot, S. 74
[267] De Groot, S. 72
[268] De Groot, S. 74

2.2.5.1.2. Wassenbergh

Wassenbergh[269] sieht Code-Sharing als reines Verkaufsrecht an, mithin als sog. "Soft-Right", das für alle Airlines ohne jede verkehrsrechtliche Einschränkung frei verfügbar sein sollte[270].
Eine verkehrsrechtliche Qualifizierung nach dem Vorbild der amerikanischen Luftverkehrspolitik lehnt er mit der nach seiner Ansicht unzulässigen Verknüpfung von sog. "Hard-Rights", wie die operationellen Verkehrsrechte auch genannt werden, mit den "Soft-Rights" ab. Deswegen hält er auch den amerikanischen Ansatz, der volle Verkehrsrechte für beide Carrier auf jeder beflogenen Teilstrecke fordert, für kontraproduktiv im Sinne einer "Leben und Lebenlassen" Betrachtungsweise. Gerade Drittland-Code-Sharing sei ein ungeeignetes Mittel, um im Gegenzug für die Genehmigung einer solchen Flugverbindung ein neues Verkehrsrecht zu erhalten[271].

2.2.5.1.3. Deutsche Forschungsanstalt für Luft- und Raumfahrt (DLR)

Die Deutsche Forschungsanstalt für Luft- und Raumfahrt[272] (DLR) verneint ebenfalls die selbständige verkehrsrechtliche Qualität von Code-Sharing.
Begründung ist, daß Code-Sharing wegen seiner praktischen Vergleichbarkeit mit dem klassischen Interlinig auch verkehrsrechtlich keine andere Beurteilung zuließe. Da Interline Verbindungen traditionell anerkannt und von jeher nicht Gegenstand bilateraler Vereinbarungen gewesen seien, könne für Code-Sharing wegen der Artverwandtheit nichts anderes gelten. Daneben seien Umsteigeverbindungen schon immer im Interesse der Reisenden gewesen[273].

2.2.5.1.4. Soames

Ebenso verneint Soames die verkehrsrechtliche Qualität von Code-Sharing[274]. Er ist der Ansicht, daß Code-Sharing ein reines Marketing-Instrument sei, da es den paktierenden Carriern lediglich die Möglichkeit gebe, ihr Angebot auf Märkte zu erweitern, zu denen sie sonst keinen Zugang hätten. Zwar gibt Soames als einen möglichen Grund für die fehlende Marktpräsenz des Carriers, der seinen Drei-Letter-Code nur aufsattelt, auch fehlende Verkehrsrechte an. Trotzdem sieht er Code-Sharing nicht als eigenständiges Verkehrsrecht, sondern als rein wettbewerbsförderndes Instrument, mithin also als Marketinginstrument.

---

[269] Wassenbergh, in AASL 1995, S. 383 ff.
[270] Wassenbergh, in AASL 1995, S. 402
[271] Wassenbergh, in AASL 1995, S. 399
[272] Wilken/ Beyhoff/ Ehmer, S. 105; Ehmer/ Berster/ Basedow/ Jung, S. 267- 269
[273] Wilken/ Beyhoff/ Ehmer, S. 105; Ehmer/ Berster/ Basedow/ Jung, S. 267- 269
[274] Soames, S. 31

2.2.5.1.5. Chiavarelli

Chiavarelli hält die Gleichsetzung von Code-Sharing mit einem Verkehrsrecht für überflüssig[275].
Er begründet seine Ansicht damit, daß es nicht notwendig sei, eine verkehrsrechtliche Grundlage für Code-Sharing in bilateralen Abkommen zu schaffen, wenn durch ein weiteres standardisiertes Genehmigungsverfahren ohnehin die Möglichkeit zur Erteilung einer Ausnahmegenehmigung bestünde[276].
Deswegen ist er der Meinung, daß sich Code-Sharing nicht als eigenes Verkehrsrecht beurteilen lasse, sondern lediglich auf der Wettbewerbs- und Marketingebene zugunsten der packtierenden Carrier Auswirkungen hätte mit der Folge, daß Unternehmen, die ohnehin schon eine starke Position im Wettbwerb einnehmen, eine dominantere Rolle erhielten.

2.2.5.1.6. Montag

Auch Montag lehnt Code-Sharing als Verkehrsrecht ab. Er ist der Auffassung, daß die Anforderungen an Code-Sharing vergleichbar seien mit den Genehmigungserfordernissen beim Franchise, wo die Voraussetzungen für eine Genehmigung lediglich beim Franchisegeber und nicht beim Franchisenehmer vorliegen müssten[277]. Übertragen auf Code-Sharing bedeute dies, daß auch nur hier die Voraussetzungen beim faktisch fliegenden Unternehmen und nicht auch beim Partner vorliegen müßten. Deswegen sei Code-Sharing reines wettbewerbsrelevantes Marketinginstrument, denn es schaffe keine zusätzlichen Flüge[278].

2.2.5.2. Neutrale Meinungen

2.2.5.2.1. Balfour

Balfour[279] sieht bei seiner Auseinandersetzung mit dem Thema Code-Sharing zwar die regulatorische Notwendigkeit dieser Kooperationsform im Luftverkehr, hält diese bislang jedoch noch für ungelöst und auch im Bezug auf die juristische Frage nach der verkehrsrechtlichen Qualität für unklar[280].

---

[275] Chiavarelli, S. 198, 206
[276] Chiavarelli, S. 199
[277] Montag, S. 114
[278] Montag, S. 119
[279] Balfour, S. 112 ff.
[280] Balfour, S. 117

2.2.5.2.2. International Civil Aviation Organisation (ICAO)

Die International Civil Aviation Organisation (ICAO) hat eine Studie zum Thema Code-Sharing angefertigt[281]. Darin wird Code-Sharing als ein geeignetes Mittel zur Liberalisierung des Luftverkehrs bezeichnet[282].
Zwar geht die Studie davon aus, daß es inzwischen internationale Gewohnheit seitens der zuständigen Behörden sei, für Code-Sharing-Flüge die entsprechenden Verkehrsrechte zu verlangen, jedoch sei Code-Sharing auch eine beliebte Verhandlungsmasse für bilaterale Verhandlungen und deswegen nicht starr verkehrsrechtlich reguliert, sondern vielmehr eine von Fall zu Fall überwiegend verkehrspolitisch geprägte "ad hoc" Entscheidung"[283]. Deswegen erfolgt durch die Studie auch keine verkehrsrechtliche Bearbeitung des Themas.

2.2.5.3. Quasi Verkehrsrecht

Einige Meinungen in der Literatur bezeichnen Code-Sharing als ein Quasi-Verkehrsrecht. Diese Entwicklung, so die Gegenmeinung, sei auf die verkehrsrechtliche Entwicklung von Code-Sharing in Amerika zurückzuführen, die auch auf Deutschland abgefärbt habe. Durch die Tatsache, daß einige Länder mit Code-Sharing Themen wie Kapazität und Marktzugang in bilateralen Verhandlungen ungerechtfertigterweise vermengten, würde es zu einem Quasi-Verkehrsrecht erhoben[284].
Nach der Ansicht von De Groot kann aber Code-Sharing gar kein Quasi-Verkehrsrecht sein, denn es würden faktisch keine neuen Flüge geschaffen und mithin könnte es sich auch nicht um ein Quasi-Verkehrsrecht handeln[285].

2.2.5.3.1. Günther

Eine gegenteilige Ansicht vertritt hingegen Günther, der die Quasi-verkehrsrechtliche Qualität des Code-Sharing bejaht, da er im Gegensatz zu De Groot die Tatsache, daß Code-Sharing Gegenstand bilateraler Vereinbarungen geworden ist, als verkehrsrechtlich notwendig erachtet[286].

---

[281] ICAO, vgl. Fn. 8, S. 1 ff.
[282] ICAO, vgl. Fn. 8, S. 4
[283] ICAO, vgl. Fn. 8, S. 23-25
[284] Gansfort, S. 92
[285] De Groot, S. 71
[286] Günther, S. 9

2.2.5.3.2. Deutsche Forschungsanstalt für Luft- und Raumfahrt (DLR)

Auch die Studie der Deutschen Forschungsanstalt für Luft- und Raumfahrt zu Code-Sharing zeigt die Möglichkeit einer Bejahung von Code-Sharing als Quasi-Verkehrsrecht auf und verweist zur Begründung auf die Ausführungen von De Groot[287]. Damit stellt sie sich selbst in Widerspruch zu ihrer bereits zuvor genannten ablehnenden Haltung[288].

2.2.5.3.3. von Wrangell

Von Wrangell geht davon aus, daß ausschließlich das Drittland-Code-Sharing ein Quasi-Verkehrsrecht darstellt. Er begründet seine Auffassung damit, daß es sich stets in den Fällen um ein Quasi-Verkehrsrecht handelt, in denen über das "Ob" des Flugdienstes und nicht nur über das "Wie" entschieden werde. Letzteres sei der Fall beim einfachen Code-Sharing. Dieses habe insoweit auch keine verkehrsrechtliche Qualität. Da aber das Drittland-Code-Sharing von einer separaten Genehmigung abhänge, würde eine ausdrückliche Entscheidung zum "Ob" getroffen. Mithin handele es sich um eine Quasi-Verkehrsrecht[289].

2.2.5.4. Bejahende Meinungen

Es gibt inzwischen mehrere Stimmen in der Literatur, die Code-Sharing durchaus als volles selbständiges Verkehrsrecht im Sinne der bilateralen Abkommen bewerten.

2.2.5.4.1. Schwenk

So führt Schwenk aus, daß Code-Sharing ein Verkehrsrecht sei, da es den verkehrsrechtlichen Rahmen der beteiligten Unternehmen erweitere[290].
Zum einen sei Code-Sharing seinerseits ein Verkehrsrecht, da zu seiner Genehmigung als verkehrsrechtlicher Rahmen die vollen Streckenrechte beider Carrier auf jeder Teilstrecke verlangt würden. Zum anderen werde es dadurch den partizipierenden Unternehmen ermöglicht, die jeweils im Fluglinienplan der anderen Seite vereinbarten Verkehrsrechte neben den eigenen zu nutzen. Darüber hinaus erhielte der Code-Sharing-Partner Zugang zum Markt des anderen Unternehmens[291].

---

[287] Gansfort, S. 92; Wilken/ Beyhoff/ Ehmer, S. 79

[288] vgl. ablehnende Meinung von Wilken/ Beyhoff/ Ehmer in Kapitel 3.2.5.1.3. dieses Teils der Arbeit

[289] von Wrangell, S. 156ff.

[290] Schwenk, S. 497

[291] Gansfort, S. 93

2.2.5.4.2. Giemulla/ van Schyndel

Beide Autoren warnen vor der Möglichkeit, Code-Sharing als Mißbrauchtatbestand gegen bilaterale Vereinbarungen insbesondere im Bezug auf Kapazitäten, festgelegte Verkehrsrechte und Frequenzen zu benutzen[292]. Ferner sollten die in den jeweiligen bilateralen Abkommen geschaffenen Rechtspositionen nicht durch die Vermengung von Code-Sharing aufgeweicht werden, um so nicht zur Umgehung restriktiver Vereinbarungen beizutragen[293].

2.2.5.4.3. Gansfort

Gansfort bejaht nachdrücklich die verkehrsrechtliche Qualität des Code-Sharing. Als Begründung führt er an, daß durch die internationale Praxis zum einen und die verkehrsrechtlichen Genehmigungsanforderungen an Code-Sharing durch die deutschen Behörden zum anderen, eine verkehrsrechtliche Qualität dieser Allianzform feststehe[294].

2.3. Ergebnis und Ansicht des Verfassers

Im Ergebnis laufen einerseits die Ansichten in Praxis und Literatur auseinander. Darüber hinaus sind aber auch die verschiedenen Stimmen innerhalb der Literatur über die Rechtsnatur des Code-Sharing und ob es ein eigenständiges Verkehrsrecht darstellt, durchaus unterschiedlicher Meinung.
Nach Ansicht des Verfassers steht fest, daß Code-Sharing über die Jahre in der Praxis verschiedene Genehmigungsstadien durchlaufen hat und sich zumindest in seiner Handhabung vom reinen Marketinginstrument über ein Quasi-Verkehrsrecht immer mehr einem eigenständigen Verkehrsrecht angenähert hat. Zu diesem Schluss kommt man insbesondere dann, wenn man sich die inzwischen doch sehr große Zahl von Staaten betrachtet, die Code-Sharing von einer ausdrücklichen zusätzlichen Genehmigung abhängig machen.
M.E. ist dieser Entwicklung auch der Vorzug zu geben, denn Code-Sharing hat die Qualität eines selbständigen Verkehrsrechts. Sofern seine Kritiker behaupten, Code-Sharing sei nur reines Marketing Instrument und erfordere keine zusätzlichen Verkehrsrechte, so sei mit Gansfort[295] darauf verwiesen, daß Code-Sharing dann auch keiner zusätzlichen verkehrsrechtlichen Regelungswerke, wie auch die deutschen Leitlinie eines darstellt, bedürfte. Tatsächlich existieren solche Regelungen aber heute weltweit in zunehmendem Maße.

---

[292] Giemulla/ van Schyndel, S. 253ff.

[293] Gansfort, S. 93

[294] Gansfort, S. 99 ff.

[295] Gansfort, S. 99

Weiterhin spricht auch die ständige Verhandlungspraxis des (Bundesministeriums für Verkehr, Bau- und Wohnungswirtschaft) BMVBW gegen die Bewertung von Code-Sharing ausschließlich als Marketinginstrument. In den bilateralen Verhandlungen, in denen Code-Sharing auf der Tagesordnung steht, wird stets eine Vereinbarung, nach der für Code-Sharing-Flüge die entsprechenden Verkehrsrechte vorliegen müssen. Darüber hinaus gehen international die Staaten inzwischen auch vermehrt dazu über, Code-Sharing als eigene Klausel in bilateralen restriktiven Abkommen umfassend zu regeln.
Daneben wurde in der Rechstsprechung des Verwaltungsgerichts Köln[296] im KLM/ Northwest Verfahren durch die Richter die Genehmigungspflicht von Code-Sharing-Flügen ausdrücklich bestätigt. Nach Ansicht des Verfassers hat dies zur Konsequenz, daß auch das Gericht solche Flüge als verkehrsrechtlich relevant einstufte.
Gegen die Bewertung von Code-Sharing als selbständiges Verkehrsrecht sprechen auch nicht die übrigen in der Literatur vorgetragenen Argumente.
Insbesondere ist nach Ansicht des Verfassers der Ansatz der Deutschen Forschungsanstalt für Luft- und Raumfahrt (DLR), die in der Überlegung, Code-Sharing als Verkehrsrecht zu betrachten, eine Gefahr für die internationale Interline Praxis sieht, falsch. Denn im Gegensatz zu Code-Sharing bedarf es für Interlining überhaupt keiner zusätzlichen Verkehrsrechte. Denn hier bedient nur jeweils ein Carrier eine Teilstrecke ausschließlich unter seiner Flugnummer.
Ebensowenig überzeugend ist das Argument, mittels Code-Sharing stünde ein wirksamer Hebel zur Loslösung von bilateralen Einschränkungen zur Verfügung. Diese Argumentation übersieht, daß alle nicht Code-Share-willigen oder auch Code-Share-fähigen Airlines dann weiterhin unter dem "Joch" bilateraler Regularien fliegen müßten. Code-Sharing-Partner könnten dagegen frei und unabhängig von allen Restriktionen agieren. Ein solches Ergebnis kann aber nicht ausdrücklich gewollt sein.
Zuzustimmen ist jedoch von Wrangell, der dem Drittland-Code-Sharing mit guter Begründung ausdrücklich verkehrsrechtliche Qualitäten zuspricht. Unverständlich ist aber, weshalb es sich nur um ein Quasi-Verkehrsrecht handeln soll. Denn wenn diese Form des Code-Sharing schon auf der Ebene des "Ob" wirksam greift und diese Ebene eigentlich entscheidendes Kriterium für die Beurteilung als Verkehrsrecht ist, fragt sich, warum Code-Sharing dann nicht die Qualität eines vollwertigen Verkehrsrechtes zugesprochen wird.

3. Bedarf es einer neuen "Freiheit der Luft" i.S.d. Chikagoer Abkommens ?

Geht man mit den Meinungen in der Literatur und der Ansicht des Verfassers davon aus, daß Code-Sharing die Qualität eines eigenständigen Verkehrsrechtes

---

[296] vgl. Kapitel 2.2.1. dieses Teils der Arbeit

besitzt, so stellt sich desweiteren die Frage, inwieweit für ein solches selbständiges Verkehrsrecht eine neue "Freiheit der Luft[297]" definiert werden muß.
Code-Sharing wurde bisher in den klassischen Freiheiten der Luft nicht geregelt. Bejaht man aber die Eigenschaft von Code-Sharing als volles Verkehrsrecht, müßte aus Gründen der verkehrspolitischen Konsequenz auch untersucht werden, inwieweit der zur Zeit bestehende Rahmen der Freiheiten ausreicht oder ob nicht notwendigerweise eine neue, eigens auf Code-Sharing zugeschnittene "9. Freiheit", notwendig wird. Dazu ist es zunächst erforderlich die einzelnen Kriterien der Freiheiten der Luft näher zu betrachten:
1. und 2. Freiheit i.S.d. Chikagoer Abkommens werden als die sog. "technischen Freiheiten" bezeichnet, weil sie die operationelle Durchführung eines Fluges betreffen[298]. Die übrigen Freiheiten sind sog. "gewerbliche Freiheiten", die begehrte Austauschobjekte bei bilateralen Verträgen sind, denn sie beinhalten das eigentliche Recht zum Transport von Passagier und Fracht[299].
Traditionell sind die Freiheiten der 3. und 4. Freiheit als sog. "Nachbarschaftsverkehr" Hauptthemen der Verhandlungen, denn damit wird der gegenseitige Luftverkehr zwischen den verhandelnden Staaten unmittelbar geregelt. Wegen des immer größer werdenden Fluggerätes und der aus technischen und kommerziellen Gründen notwendigen Zwischenlandungen ist auch die Nutzung von einzelnen Streckenabschnitten (sog. "Zwischenlandepunkten" und "Beyond Punkten") eine immer begehrtere

Die 5. Freiheit ist inzwischen von erheblich kommerzieller Bedeutung und deshalb häufig Gegenstand von bilateralen Verhandlungen[300]. Einige Länder gewähren grundsätzlich keine 5. Freiheitsrechte, weil starke wirtschaftliche Interessen der eigenen nationalen Flugunternehmen dagegen stehen[301].
Zumeist werden die Rechte der 6. und 7. Freiheit nicht verhandelt. Das ist um so verwunderlicher, als gerade die 6. Freiheit international als geduldet und allgemein üblich ist. Klassische 6. Freiheits-Gesellschaften sind KLM, Singapore Airlines und die Swissair. Dabei handelt es sich in der Regel um solche Unternehmen, die nur relativ kleine Heimatmärkte haben und sich deshalb ihren Langstreckenverkehr aus anderen Ländern in das Heimatland holen, um ihn von dort aus an das Reiseziel zu befördern (sog. "Absaugeffekt").
Die 8. Freiheit (sog. "Kabotage") wird üblicherweise von keinem Staat einer ausländischen Airline gewährt. Ausnahme ist das Staatengebiet der EU/ EWR. Hier ist der Kabotageverkehr innerhalb der jeweiligen Mitgliedstaaten durch die

297 vgl. Kapitel 3.2.1. in Teil I der Arbeit
298 Schwenk, S. 480; Gansfort, S. 89
299 Schwenk, S. 481; Gansfort, S. 89
300 Gansfort, S. 89
301 so z.B. Südafrika, Namibia, Mexico, Kanada

Verordnung (EWG) Nr. 2408/ 92 ausdrücklich gestattet. Grund der Versagung von Inlandsverkehr für ausländische Carrier ist, daß diese Art der Beförderung als ein klassisches nationales Verkehrsrecht angesehen wird und insoweit auch stets den nationalen Carriern vorbehalten bleibt.
Die existierenden 8 Freiheiten der Luft umschreiben somit jeden nur denkbaren Sachverhalt mit Ausnahme der Tatsache, daß eine der Fluggesellschaften den Flug physisch nicht betreibt, ihn aber dennoch wie einen eigenen anbietet. Es ist daher zu prüfen, inwieweit für Code-Sharing eine eigenständige, die "9. Freiheit" geschaffen werden muß.

3.1. Argumente für eine 9. Freiheit

Für die Einführung einer neuen Freiheit spricht zunächst, daß es sich ebenso wie die 3., 4., 5. und 6. Freiheit der Luft um ein kommerzielles Verkehrsrecht handelt und deswegen eigentlich keine Notwendigkeit besteht, es anders zu behandeln als die übrigen kommerziellen Verkehrsrechte[302]. Gerade der Fall des Drittland-Code-Sharing entspricht den denkbaren Konstellationen der 5. und der 7. Freiheit.
Ferner hat die Kombiation von Flugnummerncodes in der Art und Weise, wie es bei Code-Sharing praktiziert wird, in die traditionellen Verkehrsrechte noch keinen Eingang gefunden. Somit würde auch eine saubere und eindeutige verkehrsrechtliche Abgrenzung gegenüber den übrigen Freiheiten vorgenommen.
Ein eher formalistischer Ansatz für die Begründung einer 9. Freiheit ist, daß Code-Sharing üblicherweise, wie auch die anderen Verkehrsrechte, in den bilateralen Vereinbarungen geregelt wird und deswegen auch eine Freiheit der Luft eigener Art werden sollte[303].
Auch bei der verkehrsrechtlichen Interpretation der Rechtsprechung durch das Verwaltungsgericht Köln[304] kann man zu dem Ergebnis kommen, daß Code-Sharing wegen seiner verkehrsrechtlichen Qualität eigentlich eine neue Freiheit darstellt. Denn das Gericht hat in seiner Entscheidung ausgeführt, daß durch Code-Sharing-Verbindungen neue Fluglinien geschaffen werden, wenn nach den verkehrsrechtlichen Grundsätzen eines der Unternehmen bisher diese Strecke nicht selbst bedient hat. Hierfür sei es unerheblich, ob es sich um die gesamte oder nur eine Teilstrecke handele. Unterstellt man die Richtigkeit dieser Argumentation des Gerichts, so spricht auch dieser Umstand der Schaffung neuer Fluglinien durch Code-Sharing für eine Qualität als eigene Freiheit der Luft.

---

[302] Gansfort, S. 104
[303] Gansfort, S. 104
[304] VG Köln in ZLW 3/ 1994, S. 367

3.2. Argumente gegen eine 9. Freiheit

Gegen die Einrichtung einer neuen Freiheit spricht zunächst, daß sie zu einer neuen staatlichen Reglementierung und damit eigentlich zu einer unzulässigen Beschränkung des sich am Markt regelnden Prozesses führen würde. Aus diesem Grund hat auch das zuständige (Ministerium für Verkehr, Bau- und Wohnungswirtschaft) BMVBW in seiner ursprünglichen Leitlinie zu Code-Sharing vom November 1994 die Notwendigkeit eines zusätzlichen Verkehrsrechts neben denen der 3., 4. und 5. Freiheit ausdrücklich verneint[305].
Ferner spricht gegen die Erweiterung der bisherigen Freiheiten der Luft, daß ein zusätzliches Verkehrsrecht die Liberalisierung des Luftverkehrs, eines der vornehmlichsten Ziele der meisten Staaten, hindert.
Daneben würde auch die Erhebung von Code-Sharing zu einem Verkehrsrecht eigener Art eine tendenzielle Verstärkung der Mega-Allianzen zur Folge haben mit der Konsequenz, daß den beherrschenden Fluggesellschaften dadurch die Möglichkeit gegeben wird, ihre Marktabschottung bzw. Marktaufteilung zu Lasten kleinerer Airlines offiziell zu sanktionieren[306].
Ordnet man aber die vorgenannten Argumente gegen die Einführung einer 9. Freiheit für Code-Sharing ihrem rechtlichen Ursprung zu, so fällt auf, daß verkehrspolitische und/ oder wettbewerbspolitische Überlegungen Hintergrund für diese Argumentationen sind. Die Frage aber, ob Code-Sharing eine eigene Freiheit der Luft darstellt, darf nach Ansicht des Verfassers gerade nicht von wettbewerbs- und/ oder verkehrspolitischen Erwägungen getragen werden, sondern muß nur vor dem Hintergrund des Luftverkehrsrechts beurteilt werden. Denn die bisherigen Freiheiten der Luft sind ihrem Inhalt nach Luftverkehrsrechte. Für wettbewerbs- oder verkehrspolitische Erwägungen ist deshalb bei der Entscheidung der Frage kein Raum mit der Folge, daß deswegen die bisher genannten Gegenargumente nach Ansicht des Verfassers eigentlich nicht berücksichtigt werden dürfen.

3.3. Ergebnis und Ansicht des Verfassers

Insoweit könnte man zu dem Ergebnis kommen, daß die verkehrsrechtlichen Argumente für die Einführung einer 9. Freiheit der Luft exklusiv für Code-Sharing überzeugen, um eine solche Erweiterung zu bejahen.
Nach Ansicht des Verfassers stellt aber die Einführung einer neuen Freiheit der Luft nur dann eine sinnvolle Weiterentwicklung des Luftverkehrsrechts dar, wenn durch die zukünftige Regelung auch ein Mehr an verkehrsrechtlichen Möglichkeiten geschaffen wird. Eine Neueinführung verbietet sich daher für den

[305] Verkehrspolitische Leitlinien "Code-Sharing deutscher und ausländischer Fluglinienunternehmen" v. 15. November 1994, Referat LR 12, unveröffentlicht, S. 2

[306] Gansfort, S. 104

Fall, daß man bei einer Auslegung der bisherigen kommerziellen Freiheiten nach ihrem Sinn und Zweck zu dem Ergebnis kommt, daß Code-Sharing wenn auch nicht ausdrücklich, so doch zumindest inzident durch die bestehenden Freiheiten berücksichtigt wird.
Dies kann unter der Voraussetzung, daß sich die privatrechtlichen Code-Sharing-Vereinbarungen der Gesellschaften an die in den bilateralen Abkommen festgelegten Verkehrsrechtsrahmen halten, auch bejaht werden. Denn wenn sich die Parteien strikt an die ausgehandelten Fluglinienpläne und die darin enthaltenen Landepunkte und Verkehrsrechte halten, gibt es eine Parallelität an Flugmöglichkeiten[307] mit der Folge, daß Code-Sharing, wie auch die übrigen Dienste, von den bisherigen Freiheiten der Luft ausreichend geregelt werden. Die Code-Sharing-Flüge sind mithin von den klassischen Freiheiten der Luft genauso erfasst wie die übrigen ausdrücklich geregelten Flugdienste. Dies hat zur Folge, daß eine besondere Regelung im Wege einer zusätzlichen Freiheit der Luft nach Ansicht des Verfassers überflüssig ist.
Deswegen kommt der Verfasser, wie im übrigen auch Gansfort[308] und von Wrangell[309], zu dem Ergebnis, daß es für Code-Sharing trotz einiger verkehrsrechtlicher Argumente keiner neuen Freiheit bedarf. Denn was, wenn auch nicht ausdrücklich, normiert ist, bedarf nicht notwendigerweise einer weiteren Regelung.

4. Zusammenfassung

- Code-Sharing Vereinbarungen schaffen die Möglichkeit, restriktive bilaterale Luftverkehrsabkommen zu umgehen. Die zuvor aufgeführten Fälle verdeutlichen, daß die dort genannten und genehmigten Code-Sharing-Flüge nicht dem Wortlaut der jeweiligen bilateralen Vereinbarungen entsprechen, mithin vertragswidrig sind. Deswegen wurden Einzelfallregelungen getroffen, um eine juristischen Grundlage für das gewünschte Ergebnis zu erhalten und um dem Vorwurf der Umgehung bilateraler Vereinbarungen und verkehrspolitischer Grundsätze zu entgehen.
- Dadurch wurde aber seitens der beteiligten Luftfahrtbehörden ein verkehrsrechtlicher Tatbestand geschaffen, der keiner der klassischen 8 Freiheiten der Luft entspricht und der es den Fluggesellschaften erlaubt, ihre Flüge in den computergesteuerten Buchungssystemen anzubieten und am Markt zu vertreiben. Es handelt sich daher um ein neues, eigenes und selbständiges Verkehrsrecht i.S.d. bilateralen Abkommen.
- Der Schaffung einer eigenen, weiteren Freiheit i.S.d. Chikagoer Abkommens bedarf es für Code-Sharing aber nicht, sofern der Gleichlauf der

[307] Gansfort, S. 106
[308] Gansfort, S. 106
[309] von Wrangell, S. 156ff.

Verkehrsrechte von Direktdiensten und Code-Sharing-Flugdiensten von den verantwortlichen Behörden beachtet wird.

TEIL III: ENTWURF FÜR CODE-SHARING-VERTRÄGE

1. Einleitung

Bisher wurde noch nicht der Versuch unternommen, einen einheitlichen Standard-Vertrag für Code-Sharing-Vereinbarungen zu fertigen. Die besondere Schwierigkeit liegt darin, daß die Intensität der Zusammenarbeit zwischen den Carriern variieren kann und deswegen ein einheitlichter Vertragsmustertext nicht so flexibel gestaltbar ist, um allen im einzelnen denkbaren, nicht schematisch festzumachenden Bestandteilen gerecht zu werden.
Das vorliegende Vetragswerk ist daher ein Versuch, ein möglichst kompaktes, wenn auch sicherlich nicht jeden Fall von Code-Sharing-Kooperationen einschließendes, Vertragswerk vorzustellen.
Die inzwischen im sog. "Montrealer Übereinkommen" vom 28. Mai 1999 neu festgeschriebenen Regelungen für den internationalen Flugverkehr, die die bisherigen Vorschriften des "Warschauer Haftungssystems[310]" ersetzen werden, haben in den vorliegenden Entwurf keinen Eingang gefunden.

2. Anwendbares Recht

Bei Lücken oder Unklarheiten in einem internationalen Vertragswerk, bei dem die Vertragsparteien unterschiedlicher Nationalität sind, fragt sich, welches Recht auf diesen Vertrag anzuwenden ist, d.h., an welchem nationalen Recht die einzelnen Bestandteile des Vertrages zu messen sind.
Nach Art. 3 I EGBGB richtet sich die Frage nach dem anzuwendenden Recht nach den Vorschriften des sog. "Internationalen Privatrechts". Es wird geregelt im Einführungsgesetz zum Bürgerlichen Gesetzbuch in der Fassung vom 21. September 1994[311]. Das Einführungsgesetz zum BGB regelt das intertemporale und internationale Privatrecht. Es ist durch das Gesetz zur Neuregelung des Internationalen Privatrechts vom 25.07.1986 neu geordnet worden[312]. Inhaltlich legt es fest, wann das im BGB enthaltene Gesetzesrecht in zeitlicher und räumlicher Hinsicht zur Anwendung gelangt. Die Kollisionsnormen des

---

[310] dazu gehört neben dem Warschauer Abkommen, das Haager Protokoll, das Zusatzabkommen von Guadelajara, das Protokoll von Guatemala, die Montrealer Protokolle

[311] BGBl. 1994 I, S. 2494, berichtigt 1997 I S. 1061

[312] BGBl. 1986 I, S. 1142

Internationalen Privatrechts regeln, wann das Privatrecht des eigenen Staates oder das eines fremden Staates anzuwenden ist (siehe Artikel 3 – 38 EGBGB). Nach Art. 27 I S. 1 EGBGB können die Vertragsparteien grundsätzlich "ihr" Recht frei wählen. Voraussetzung für die Festlegung einer der jeweiligen Rechtsordnungen der Parteien ist nach Art. 27 I S.2 1.Alt., daß diese ausdrücklich in einer Bestimmung festgeschrieben wird oder nach S.2 2.Alt. sich aus den Bestimmungen des Vertragswerkes ergibt. Im vorliegenden Vertrag wurde in Artikel XV Ziff. a. das deutsche Recht als anzuwendes Recht ausdrücklich festgelegt.
Der vom Verfasser vorgelegte Entwurf folgt im wesentlichen, wie in der internationalen Vertragspraxis üblich, dem angelsächsischen Vertragsaufbau. In einem allgemeinen Teil ("DEFINITIONS") legen die Parteien zunächst die Bedeutungen einzelner wiederkehrender Begriffe für den Vertrag fest, um so etwaigen späteren Auslegungsproblemen vorzubeugen. Diese können gerade bei internationalen Verträgen durch die gemeinsame Vertragssprache "Englisch" entstehen.

3. Rechtsnatur des Code-Sharing-Vertrages

Vorab soll die Rechtsnatur des Code-Sharing-Vertrages geklärt werden.
Der Code-Sharing-Vertrag oder Vergleichbares ist im deutschen Schuldrecht ausdrücklich nicht geregelt. Betrachtet man die im Vertrag zugrundegelegten synallagmatischen Hauptpflichten der Parteien, so stellt man fest, daß sie in Teilen einen mietähnlichen und teilweise auch werkvertragsähnlichen Einschlag haben.
So verpflichtet sich der den Flug physisch durchführende Carrier, dem Allianz-Carrier Sitzplätze gegen Entgelt zur Verfügung zu stellen (=Gebrauchsüberlassung)[313]. Darüber hinaus verpflichtet er sich aber auch zur Beförderung der vom Allianz-Carrier auf der Maschine gebuchten Fluggäste und schuldet somit einen Beförderungserfolg (=Werkvertrag)[314].
Wesentlicher Inhalt des Code-Sharing-Vertrages ist mithin, daß die den Flug durchführende Fluggesellschaft der Partner-Airline ein Luftfahrzeug oder einen Teil der Platzkontingente mit Besatzung für einen bestimmen Flug oder eine bestimmte Anzahl von Flügen zur Verfügung stellt. Insoweit könnte der Code-Sharing-Vertrag in seiner Rechtsnatur ein Miet- oder Werkvertrag sein. Keinenfalls handelt es sich aber um einen Vertragstypus eigener Art. Denkbar wäre es daher den Code-Sharing-Vertrag wie einen Mischvertrag zu behandeln und in Einzelnormen zu zerlegen mit der Folge, daß die jeweils relevanten Vorschriften des Miet- und Werkvertragsrechts heranzuziehen wären. Dagegen

---

[313] siehe Art. II des Code-Sharing-Vertragsentwurfs in dieser Arbeit
[314] siehe Art. II des Code-Sharing-Vertragsentwurfs in dieser Arbeit

spricht jedoch, daß man auf diesem Wege den spezifischen Eigenarten beider Vertragsarten nicht gerecht wird, und es dadurch zu Mißverständnissen in der Anwendungspraxis kommen kann. Denn demgemäß wären dann auch die einschlägigen Vorschriften des Miet- und Werkvertragsrechts anwendbar, was dazu führt, daß trotz der einheitlichen Begriffsverwendung als "Code-Sharing-Vertrag", je nach Meinung des Verwenders unterschiedliche Rechtsvorschriften gemeint und vorausgesetzt werden. Ein solches Vorgehen wäre deswegen der wünschenswerten juristischen Klarheit abträglich.
Daneben stellt sich folgende Frage: wenn es sich tatsächlich bei Code-Sharing um eine rein entgeltliche Gebrauchsüberlassung handeln würde, die gerade das typische Kennzeichen eines Mietvertrages ist, so ist kein Grund ersichtlich, weshalb ein derartiger Vertrag als Code-Sharing-Vertrag bezeichnet werden sollte, denn angestrebt werden sollte vor allen Dingen eine Begriffsbestimmung, bei deren Verwendung alle Beteiligten von einem einheitlichen Begriffsinhalt und den gleichen damit zusammenhängenden Rechtsvorschriften ausgehen.
Fraglich ist aber schon, ob der Code-Sharing-Vertrag tatsächlich mietrechtliche Gedanken aufnimmt. Wie bereits oben dargestellt schuldet der den Flugdienst durchführende Carrier dem Code-Sharing-Partner die Beförderung von Passagieren, die dieser bei ihm einbucht und mit einem Ticket versieht. Von einer Gebrauchsüberlassung i.S. einer Miete wird man wohl nur dann sprechen können, wenn der Allianz-Partner die Verwendung des Flugzeugs für eigene Zwecke und nicht nur für Dritte beabsichtigt. Gegen einen Mietvertrag spricht auch, daß dem Allianz-Partner, wie eigentlich bei der Miete üblich, nicht die tatsächliche Verfügungsgewalt über das Flugzeug eingeräumt wird. Gerade eine solche für die Miete typische Verfügungsgewalt sieht der Code-Sharing-Vertrag aber nicht vor. Vielmehr geht es allein um die Erbringung bestimmter, festgelegter Transportleistungen und damit um einen spezifischen Erfolg. Die Herbeiführung eines bestimmten Erfolges wiederum ist das Wesensmerkmal des Werkvertrages. Somit ist der Code-Sharing-Vertrag kein Mietvertrag, sondern ein Werkvertrag.
Folgte man nun konsequent der oben aufgezeigten Argumentation, so dürfte der Code-Sharing-Vertrag, weil er ein Werkvertrag ist, auch nur als solcher und nicht als Code-Sharing-Vertrag bezeichnet werden. Dies erscheint aber wenig sinnvoll, da z.B. auch der Reisevertrag i.S.v. § 651a ff. BGB ein Werkvertrag ist, und es allein dadurch in dem Leistungsdreieck Reisender-Veranstalter-Fluggesellschaft erneut zu Mißverständnissen kommen könnte, falls nur der allgemeine Begriff Werkvertrag verwendet würde. Auch ist es im Werkvertragsrecht nicht unüblich, die juristisch als Werkvertrag zu wertenden schuldrechtlichen Vereinbarungen mit einem umschreibenden Namen zu versehen, aus dem sich die typische Leistung des Vertragsinhaltes erkennen

läßt[315]. Eine Benennung des Werkvertrages zwischen Fluggesellschaften als "Code-Sharing-Vertrag" entspräche somit der gängigen Praxis. Allerdings sollte sichergestellt werden, daß der Begriff im Bereich des Luftrechts nur einheitlich verwendet wird.

[315] so z.B.: Architektenvertrag, Bauvertrag, Schleppvertrag, Wartungsvertrag, Stromlieferungsvertrag

4. Muster eines Code-Sharing-Vertrages[316]

CODE- SHARING AGREEMENT

between

..

and

..

THIS AGREEMENT is made ....day of.......... 20...,

BETWEEN .... *whose registered office is at ....(hereinafter referred to as "........" or "......")*

AND

....

....

WHEREAS *both Air Carrier ..... and .... desire to utilise capacity on each others scheduled services between Germany and ...... which are identified in Attachment I to this Agreement.*

AND WHEREAS *both Air Carrier, ... and ...... are willing to provide capacity on their respective scheduled services between Germany and .... to enable each other to market such capacities as their own.*

NOW THEREFORE and in consideration of the mutual covenants and conditions herein contained, the parties hereto agree as follows:

---

[316] der Verfasser hat diesen Vertragsentwurf im Rahmen seiner Wahlstation als Referendar für die LTU GmbH & Co KG, Düsseldorf angefertigt

ARTICLE I - DEFINITIONS

In addition to terms defined elsewhere in this Agreement, the following terms shall have the meaning indicated for this Agreement:

a. *"Services" mean those scheduled services of .... between ..... / ...... and ..... v.v. and of ...... between........... vv. set out in Attachment I which by this reference is made part hereof, as amended from time to time as agreed.*

b. *"Operating Party" is the carrier which aircraft physically perform the services under its own flight designator code.*

c. *"Saleable Passenger Capacity" is the total number of seats made available for sale by the Operating Party to the Non-Operating Party on the Services as specified in Attachment I hereto.*

d. *"Non Operating Party" is the carrier who puts his airline designator code on the Operating Parties aircraft without performing the service by himself.*

e. *"Air Carrier" means in relation to a Party, any Air Carrier in which a party owns an equity interest of 50 % or more, and such other undertakings as the parties decide to include in this definition.*

f. *"and/ or" means, in relation to two or more items limked by this conjunction, any of the items, or, both or all of the items.*

g. *"Approval" means any consent, ruling, approval authorization, license, confirmation, exemption or waiver required or considered appropriate by the parties in connection with the conclusion and/ or implementation of this Alliance between .... and ....*

h. *"Code-Sharing" means the operation by one Air Carrier of flights for which seats are offered for sale by another Air Carrier using its own designator code alone or jointly with the Operating-Carriers designator code.*

i. *"Party" means ...... or ......*

ARTICLE II - SALEABLE PASSENGER CAPACITY

a. *The Operating Party shall provide the Non-Operating Party with Saleable Passenger Capacity, together with sufficient hold capacity to meet the requirements of the free baggage allowance granted by the Non-Operating Party to its passengers.*

b. *The Services shall carry the flight designator codes of both parties/ combined to one.*

ARTICLE III - CHARGES AND PAYMENTS

a. *Subject to the other provisions of this Agreement the Non-Operating Party agrees to pay the Operating Party the charges for the provision of the Saleable Passenger Capacity as specified in Attachment I, and such charges shall be deemed fully earned in the event of any Service not being completed due to any cause other than those specified in Article VII f.*

b. *The charges specified in paragraph a. of this Article shall be settled through submission of a credit note to the IATA Clearing House in favour of the Operating Party, net, free and clear of any duties, taxes, imposts, withholdings or other deductions whatsoever.*

c. *The Non-Operating Party shall pay the full charge, specified in paragraph a. of this Article to the Operating Party in arrears, on a monthly basis, with reconciliation and settlement effectedto the IATA Clearing House no later than the end of the month following that in which travel occurred.*

d. *Accounting and reconciliation will be pursuant to the provisions of Attachments II and III and will include the passenger numbers by country of sale and specify any unsold capacity not returned to the Operating Party.*

e. *In the interest of sound business practice, the Operating Party will undertake audits from time to time of the declared passenger numbers and country of sale designation.*

f. *The Non-Operating Party shall be responsible for all commission payment costs and interline service charges as well as marketing, selling and advertising costs in respect of traffic carried within its own allotment of Saleable Passenger Capacity.*

g. *The parties agree that any and all costs, fines and penalties incurred in respect of the refusal of entry of any passenger at a destination point shall be borne by the party whose carrier code appears on the ticket of such passenger. In the event the parties are unable to determine the carrier code, such costs shall be divided on an equal basis between the parties.*

ARTICLE IV - SCHEDULE OF FLIGHTS

a. *The schedule of the Services may be modified, cancelled or suspended at the absolute and unfettered discretion of the Operating Party, provided that this right shall not be exercised unreasonably.*

b. *The Operating Party shall notify the Non-Operating Party as soon as possible in writing or by telex message of modifications, cancellations or suspensions of any of the Services.*

c. *Unplanned cancellations or suspensions of anyService for safety reasons or due to force majeure, extraordinary and unexpected weather conditions, acts of God, acts of Governmental authorities / agencies, mechanical failure, shortage of fuel, public enemy, strikes or other labour disputes or any other cause beyond the reasonable control of the Operating Party, shall be dealt with in accordance with the provisions of Article VII (Execution of Flights).*

d. *The flight crews provided by the Operating Party shall have sole responsibility for pilotage, flight plan clearance, in-flight navigation of the aircraft performing the Services and for ensuring the aircraft is operated in accordance with its certification, and the pilot in command may take such action as he deems necessary in all of the circumstances relevant to each flight.*

e. *The Operating Party shall have sole responsibility for provision and preparation of flight plans, flight dispatch, flight control, flight watch and in-flight instructions, communications, loading and discharge of the aircraft and all traffic (passenger, baggage, cargo and mail) handling. The Operating Party undertakes to provide safety instructions and demonstrations in German and English language.*

ARTICLE V - HANDLING

a. *Reservations by the parties for passengeraccommodation on the Services shall be made in accordance with the procedures specified inAttachment III to this Agreement.*

b. *The parties hereto agree to fully co-operate in respect of thehandling of reservations for their respective passengers.*

c. *In addition to and without prejudice to the terms of any Ground Handling Agreement between the parties, the Operating Party shall provide standard check-in facilities, seat assignment facilities and baggage handling from check-in to aircraft loading and from aircraft unloading to baggage delivery areas.*

d. *The Operating Party shall initiate tracing action on behalf of the Non-Operating Party for any lost load. In the event that tracing action has not been successful and a claim is subsequently received, responsibility for processing the claim will be assumed by the Non-Operating Party. The Operating Party will hand over files relevant to the tracing action taken. Liability for claims will be determined pursuant to Article VIII.*

e. *The Operating Party shall provide unit load devices for passenger baggage carried in the hold capacity to be provided to the Non-Operating Party pursuant to this Agreement. The Operating Party shall be responsible for stowing the unit load devices.*

f. *The Non-Operating Party shall be responsible for ensuring that all passengers and baggage to be carried in the capacityprovided to it on the Services under this Agreement, meet the requirements of the Operating Party, particularly with respect to check-in times.*

g. *In the event of any failure to meet the requirements referred to in paragraph f. of this Article the Operating Party reserves the right to refuse carriage of the passengers and baggage, and will not be obliged to grant any consequent relief to the Non-Operating Party under this Agreement.*

h. *In the event of an oversale by either party of its capacity on any of the Services the parties will seek to accommodate affected passengers in the available capacity of the other party. The flight coupons of such re-accommodated passengers shall remain the property of the party that issued the ticket and the party providing the available capacity shall be entitled to the charges referred to in Article III a.*

i. *Where neither party has capacity sufficient to accommodate all its passengers who hold confirmed reservations on a Service resulting in a passenger offload, the Operating Party will be responsible for the handling of affected passengers, including the provision of denied boarding compensation in accordance with the standard terms and conditions of the party shown as the carrier on the tickets of the passengers concerned.*

ARTICLE VI - IN-FLIGHT SERVICES

a. *The Operating Party shall provide the same in-flight services to passengers travelling in the Non-Operating Party's capacity as it provides to its own passengers travelling in the same class on the same Service.*

b. *All in-flight announcements for the Services shall refer to the Service as service operated as joint services. The text of such announcements shall be agreed upon in advance by the parties.*

ARTICLE VII - EXECUTION OF FLIGHTS

a. *It shall be the responsibility of the Operating Party to notify the Non-Operating Party as soon as possible of the happening of any event which does or would be likely to delay or disrupt any Service.*

b. *Any arrangement entered into by either party to alleviate or remedy delays or disruptions to the operation of a Service, whether actual or anticipated, shall be notified to the other party and where possible, agreed between the Operating Party and the Non-Operating Party before implementation thereof.*

c. *It shall be the responsibility of both parties to co-operate as fully as possible with a view to minimising delay and inconvenience to passengers, minimising the loss of revenue to both parties and taking all necessary action to ensure the operation of the Service is performed expeditiously and in accordance with the terms of this Agreement.*

d. *In the event of disagreement between the parties as to what arrangements should be made to alleviate or remedy any delay or disruption to the operation of the Service concerned, the final decision on such question shall be made by the Operating Party.*

e. *Except as may be provided in the Agreement, neither party shall be responsible to the other for any consequential or other losses which may have been incurred on account of delays or disruptions to the operation of a Service.*

f. *The Operating Party shall not be liable for, nor deemed to be in default hereunder, on account of failure to operate or delays in operating a Service due to, but not limited to war, insurrections, strikes, riots, fires, floods, explosions, earthquakes, or any act of Government, acts of God or the public enemy or labour disputes causing cessation, slow-down or interruption of work, or threat thereof, adverse weather and any other causes beyond the Operating Party's control and not occasioned by its fault or neglect.*

g. *In all cases contemplated in paragraph f. of this Article, the Non-Operating Party shall be responsible for all costs and expenses, in respect of its passengers booked to be carried in the capacity of the Services purchased by it hereunder, including, but not limited to, cost of meals, accommodation and transfers.*

h. *In the event the Operating Party is unable to provide an aircraft in time for scheduled departure of a Service for reasons other than those listed in paragraph f. of this Article, the Operating Party will be responsible for passenger costs and expenses limited to such accommodation, meals and transfers as is determined by the Non-Operating Party to be necessary until such time that the Operating Party is able to provide an aircraft or until such time as alternative arrangements are made to transport passengers to the originally scheduled destination of the Service.*

i. *If, for any reason, the Operating Party is required to divert a flight and discharges the Non-Operating Party's passengers at a point other than the originally scheduled destination of a Service the Operating Party may at its discretion:*

  i) *subsequently provide carriage of such passengers from the point of diversion to the point of original scheduled destination of the*

Service, in which case all delay costs shall be borne by the Operating Party or;

ii) the Operating Party shall arrange the onward carriage ofsuch passengers from the point of diversion to the original scheduled point of destination, on the services of another carrier at the Operating Party's expense, assuming responsibility only for those passenger-related costs associated with thediversion including but not limited to transfers, accommodation and meals.

j. In the event of an emergency or disaster occurring in respect of an aircraft operating a Service the emergency procedures of the Operating Party shall be applied. The Parties shall co-operate insuch an event, and shall provide message addresses as communication points for emergency or disaster information, as is specified in Attachment IV to this Agreement.

ARTICLE VIII – EXECUTIVES TRANSPORTATION

will have a total amount of ...... round trips/ one way tickets per year for the transportation of its executives:

a. .... seats cost free and exempt of service charges and with the possibiltity of been up graded to a superior service class subject to space availibility for directors
b. .... seats cost free subject to a service charge of DM .... per ticket.

ARTICLE IX - LIABILITY

a. Subject to paragraph b. of this Article the Operating Party agrees to indemnify and hold harmless the Non-Operating Party, its officers, agents, servants and employees from all liabilities, damages and claims, including all costs and expenses incidental thereto, which may accrue against, be charged to or be recoverable from the Non-Operating Party, its officers, agents, servants and employees by reason of an injury, death or property damage suffered by third parties - passengers and non passengers - arising out of or in any way connected with the Services and of any damage to or loss of the aircraft provided by the Operating Party and the baggage, freight and/or mail of each party, unless due to an act or omission of the Non-Operating Party of the type described in Article 25 of the Warsaw Convention of 1929 or that Article as amended by Hague Protocol of 1955, whichever is applicable.

b. *With respect to any injury or death sustained by the passengers of the Non-Operating Party, the Operating Party's obligation of indemnity set forth in paragraph a. of this Article shall be limited, except for cases of unlimited liability according to Article 25 of the Warsaw Convention 1929 or that Article as amended by the Hague Protocol of 1955, whichever is applicable to the limit of liability provided for the Non-Operating Party conditions of carriage as at the date of execution of this Agreement.*

c. *In the event that the Operating Party shall be held liable by any court of competent jurisdiction for damages for injury to or death of passengers of the Non-Operating Party sustained during their carriage on a Service that exceed the limit stated in paragraph b. of this Article by reason solely of the waiver or other amendment, by the Non-Operating Party in its conditions of carriage of the liability limit in the Warsaw Convention of 1929 or that Convention as amended by the Hague Protocol of 1955, then the Non-Operating Party shall indemnify the Operating Party for the amount by which such damages exceed the limit in that paragraph.*

d. *In the event passengers of both parties sustain injury or death by reason of the same occurrence during carriage on a Service and any court of competent jurisdiction renders a judgement against the Operating Party or the Operating Party settles claims for damages in respect of its passengers that exceed the otherwise applicable liability limit of the Operating Party, then the provisions or paragraphs b. and c. of this Article shall not apply.*

e. *In the event that the passengers legal liability limit as provided for in either party's conditions of carriage shall be amended, then the parties agree to review and appropriately amend the terms and conditions set forth in this Article.*

f. *Any claims arising out of personal injury, death, property damage, flight delays, damage to or loss of baggage, freight and/or mail or any other claims made by passengers or consignees of the Non-Operating Party on respect of carriage by the Operating Party under this Agreement shall be handled by the Non-Operating Party in accordance with its own procedures. Payment and settlement of the aforementioned claims shall be effected by the Non-Operating Party in accordance with the provisions of the Warsaw Convention of 1929 or Hague Protocol of 1955 and its own conditions or carriage. The Operating Party shall thereupon indemnify the Non-Operating Party for such payment and settlement in accordance with paragraphs a. to d. of this Article inclusive.*

ARTICLE X - INSURANCE

a. *The Operating Party shall maintain and keep in force at its own cost and expense, liability insurance including passenger (revenue and non-revenue), baggage, cargo, mail and aircraft third party legal liability (all policies shall be extended to include war risks, hijacking and allied perils) in an amount not less than a combined single limit of five hundred Million US-Dollar (US$ 500.000.000) or the equivalent in local currency per occurence. Such insurance shall:*

I. name the Non-Operating Party, its agents, officers, directors and employees as additional insured;

II. contain a provision requiring the Operating Party insurers to provide to the Non-Operating Party not less than thirty (30) days prior written notice of any cancellation or material change to such insurance except that in the case of war and allied perils such period of notice shall be seven (7) days or such lesser period as may be available in accordance with policy conditions;

III. contain a waiver of subrogation by the Operating Party insurers against the Non-Operating Party, its parent and affiliate or associated companies or corporations and their respective directors, officers, agents and employees to the extent of the indemnity given by the Operating Party pursuant to paragraph a. of this Article;

IV. it is understood and agreed that the inclusion of the Non-Operating Party as an additional insured under the Operating Party liability insurance policy shall not preclude the right of recovery thereunder by the primary insured in respect of claims made against such insured by the additional insured, if such claims would have been recoverable under that policy, had such additional insured not been so included thereunder.

b. *The Operating Party shall maintain aircraft hull insurance for the aircraft operated by the Operating Party and such aircraft hull insurance policy shall contain a waiver of subrogation by the Operating Party aircraft hull insurers against the Non-Operating Party, its parent and affiliate or associate companies or corporations and their respective directors, officers, agents, servants and employees to the extent of the indemnity pursuant to paragraph a. of this Article.*

c. *Prior to the commencement of the operations to be conducted hereunder, and upon each insurance policy renewal thereafter the Operating Party shall furnish to the Non-Operating Party a certificate of insurance evidencing the foregoing insurance coverage.*

ARTICLE XI - SECURITY

In connection with the emplaning of passengers on the Services, the Operating Party shall utilise its own Security Programme. In executing its Security Programmes the Operating Party may interview passengers, x-ray baggage, and perform such other functions as it may choose in its sole discretion ...... and .... agree to co-operate in matters of security procedures, requirements and obligations at all points to, from or through which the Services operate subject to any requisite regulatory authority approval.

ARTICLE XII - CONFIDENTIALITY

a. *Except to the extent required by any applicable law or court order, both parties hereby agree with and warrant to each other that they shall keep the terms and conditions of this Agreement confidential and shall prevent the disclosure thereof to any third party other than to the respective directors, officers, employees or agents or the directors, officers, employees or agents of the parent or holding companies of the parties, for purposes specifically related to the administration and/or operational conditions of this Agreement.*

b. *For the purposes of this Agreement, 'confidential information' shall mean all information identified as such or as being information that would reasonably be understood as being confidential information, including but not limited to passenger details, and which pertains to .... and ...... and their respective operations disclosedby one party to the other or acquired pursuant to this Agreement;*

i) *...... and ..... hereby acknowledge that the confidential information of the other party hereto is a valuable, special, unique and proprietary asset and during the term of this Agreement or any extension thereof, and at any time thereafter, ... and ...... shall not loan, sell, assign, use, disclose, provide or cause to be used, disclosed or provided any confidential information of the other party hereto to any third party or remove or delete any of such confidential information of the other party.*

ii) *....... and ...... each hereby agree that they shall not make copies of or transcribe any confidential information of the other without the prior written consent of such party and forthwith upon such party's request therefor and/or upon termination of this Agreement, shall return any and all copies thereof to such party;*

iii) *Title to any and all confidential information, copies and other material provided by .... and ...... pursuant hereto shall at all times remain in the providing party. Upon termination of this Agreement, each party shall ensure that any and all confidential information, copies and other materials provided by the other party are immediately returned to that other party.*

ARTICLE XIII - TRADE MARKS AND CORPORATE IDENTIFICATION

a. *Each party hereby covenants that its respective advertising and promotions of the Services shall be in accordance with all applicable governmental rules, laws and regulations.*

b. *i)* *Each party acknowledges and agrees that it has no right, title or interest in the other party's logo, nor any part thereof, except the use of the same as herein set out and that it shall not use any of the other party's logos, trade marks or trade names except in accordance with the other party's prior approval and direction.*

ii) *Each party agrees that should any right, title or interest in or to the other party's logo or any other party thereof, or in any copyright or trade mark of the other party become vested in it (by operation of law or otherwise) by reason of this Agreement, it shall hold the same in trust for the other party and shall, at the request of the other party, forthwith unconditionally assign any such right, title or interest to the other party, or as the other party may otherwise direct.*

c. *It is understood and agreed that the logos, trade marks and trade names of each party shall be and remain at all times their exclusive property.*

ARTICLE XIV - MARKETING

The parties agree that nothing in this Agreement shall be interpreted in any way as detracting from the right of each party to market its share of the capacity on the Services, to the travelling public independently of the other party in whichever way it deems appropriate including the right to determine the levels of fares and other charges that it will apply for carriage in its share of the capacity provided on the Services.

ARTICLE XV - APPLICABLE LAW, JURISDICTION AND OBSERVANCE OF LAWS AND REGULATIONS

a. *Regardless of where concluded and executed, this Agreement shall be interpreted in all respects in accordance with the law of Germany and the parties agree in the event of any dispute or claim out of or relative to this Agreement or the breach thereof, to submit to the jurisdiction of the courts of Germany.*

b. *Both parties shall observe all laws and regulations of the respective aeronautical authorities of Germany and .... and any other state having jurisdiction over the operation contemplated herein.*

ARTICLE XVI - CONSULTATION

The management and personnel of the parties shall consult and co-operate with each other to ensure smooth and efficient operations pursuant to the arrangement covered by this Agreement, including designation of persons or officers to give and receive the various notices permitted hereunder.

ARTICLE XVII - ADMINISTRATION AND ACCOUNTING PROCEDURES

Each party shall be responsible for all documentation and its own revenue accounting for passengers carried pursuant to this Agreement, as specified in Attachment II to this Agreement, which by this reference is made part hereof.

ARTICLE XVIII - ARBITRATION

All disputes arising in connection withthe interpretation and implementation of this Agreement shall be finally settled in accordance with the provisions of IATA Resolution 780.

ARTICLE XIX- TERM AND TERMINATION

a. *Subject to the provisions hereof the term of this Agreement shall commence on the ...., 20.... .*

b. *Either party may terminate this Agreement at any time during the term hereof by giving not less than ninety (90) days advance written notice to the other party.*

c. *Either party may terminate this Agreement immediately by written notice to the other party if the Agreement or any provision hereof is or becomes unlawful or is disapproved by any governmental authority having jurisdiction including the aeronautical authority having supervisory jurisdiction over the party giving notice or if one or more of any necessary rights, licences, permits and approvals necessary for the performance of the Services are at any time withdrawn or revoked.*

d. *Either party may in addition to and without prejudice to any other rights or remedies it may have, terminate this Agreement immediately upon giving written notice to the other party in the event of:*

i. *the other party committing a breach of any term of this Agreement and having failed to remedy the breach within seven (7) days after being required so to do by written notice from the party specifying the breach of which the complaint is made and stating its intention to terminate this Agreement if such breach is not so remedied.*

ii. *any order being made or any effective resolution being passed for the compulsory or voluntary winding up of the other party (except for the purposes of reconstruction or amalgamation) or any encumbrancer taking possession or a receiver being appointed of its undertaking or any party thereof or such other party making any arrangement with its creditors or for any reason becoming insolvent, ceasing or threatening to cease to carry on its business.*

e. *In the event of termination of this Agreement, such termination shall not release either party from any obligations with respect to charges or other obligations specified in this Agreement which have accrued prior to the effective date of such termination.*

ARTICLE XX - CONDITIONS

The entry into force of this Agreement is conditional upon receipt by both parties of the requisite approval of the appropriate regulatory authorities of......, ... and .... of this Agreement and the arrangements contemplated herein. Both ...... and ..... will use their best joint and individual endeavors to obtain all necessary regulatory approvals. Each Party will bear the legal costs as incurred by their respective legal advisers.

ARTICLE XXI - NON-ASSIGNMENT

This Agreement is a personal contract between the parties hereto and shall not be assigned by either party without the prior written consent of the other. This Agreement shall be binding upon and to the benefit of and be enforceable upon the respective successors of the Parties hereto.

ARTICLE XXII- ENTIRETY

a. *This Agreement shall constitute the entire Agreement between the Parties on the subject matter hereof and shall not be varied otherwise than by a written document executed by a duly authorised representative of each of the parties concurrently with or subsequent to the execution of this Agreement.*

b. If any provision of this Agreement becomes invalid this Agreement shall not be considered cancelled or invalid as a whole but if the other provisions hereof shall remain binding and effective between the parties

ARTICLE XXIII - INDEPENDENT CONTRACTORS

The Parties are independent contractors and nothing in this Agreement is intended or shall be construed to create or establish the relationship of partners or of a joint venture between the Parties.

ARTICLE XXIV- NO THIRD- PARTY BENEFICIARIES

This agrement is for the benefit of the Parties and is not intended to confer any rights or benefits on any third Party.

ARTICLE XXV - NOTICES

Except as otherwise provided herein, all notices, requests, demands or other communications to or upon the respective Parties hereto shall be given or made by facsimile or telex to the Party to which such notice, request, demand or other communication is required or permitted to be given or made under this Agreement addressed as follows:

a. ....
....
....
GERMANY
Attention: Director International Sales
Telex Message Address: ....
Fax: ....

b. ....
or at such other address as the respective Parties hereto may hereafter specify to the other from time to time.

All such notices, requests, demands or other communications shall be effective upon receipt.

ARTICLE XXVI - DESCRIPTIVE HEADINGS

The headings of the Articles of this Agreement are for convenience only. Accordingly, they shall not effect the interpretation of any of the provisions hereof.

IN WITNESS WHEREOF the parties hereto have caused these presents to be executed the day and year first stated above

Signed for and on behalf of:	*Signed for and on behalf of:*
Name:...............................	*Name:................................*
Title:.................................	*Title:..................................*
Date:.................................	*Date:..................................*

ATTACHMENT I

CODE-SHARING-AGREEMENT
between
...
and
..

Schedule and Saleable Passenger Capacity

All dates and times are local dates and times and subject to slot availabilities.

Signed for and on behalf of:

Name:................................

Title:..................................

Date:..................................

Signed for and on behalf of:

Name:................................

Title:..................................

Date:..................................

ATTACHMENT I

CODE-SHARING-AGREEMENT
between

....

and

..

SEAT PURCHASE CHARGES

ROUTE			
Point of Sale			
SEASON			
LOW			
SHOULDER			
PEAK			

Notes:

1. *DEM prices are for OW sector travel, and are nett.*
2. *Space permitting, and by agreement of the Operating Party,the allocation of Non-Operating Party may be increased on a flight by flight-basis.*
3. *The seasonality of the outbound travel determines the sector seat purchase charges*
4. *For seats sold to children between 2 years and 11 years the purchase price will be reduced by 33% of the applicable seasonal charge.*

ATTACHMENT II

CODE-SHARING-AGREEMENT
between
....
and
....

Administration and Accounting Procedures

1. *The Parties hereby agree to fully co-operate in respect of the accounting which is associated with this Agreement.*

2. *All passengers tickets for carriage on the Services shall indicate only the designator of the party which makes the sale.*

3. *On a monthly basis, the Non-Operating Party will make payment to the Operating Party for the number of passengers carried by the Operating Party plus any retained but unused seats on "critical" flights as advised by the Operating Party using the seat purchase costs specified in Attachment I, Page 2. Settlement shall be effected by the Non-Operating Party through the submission of a credit note to the IATA Clearing House.*

4. *On a monthly basis, the Non-Operating Party will transmit to the Operating Party, a copy of the credit note submitted to the IATA Clearing House and a reconciliation stating by flight number the number of passengers by country of sale and any retained but unused seats.*

5. *Submission of a credit note to the IATA Clearing House and the transmission of the reconciliation to the Operating-Party shall occur no later than the end of the month following that in which travel occurs.*

6. *After the departure of each Service, the flight coupons designated to the Non-Operating Party shall be forwarded to the Non-Operating Partywho will process and retain all revenue associated with these coupons.*

7. *.......................... revenue accounting contact:*
   Any communication relating to revenue accounting matters shall be addressed to:

Revenue Accounting Manager of ....:

....

Revenue Accounting Manager of ....:

Signed for and on behalf of:

Name:.................................

Title:..................................

Date:..................................

Signed for and on behalf of:

Name:.................................

Title:..................................

Date:..................................

ATTACHMENT III

CODE-SHARING-AGREEMENT
between
....
and
....

Reservation Procedures

1. *The Parties agree that passenger convenience is of utmost importance and all procedures and policy relating to the Services will be based upon that principle.*

2. *Each Party shall be responsible for all reservations in the own Saleable Passenger Capacity on all Services whether it is the operating or Non-Operating Party. To achieve this, each Party shall maintain their own inventory within their own Reservations System.*

3. *Both ...... and ...... will co-operate on a flight by flight basis to adjust seat allocations as may be required. To this end the Non-Operating Party will provide the Operating Party with a weekly allocation status report for a rolling three-month period to .... and to .... The Non-Operating Party will always release unsold seats upon the Operating Party's reasonable request.*

4. *A Non-Operating Party shall not be liable to pay any charges in terms of this Agreement in respect of unsold space allocated in its saleable passenger capacity unless the Operating Party notifies the Non-Operating Party of a particular flight as being a critical flight at least 30 calendar days before the departure of that flight and the Non-Operating Party fails to return at least 4 calendar days prior to the departure any available unsold space to the Operating Party.*

5. *Requests for special amenities such as, but not limited to, bassinets, stretchers, meals and oxygen shall be referred to the Operating Party, whose policies and procedures shall apply.*

   ....

6. *The Non-Operating Party shall provide the Operating Party with a full Passenger Name List (PNL) 4 days prior to departure of each Service and an Additional and Deletions Notice (ADL) 12 hours before departure. For services operated by ...... this information shall be transmitted to .... Services operated by ..... this information shall be transmitted to ....*

Signed for and on behalf of:	*Signed for and on behalf of:*
Name:.................................	*Name:.................................*
Title:..................................	*Title:..................................*
Date:..................................	*Date:..................................*

ATTACHMENT IV

CODE-SHARING-AGREEMENT
between
....
and
..

Emergency Contact Numbers
....
....
....

Flight Operations
Telephone: ....
Fax: ....

Signed for and on behalf of:

Name:................................

Title:.................................

Date:.................................

Signed for and on behalf of:

Name:.................................

Title:..................................

Date:...................................

TEIL IV: DIE REISEVERTRAGSRECHTLICHEN AUSWIRKUNGEN DES CODE-SHARING

1. Die Materie des Reisevertragsrechts

Das Reisevertragsrecht ist in den §§ 651 a-l BGB geregelt. Erstmals wurde es im Rahmen der Änderung des Bürgerlichen Gesetzbuches im Jahre 1979 ins BGB aufgenommen[317]. Die Vorschriften bilden hinter dem Werkvertragsrecht den zweiten Unterabschnitt im siebten Titel des Besonderen Teils des Schuldrechts, dessen Überschrift anläßlich der Gesetzesänderung von 1979 in "Werkvertrag und ähnliche Verträge" geändert wurde. Vor Einrichtung des Reisevertragsrechts wurde der Reisevertrag durch die h.M. in der Rechtsprechung und Literatur als Werkvertrag qualifiziert[318]. Der Reisevertrag ist nach § 651 l BGB der einzige Vertragstyp des Besonderen Schuldrechts, der durchweg zwingend ausgestaltet ist. Soweit eine abschließende Regelung im Reisevertragsrecht fehlt, gilt Werkvertragsrecht[319].

§ 651a I BGB enthält eine Legaldefinition des Begriffes "Reise". Der Reisevertrag besteht zwischen dem Reisenden und dem Veranstalter und hat die Erbringung der Reise zum Gegenstand. Es handelt sich hierbei jedoch ausschließlich um Verträge im Rahmen von Pauschalreisen, denn ein Reisevertrag i.S.d. §§ 651a ff. BGB besteht nur bei einer "Gesamtheit von Reiseleistungen". Der Reisevertrag des BGB ist daher klar abzugrenzen von den bei sog. "Individualreisen" geschlossenen Einzelverträgen, bei denen der Reisende alle einzelnen Leistungen selber bucht. Diese werden nicht von den Vorschriften des Reisevertragsrechts erfasst[320]. Sie folgen vielmehr den übrigen Vertragstypen des BGB. Als Pauschalreisen hingegen werden solche Reisen bezeichnet, bei denen mehrere bestimmte Leistungen eines kommerziellen Reiseveranstalters oder einer Organisation in Anspruch genommen werden, und der Reisende diese Dienstleistungen vorher bucht und bezahlt.

Maßgebliches Kriterium für die Pauschalreise ist der Begriff der "Gesamtheit von Reiseleistungen", d.h., es muß sich nach ganz herrschender Meinung um mindestens zwei Leistungen handeln[321]. Sie unterscheidet sich insoweit von der Individualreise, bei der der Reisende die Reise selbst organisiert und sich die Einzelheiten (Beförderung, Unterkunft, Verpflegung etc.) selbst zusammenstellt. Nicht entscheidend für die Begriffsbestimmung ist hierbei die Mithilfe eines professionellen Vermittlers bzw. Reisebüros[322].

---

[317] MüKo-Tonner, Vor. § 651a, Rn. 1
[318] MüKo-Tonner, Vor. § 651a, Rn. 15
[319] BGH, in NJW 1987, S. 1931, 1933
[320] Brender, S. 43
[321] Führich, Rn. 89; Staudinger-Schwerdtner, § 651a Rn. 11, Isermann, S. 25
[322] Führich, S. 3 f.

Die europäischen Richtlinie des Rates vom 13. Juni 1990[323] definiert die Pauschalreise deswegen wie folgt:
Die im voraus festgelegte Verbindung von mindestens zwei der folgenden Dienstleistungen, die zu einem Gesamtpreis verkauft oder zum Verkauf angeboten werden, wenn diese Leistung länger als 24 Stunden dauert oder eine Übernachtung einschließt:
- Beförderung
- Unterbringung
- andere touristische Dienstleistungen, die nicht Nebenleistungen von Beförderungen oder Unterbringung sind und einen beträchtlichen Teil der Gesamtleistung ausmachen[324].

Bei der Pauschalreise steht der Reisende zu den Parteien, die die jeweiligen Einzelleistungen (Unterkunft, Transport etc.) erbringen, nicht in vertraglichen Beziehungen[325].

2. Das Rechtsverhältnis unter den beteiligten Parteien

Im Rahmen von Pauschalreisen kommt es grundsätzlich zwischen drei Parteien, nämlich dem Reisenden, dem Reiseveranstaltern und den jeweiligen Leistungsträgern, zu Rechtsbeziehungen verschiedener Rechtsnatur, die nachfolgend rechtlich zugeordnet werden sollen:

2.1. Das Rechtsverhältnis zwischen dem Reiseveranstalter[326] und den Leistungsträgern[327]

Der Reiseveranstalter kann naturgemäß nicht die Gesamtheit der Einzelleistungen des von ihm angebotenen Pauschalarrangements in eigener Person erbringen. Dazu bedient er sich verschiedener Leistungsträger (Beförderungsunternehmen, Hotels etc.).

---

[323] Richtlinie (EWG) Nr. 90/ 314

[324] Giemulla/ Schmid/ van Schyndel, S. 63; Abl. EG Nr. L 158 vom 23.06.1990, S. 59, abgedruckt bei Giemulla/ Schmid/ Mölls, B IV 1.2

[325] MüKo-Tonner, Vor. § 651a, Rn. 11

[326] Das Gesetz kennt keine gesetzliche Definition des Reiseveranstalterbegriffes. Als entscheidend wird aber angesehen, daß der Reiseveranstalter die Leistungen in eigener Verantwortung zu erbringen verspricht. Reiseveranstalter ist daher, wer in eigener Verantwortung eine Gesamtheit von Reiseleistungen als eigene anbietet, wobei er sich Dritter als Leistungsträger bedienen kann (vgl. BGHZ 61, S. 275). Zur Abgrenzung von der bloßen Reisevermittlung ist entscheidend, wie der Reisende das Verhalten des Veranstalters verstehen darf, insbesondere aufgrund der Prospektgestaltung (vgl. MüKo-Tonner, Vor. § 651a, Fn. 9).

[327] Leistungsträger sind diejenigen Personen, die die einzelnen Reiseleistungen für den Reiseveranstalter selbständig erbringen (Beförderungsunternehmen, Hoteliers etc.).

Zwischen Reiseveranstalter und den jeweiligen Leistungsträgern kommt es zu Vertragsbeziehungen eigener Art. So schließen die Veranstalter und die hier in Frage stehenden Luftfahrtunternehmen einen sogenannten "Luftbeförderungsvertrag". Als Luftbeförderungsvertrag werden all diejenigen Verträge bezeichnet, die durch formlos erkärte, korrespondierende Willenserklärungen unter Zugrundelegung der allgemeinen Vorschriften des bürgerlichen Rechts zustandekommen und einen Ortswechsel zum Inhalt haben, der mittels einer Beförderung per Luftfahrzeug bewirkt werden soll. Soweit die Luftbeförderung entgeltlich erfolgen soll, handelt es sich dabei um einen Werkvertrag gem. §§ 631 ff. BGB[328]. Im Falle der Flugpauschalreise spricht man vom sogenannten Chartervertrag. Es handelt sich dabei um einen Vertrag, in dem sich der Eigentümer oder Halter eines Flugzeuges seinem Vertragspartner (Reiseveranstalter) gegenüber verpflichtet, diesem ein Flugzeug in betriebsfähigem Zustand mit Besatzung und Ausrüstung gegen Entgelt ganz oder teilweise für einen oder mehrere bestimmte(n) Flug/ Flüge zwecks Herbeiführung eines bestimmten Beförderungserfolges zur Verfügung zu stellen[329]. Leistungsgegenstand dieses Vertrages ist dabei die Beförderung von Personen oder Sachen auf dem Luftwege von einem Ort zum anderen[330]. Die Fluggesellschaft schuldet also als vertragliche Primärpflicht dem Veranstalter die Durchführung des Lufttransports.
Als Leistungsträger kann jedoch nur derjenige angesehen werden, der eigenverantwortlich Reiseleistungen erbringt und mit dem Veranstalter weder wirtschaftlich noch rechtlich verbunden, noch in dessen Konzern eingegliedert ist[331]. Ein Leistungsträger wird zwar vom Reiseveranstalter eingeschaltet, er verrichtet jedoch seine Arbeit grundsätzlich in eigener Verantwortung.

2.2. Das Rechtsverhältnis zwischen Reiseveranstalter und Reisebüro

Typischer Reisevermittler ist das Reisebüro[332]. Anders als der Reiseveranstalter erbringen Reisebüros keine eigenen, sondern vermitteln lediglich fremde Reiseleistungen und werden deshalb nicht Vertragspartner des Reisevertrages[333]. Das Vermitteln von Pauschalreisen ist heutzutage das wichtigste Betätigungsfeld der Reisebüros. Hierbei ist das Reisebüro lediglich Empfangsbote des Reiseveranstalters[334]. Es handelt sich bei den Reisebüros mithin um meist reine Buchungsstellen.

---

[328] Ruhwedel, S. 18; Vollmar, S. 22; Frings, S. 21; Müller, S. 47
[329] Gansfort, S. 33
[330] Schwenk, S. 465
[331] Führich, S. 67,
[332] Tempel, in NJW 1999, S. 3657ff.
[333] Fischer, S. 31; Führich, S. 12
[334] BGHZ 82, S. 219

Handeln selbige demgegenüber als eigene Agenturen des Veranstalters, so sind die Agenturverträge als Handelsvertreterverträge i.S.v. §§ 84 ff. HGB zu qualifizieren[335]. Dementsprechend liegt auch keine reine Vermittlung durch einen Dritten vor; der Reisende bucht vielmehr beim Veranstalter selbst[336].

2.3. Das Rechtsverhältnis zwischen dem Reisebüro und der Flugesellschaft

Zwischen beiden Parteien besteht grundsätzlich kein unmittelbares Rechtsverhältnis. Der Leistungsträger erbringt seine geschuldete Leistung aufgrund des Vertrages mit dem Pauschalreiseveranstalter. Das Reisebüro hingegen handelt auf Veranlassung des Reiseveranstalters als Verpflichtung aus dem Agenturvertrag. Mithin wird durch den Abschluss der Einzelverträge mit den Leistungsträgern und dem Abschluss des Handelsvertretervertrages mit dem Reisebüro im Falle von Pauschalreisen kein eigenes schuldrechtliches Verhältnis zwischen Reisebüro und Leistungsträger begründet.

2.4. Das Rechtsverhältnis zwischen dem Reisebüro[337] und dem Reisenden[338]

Sofern das Reisebüro, wie im Falle von Pauschalreisen, Leistungen eines Dritten (Veranstalter) vermittelt, kommt es zwischen dem Reisebüro und dem Reisenden zu einem reinen (Reise)Vermittlungsvertrag. Dieser stellt nach der h.M. einen entgeltlichen Geschäftsbesorgungsvertrag i.S.v. § 675 BGB dar[339]. Die Reisebüros erbringen somit keine eigene Reiseleistung, sondern sind im Rahmen ihrer Vermittlertätigkeit lediglich zu einer ordentlichen Vermittlungstätigkeit verpflichtet. In Konsequenz kann also ein Reisebüro nicht bei mangelhafter Erbringung der Reiseleistung in Anspruch genommen werden[340]. Denkbar ist jedoch ein Anspruch auf Schadenersatz wegen Schlechterfüllung des Geschäftsbesorgungsvertrages, so z.B. durch schlechte oder fehlende Beratung[341]. Die Ansprüche aus der Haftung des Veranstalters

---

[335] BGHZ 62, S. 71; BGHZ 82, S. 219; BGH in NJW 1988, S. 488

[336] Staudinger-Schwerdtner, § 651a, Rn. 35

[337] Derjenige, der die vom Reiseveranstalter zusammengestellte Pauschalreise verkauft oder zum Verkauf anbietet. Das Reisebüro ist streng vom Reiseveranstalter zu unterscheiden, denn es erbringt keine eigene Leistung, sondern vermittelt nur fremde Reiseleistungen (vgl. Giemulla/ Schmid/ van Schyndel, S. 83).

[338] "Reisender" ist der Vertragspartner des Reiseveranstalters, der im eigenen Namen für sich oder/ und andere eine Reise bucht. Die europäische Richtlinie hingegen spricht vom "Verbraucher" als die Person, die die Pauschalreise bucht oder zu buchen sich verpflichtet (vgl. MüKo-Tonner, Vor. § 651a, Rn. 13).

[339] LG Ffm. in NJW-RR 96, S. 889;

[340] LG Mü I in MDR 84, S. 492

[341] Tempel in NJW 1996, S. 1625, ders. in NJW 1999, S. 3660

nach den § 651a ff. BGB und die des Reisebüros wegen Schlechterfüllung des Geschäftsbesorgungsvertrages schließen sich dabei aber nicht aus[342].
Ein Anspruch eigener Art besteht nur dann , wenn das Reisebüro nicht nur als Vermittler sondern auch als Erfüllungsgehilfe des Veranstalters eingeschaltet wurde[343].
Im Ergebnis kann der Reisende daher keine Ansprüche aus den §§ 651a-l gegen den Vermittler geltend machen, das Reisevertragsrecht des BGB findet somit hier keine Anwendung.

2.5. Das Rechtsverhältnis zwischen dem Reisenden und den Leistungsträgern

Von erheblicher praktischer Bedeutung ist die Frage, ob der Reisende direkte Ansprüche gegen den Leistungsträger aus dessen Vertrag mit dem Reiseveranstalter geltend machen kann. Würde man die Vertragsbeziehungen zwischen dem Reiseveranstalter und dem Leistungsträger isoliert betrachten, wäre dem Reisenden, dem etwa der Rücktransport verweigert wird, nicht zu helfen.
Bei der Pauschalflugreise steht der Reisende zu denjenigen, die die einzelnen Reiseleistungen erbringen, grundsätzlich zunächst einmal in keinen vertraglichen Beziehungen. Dies ergibt sich für den Luftfrachtführer bei Flugpauschalreisen auch aus einem Rückschluss aus den Pauschalflugreisebestimmungen[344], die insoweit vorschreiben, daß das Beförderungsunternehmen einen Beförderungsvertrag mit dem Charterer, also dem Pauschalreiseunternehmen, schließen muß. Im Gegensatz zu den Linienfluggesellschaften, die selbst oder durch Reisebüros ihre Flugscheine verkaufen, stehen die Charterfluggesellschaften somit nicht in einem direkten, unmittelbaren Vertragsverhältnis zu den Reisenden. Somit scheidet eine Haftung nach den spezialgesetzlichen Vorschriften (so im Luftverkehrsrecht nach dem Luftverkehrsgesetz § 44 LuftVG und den internationalen Haftungsabkommen) aus, da zwischen dem Reisenden und dem Leistungsträger kein direktes Vertragsverhältnis (Beförderungsvertrag) besteht.
Die einzelnen Leistungsträger haften dem Reisenden daher allenfalls nach deutschem Deliktsrecht (§§ 823ff. BGB), wenn auf den jeweiligen Schadensfall deutsches (Delikts-) Recht anwendbar ist[345].

---

342 BGHZ 82, S. 219

343 Palandt-Sprau, Einf. zu § 651a, Rn. 4

344 sie haben Richtliniencharakter und sind Bestandteil des Verwaltungsaktes "Aus- und Einflugerlaubnis"; abgedruckt bei Klein Bd. I, C 17

345 das ist gem. Art. 40 Abs I S.1 EGBGB stets dann der Fall, wenn der Ersatzpflichtige die unerlaubte Handlung innerhalb der Bundesrepublik Deutschland begangen hat.

2.6. Das Rechtsverhältnis zwischen dem Reiseveranstalter und dem Reisenden

Bis zum Beginn der 70er Jahre wurde hinsichtlich der Reisebuchungs- und Reisedurchführungspraxis die Rechtsauffassung vertreten, der Reiseveranstalter vermittele lediglich die Leistungen zwischen dem Reisenden und den Leistungträgern[346], so daß zwischen den beiden letztgenannten ein direkter Vertragsschluß zustande kam. Der Pauschalreisevertrag wurde daher überwiegend als Maklervertrag[347]und später als Geschäftsbesorgungsvertrag gemäß § 675 BGB (der eine Unterart des Werkvertrages darstellt, auf den die Vorschriften der §§ 631ff. BGB analoge Anwendung finden) bewertet[348].
Die Ursache für die damalige Rechtsauffassung, die eine Vermittlerposition des Veranstalters annahm, lag in der seinerzeit von den Reiseveranstaltern stets verwendeten Vermittlerklausel, mit deren Hilfe seitens der Veranstalter versucht wurde, die Verantwortung für die ordnungsgemäße Erbringung der versprochenen Reiseleistung auszuschließen[349]. Dadurch sollte die Gewährleistungsverpflichtung der Veranstalter nur auf eine einwandfreie Vermittlungstätigkeit, nicht aber auf die ordnungsgemäße Erbringung der einzelnen Reiseleistungen begrenzt werden[350]. Auch die Verträge zwischen den Luftfahrtunternehmen und den Reiseveranstaltern, Charterverträge genannt, enthielten eine sog. "agency clause"[351], nach der der Chartervertrag sowohl im eigenen Namen des Charterers (Reiseveranstalters) als auch für die einzelnen beförderten Fluggäste geschlossen wurde[352]. Konsequenz dieser Klauseln war, daß der Reisende, wenn er eine Pauschalreise buchte, durch die lediglich vermittelnde Person des Reiseveranstalters mit sämtlichen Leistungsträgern Einzelverträge abgeschlossen hatte.
Eine derartige Rechtsfolge war aber weder sinnvoll, noch im Interesse des Reisenden. Im Falle von Leistungsstörungen mußte er nämlich selbst gegen den zumeist ausländischen Leistungsträger zur Rechtsverfolgung und Anspruchrealisierung vorgehen. Dies beinhaltete aber nicht nur einen erhöhten Zeitaufwand, sondern barg für den Reisenden insbesondere das Risiko, sich in einer ausländischen Rechtsmaterie vor fremden Gerichten behaupten zu müssen.
Aus diesem Grunde wandelte sich die vorgenannte Rechtsauffassung zu Beginn der 70er Jahre. So lehnte der Bundesgerichtshof in seiner

[346] Schwenk in ZLW 1974, S. 103ff.
[347] KG Berlin, Urt. V. 12.7.1971 (10 U 212/ 71), in MDR 1971, 1007
[348] Führich, S. 16, Rn. 24; Klatt, Rtour, Gruppe 30 Rn. 2
[349] Löwe, S. 2
[350] BT/Drucks. 8/ 786, S. 10, Tempel in NJW 1999, S. 3657ff.
[351] Sundberg, S. 359, sog. "Agenturklausel"
[352] Schwenk, S. 463; BGH in VI ZR 45, S. 67 in ZLW 1970, S. 204 f.

"Ferienhausentscheidung"[353]die Annahme einer Vermittlerposition des Reiseveranstalters ab, indem er ausführte, es komme allein darauf an, wie das jeweilige Reiseunternehmen aus der Sicht des Reisenden auftrete. Der BGH stellte dabei entscheidend auf die Vorstellung des Reisenden ab, mit wem dieser in Vertragsbeziehungen zu treten glaube und wer ihm gegenüber zur Erbringung der Reiseleistung verpflichtet sei. Wende sich der Reisende nämlich an ein Reiseunternehmen, so werde dieses vom Durchschnittskunden als Vertragspartner und damit als zur Erfüllung der vereinbarten Leistung verpflichteter Partner angesehen[354], da der Reisende in der Regel weder die zwischen dem Veranstalter und den Leistungsträgern zugrundeliegenden Verträge kenne, noch deren rechtliche Konstruktion durchschaue.
Für das Gebiet der Luftbeförderung führte der BGH die "Ferienhausentscheidung" fort und stellte fest, daß bei Pauschalreisen nicht die Fluggesellschaft, sondern das Reiseunternehmen Vertragspartner des Reisenden wird[355].
Damit war die bis zu diesem Zeitpunkt verwendete Vermittlerklausel obsolet geworden.
Die Einführung der Vorschriften über den Reisevertrag[356] normierten in der Folgezeit die vertraglichen Verpflichtungen des Reiseveranstalters gesetzlich. Danach wird der Veranstalter gem. § 651 a I BGB durch den Abschluss eines Reisevertrages verpflichtet, dem Reisenden selbst eine Gesamtheit von Reiseleistungen zu erbringen. Konsequenz hieraus ist, daß der Veranstalter dem Reisenden die Gesamtheit der Reiseleistungen schuldet, wozu auch die Erbringung der Flugtransportleistung zählt. Eine reine Vermittlungsposition des Veranstalters zwischen dem Reisenden und dem Luftfahrtunternehmen im Rahmen eines Reisevertrages scheidet somit aus[357].
Daneben haftet der Veranstalter im Falle der Flugpauschalreise dem Reisenden als "vertraglicher" Luftfrachtführer nur wenn die Voraussetzungen des § 49a LuftVG oder der Art. 17 ff. WA i.V.m. dem ZAG[358] gegeben sind. Dann ist die Fluggesellschaft nämlich nicht mehr allein Erfüllungsgehilfe der Reiseunternehmen i.S.v. § 278 BGB, sondern haftet auch selbst und zwar als "ausführender" Luftfrachtführer (gesamtschuldnerisch)[359].

---

[353] BGHZ 61, S. 275, in NJW 1974, S. 37

[354] Schoner, S. 262

[355] BGH, in NJW 1974, S. 1046

[356] zunächst die §§ 651a-k BGB

[357] so auch Gansfort, Diss. S. 12 ff.

[358] zukünftig in § 39f. MÜ geregelt

[359] MüKo-Tonner, Vor. § 651a, Rn. 14; LG Ffm., in NJW 1980, S. 1230; BGH, in NJW 1983, S. 448; Ruhwedel, in TranspR 2001, S. 200

2.7. Die Rechtsverhältnisse zwischen den Parteien beim Code-Sharing zweier Airlines im Rahmen eines Pauschalreisevertrages (sog. "Leistungsviereck")

Sofern der tatsächliche Flugdienst von einem Code-Sharing-Partner durchgeführt wird, tritt zu dem üblichen Leistungsdreieck Reisender – Veranstalter – Fluggesellschaft eine vierte Partei, der Code-Sharing-Partner hinzu. Man kann in diesem Fall also von einem "Leistungsviereck" sprechen. Die einzelnen Leistungsbeziehungen sind in diesem Fall verschiedener Rechtsnatur:
Zwischen dem Charterflugunternehmen und dem Allianz-Partner, der den Flugdienst physisch durchführt, besteht der sog. "Code-Sharing-Vertrag[360]" in der Rechtsform eines Werkvertrages i.S.d. §§ 631ff. BGB[361]
Daneben besteht zwischen der Fluggesellschaft und dem Reiseveranstalter der "Chartervertrag" als eine Form des Werkvertrages i.S.v. § 631ff. BGB.
Zwischen dem Pauschalreiseveranstalter und dem Reisenden besteht der "Reisevertrag" i.S.v. § 651a BGB, der u.a. auch einen Luftbeförderungsvertrag als Einzelvertrag enthält, da der Veranstalter bei Flugpauschalreisen zugleich auch vertraglicher Luftfrachführer ist[362].

2.8. Ergebnis: Der Haftungsgegner des Reisenden nach dem Reiserecht der §§ 651 a - l BGB

Somit haftet dem Reisenden nach den soeben aufgezeigten Rechtsverhältnissen der an einer Pauschalreise beteiligten Parteien bei Flugpauschalreisen stets nur der Reiseveranstalter nach den Vorschriften der § 651a-l BGB, die Grundlage der Prüfung dieses Kapitels sind.
Im folgenden wird daher zu prüfen sein, inwieweit dem Reisenden bei Unkenntnis darüber, daß die Luftbeförderung als Bestandteil der Pauschalreise auf einer Code-Sharing-Vereinbarung zweier oder mehrer Fluggesellschaften beruht, Ansprüche gegen den Reiseveranstalter nach den Gewährleistungsvorschriften des Reisevertragsrechtes des BGB zustehen.

---

[360] Muster Code-Sharing-Vertrag siehe III. Teil dieser Arbeit
[361] vgl. Kapitel 3. in Teil III dieser Arbeit
[362] vgl. 4. Kapitel in diesem Teil der Arbeit

3. Die vertragliche Einstandspflicht des Reiseveranstalters aus dem Reisevertrag bei Code-Sharing-Flügen

3.1. Vorüberlegung: Die Kriterien des Reisenden bei der Wahl der Fluggesellschaft

Wesentliches Merkmal des Code-Sharing ist, daß eine Beförderungsleistung auch unter dem Namen eines Luftverkehrsunternehmens angeboten wird, welches selbst diese Leistung nicht erbringt, d.h., weder das Fluggerät noch das Personal für den angebotenen Flug stellt. Es wird vielmehr Fluggerät und Personal einer anderen Fluggesellschaft eingesetzt. D.h., wer Airline "X" bucht, fliegt heute nicht selten mit Partnercarrier "Y". Für den Passagier sind die Symbiosen im Rahmen von Code-Sharing-Vereinbarungen oftmals einfach nur verwirrend und Mogelpackungen. Daneben aber sind die paktierenden Airlines vor allem längst nicht in allen Fällen gleichwertig. Tag für Tag ärgern sich Passagiere weltweit über die Tücken der im Luftverkehr zunehmend präsenten Code-Sharing-Zusammenschlüsse, die den verbündeten Airlines die Möglichkeit geben, Flüge unter gemeinsamer Flugnummer durchzuführen, was die Kunden aber immer öfter in die Irre führt[363]. Die Angebotsform des Code-Sharing birgt damit die Gefahr, daß Kunden vor und beim Kauf über den tatsächlichen "Produzenten" der Leistung nicht informiert werden und dies erst bei Antritt der Flugreise feststellen.
Somit ist zunächst darzulegen, wie bedeutsam eine zutreffende Angabe der den Kunden befördernden Fluggesellschaft und eine möglichst vollständige Information über den eigentlichen Flug sind und inwiefern diese Bedeutung durch Code-Sharing eingeschränkt werden kann.
Im folgenden will der Verfasser daher erörtern, welche Bedeutung es für den Flugreisenden hat, zu wissen, welche Gesellschaft den von ihm gebuchten Flug tatsächlich durchführt. Dazu werden die Beweggründe eines Reisenden untersucht, die dazu führen, das Pauschalarrangement eines Reiseveranstalters unter dem Gesichtspunkt einer bestimmten von diesem genutzten Airline zu buchen. So bieten die meisten Veranstalter heute ein Bündel von Fluggesellschaften als Luftfrachtführer an[364]. Auch wenn der Reisende zumeist auf den ersten Blick nicht feststellen kann, welcher Carrier gerade die von ihm gewählte Pauschalreise durchführt, so sind ihm doch in der Regel durch den Kataloghinweis die in Frage kommenden Flugunternehmen bekannt. Hat nun eine dieser Fluggesellschaften ihrerseits für bestimmte Routen Code-Sharing-Vereinbarungen getroffen, so ist diese packtierende Gesellschaft für den

---

[363] Touristik Report 21/ 1997, S. 82

[364] siehe die Ausführungen dazu unter Kapitel 6.3.2.1. in diesem Teil der Arbeit

Reisenden nicht erkennbar. Er geht daher davon aus, daß nur eine der explizit aufgeführten Unternehmen auch tatsächlich den Flugdienst durchführt[365].

3.1.1. Sicherheit der Gesellschaft und des Fluggerätes

Das Sicherheitsbedürfnis der Urlauber ist im Unterschied zu anderen Dienstleistungsprodukten beim Luftverkehr naturgemäß am stärksten ausgeprägt. Man darf davon ausgehen, daß die meisten Flugpauschalreisenden heute aufgrund intensiver Verbraucheraufklärung und einschlägiger Berichte in den Medien wissen, daß längst nicht alle Luftverkehrsgesellschaften gleich zuverlässig sind. Viele Nachfrager von Flugreisen bilden sich deshalb –bewußt oder unbewußt- eine individuelle Vorstellung über die technische Zuverlässigkeit einer Airline. Deswegen steht bei der Wahl der Fluggesellschaft im Rahmen einer Pauschalflugreise beim Reisenden auch wesentlich der Sicherheitsaspekt im Vordergrund. Mit dem Markennamen verbinden sie oft ein bestimmtes subjektives Sicherheitsgefühl, das für die erlebte Qualität der gesamten Reise eine bedeutende Rolle spielen kann. Ein Passagier, der deshalb beispielsweise bei der Deutschen Lufthansa AG bucht, entscheidet sich auch bewußt für diese Fluggesellschaft, weil er hier einen besonders hohen Sicherheitsstandard erwartet[366]. Ob er diesen Standard auch von den Code-Sharing-Partner-Gesellschaften der ursprünglich gewählten Fluggesellschaft erwarten kann, wird der Passagier nicht beurteilen können, wenn er bei Buchung der Reise nicht darüber aufgeklärt wird, daß ein Code-Sharing-Partner den Flugdienst durchführt. Dieses Bewußtsein hat sich beim Verbraucher spätestens seit dem Absturz der Birgen Air Maschine vor der Küste Amerikas herausgebildet[367]. Auch in jüngster Vergangenheit wurden Reisende bei der Wahl ihrer Fluggesellschaft immer wieder durch spektakuläre Unfälle verunsichert. So verunglückte am 31.10.1999 Ortszeit vor der Ostküste der USA eine Boeing 767 der Egypt Air -Flug 990-, auf ihrem Flug von L.A. nach Kairo. Keiner der 199 Passagiere und der 15 köpfige Crew überlebten das Unglück.

Das Sicherheitsbedürfnis des Verbrauchers bezieht sich aber nicht nur auf die gründliche technische Überwachung der Flugzeuge, sondern daneben auch auf die sorgfältige und ständig überwachte Ausbildung der Besatzungsmitglieder und des Personals. Da die modernen Flugzeuggenerationen zunehmend mit hochkomplizierten elektronischen Bordinstrumenten ausgerüstet sind, sind an die Aus- und Weiterbildung dabei noch höhere Anforderungen zu stellen[368].

---

[365] so auch im Falle des Code-Sharing der Aero Lloyd GmbH & Co. KG mit der israelischen Chartergesellschaft ICS

[366] Thomas, S. 152

[367] am 07.02.1996 stürzte Flug ALW vor der Küste der Dom. Republik kurz nach dem Start ins Meer. Es starben 189 Passagiere darunter allein 165 deutsche Urlauber.

[368] Schmid, S. 1637

Gelegentlich werden infolge erheblicher Sparmaßnahmen auch die notwendigen Wartungs- und Instandhaltungsintervalle der Flugzeuge hinausgeschoben oder gar nicht ausgeführt. Dies geschieht alles vor dem Hintergrund, daß oftmals wirtschaftliche Kalkulation bzw. Profitdenken zu Lasten der Sicherheit gehen und mithin die häufigste Ursache von Flugunfällen sind. Es kann daher nicht verwundern, wenn die Reisenden zunehmend für sich eine eigene Bewertung der einzelnen Unternehmen vornehmen und hiernach gezielt ihre Auswahl bei der Buchung der Reise treffen[369].

Die mögliche Spannweite des Sicherheits- und Qualitätsstandards zwischen inländischen und manchen ausländischen Fluggesellschaften erklärt sich unter anderem auch mit den unterschiedlichen gesetzlichen Anforderungen an die Verkehrssicherheit der Flugzeuge und die Qualifikation der Piloten, sowie der unterschiedlich strengen Handhabung dieser Bestimmungen in den einzelnen Ländern. Hierbei unterliegen z.B. ausländische Unternehmen nicht der Verkehrszulassung nach § 2 LuftVG und brauchen den Widerruf der Streckengenehmigung nach § 20 Abs. II LuftVG, etwa wegen des mangelnden Zustandes der Maschinen, der Übermüdung von Flugpersonal oder der generellen Unzuverlässigkeit der Unternehmensleitung schon aus Gründen der tatsächlichen Kontrollierbarkeit weniger zu fürchten, als vergleichsweise die deutschen Gesellschaften[370].

Das Sicherheitsdenken des Verbrauchers ist daneben noch in eine weitere Richtung geprägt. Zum einen bucht er eine Reise mit einer ganz bestimmten Gesellschaft, von der er positiv weiß, daß sie alle erforderlichen sicherheitsrelevanten Aspekte eines Fluges hinreichend beachtet. Desweiteren macht er seine Buchung der Pauschalflugreise aber auch davon abhängig, über welches besonders zuverlässige Fluggerät der Anbieter verfügt. Dabei trifft er die letztere Wahl weniger, weil er die Sicherheit mit dem Namen der Gesellschaft, sondern speziell mit diesem Flugzeugtyp verbindet. So kann der Urlauber gerade im Hinblick auf einen bestimmten Flugzeugtyp nicht an der Nutzung interessiert sein, wenn dieser häufig von Unfällen heimgesucht wurde. Nach Ansicht des Verfassers bietet der Betrieb eines drei- oder vierstrahligen Flugzeuges -insbesondere im Transatlantikverkehr- deutlich mehr Sicherheit, als ein Flugzeug mit nur zwei Triebwerken. Hier kann der Ausfall eines Tiebwerks bedeuten, daß z.B. innerhalb bestimmter Höchstflugzeiten Ausweichflughäfen nicht mehr erreichbar sind, was somit eine unverantwortbare Risikoerhöhung darstellt. Noch zwingender wird diese Folgerung, wenn statt eines angekündigten modernen Airbus eine alte Tupolev den Flugdienst übernimmt. Daneben gibt es durchaus Reisende, die den Flug mit einem Strahlflugzeug einer Propellermaschine vorziehen[371]. So war es als Anfang der 70er Jahre die

[369] Schmid, S. 1637
[370] Uibel, S. 297
[371] so insbesondere Wilken/ Beyhoff/ Ehmer, S. 3ff.

deutsche Charterfluggesellschaft Condor Flugdienst GmbH als bisher einziges Unternehmen zwei Jumbo 747 Jets einsetzte, ein starkes Werbeargument für diejenigen Reiseveranstalter, die Condor unter Vertrag genommen hatten. Gerade das aber veranlaßte viele Reiseveanstalter zu entsprechenden Werbeaussagen in ihren Katalogen und Prospekten, die den Einsatz gut beleumundeter Flugesellschaften hervorheben.

3.1.2. Spezifische Gefahr terroristischer Anschläge

Der Reisende muß auch bei einer bekanntermaßen zuverlässigen und sicheren Fluggesellschaft die Gelegenheit haben, zu erkennen, ob diese mehr oder weniger konkret von terroristischen Anschlägen bedroht ist[372].
So war z.B. seinerzeit die amerikanische Gesellschaft PanAm mit Sicherheit eine zuverlässige Gesellschaft, dennoch konnte ein Passagier nach Ansicht von Schmid[373], der sich der Verfasser anschließt, mit Recht Bedenken haben, damit zu fliegen, war sie doch als Quasi Staats-Carrier der US-Regierung mehr als ein bevorzugtes Objekt terroristischer Bedrohung[374]. Diese Gefahr hat sich im seinerzeitigen Lockerby- Absturz manifestiert und wird zuletzt durch den wohl spektakulärsten Terrorakt der Geschichte, die gezielte Lenkung zweier American Airlines Maschinen in das World Trade Center in New York am 11.09.2001, bestätigt.

3.1.3. Abfertigung der Passagiere

Für den Flugreisenden spielt die Kenntnis der seinen Flug durchführenden Fluggesellschaft aber auch bei der Reisedurchführung eine wichtige praktische Rolle. Die Kenntnis des Markennamens der jeweiligen Airline ist im allgemeinen erforderlich, um sich am Flughafen zurecht zu finden. So ist auf internationalen Flughäfen mit mehreren Terminals dieser Name im allgemeinen notwendig, um den richtigen Terminal zu finden. Innerhalb von Terminalgebäuden dient der Namenszug bzw. das Markenzeichen ("Logo") der Gesellschaft vielfach dazu, Check-In-Schalter und Abflugsteige zu finden. Diese Bedeutung hat der Markenname vor allem bei Umsteigevorgängen. Hierbei kommt oft hinzu, daß das Umsteigen an Großflughäfen Urlaubsreisenden nicht vertraut ist.
Ein weniger bedeutsamer, aber nicht zu unterschätzender Aspekt für die Auswahl einer Gesellschaft bildet auch die Abfertigung (sog. "Handling") der Passagiere. Hierunter fallen alle vor Abflug am Flughafen durchzuführenden notwendigen Tätigkeiten. Gerade bei Code-Sharing-Flügen kommt es

---

[372] Uibel, S. 297
[373] Schmid, S. 1637
[374] Schmid, S. 1637

regelmäßig vor, daß die Passagiere durch die paktierende Gesellschaft abgefertigt werden. Hier kann es insbesondere zu Verzögerungen wegen der unterschiedlichen Standorte der Gesellschaften am Flughafen kommen, oder auch, weil vielfach der Service der Mitarbeiter der Gesellschaften unterschiedlich ausfällt.
Viele paktierende Airlines können daneben schon ein gemeinsames Einchecken am Flughafenschalter nicht gewährleisten, selbst wenn sie dies durch zusätzliche Hinweise wie z.B.: "wir bieten ein nahtloses Produkt" vollmundig propagieren.

3.1.4. Service und Komfort an Bord

Der Markenname steht bei den Nachfragern aber vor allem für das allgemeine Service-Niveau, das zu erwarten ist, wenn sie sich für eine bestimmte Fluggesellschaft entscheiden. Die Bildung solcher Markenwerte und eines beim Kunden verankerten Markenbewußtseins sind permanentes Ziel der Marketing-Aktivitäten von Fluggesellschaften. Die Unternehmen sind ständig bemüht, sich von Wettbewerbern zu unterscheiden und so die individuellen Präferenzen von Kunden und Kundengruppen besser anzusprechen. Hierzu entwickeln sie unterschiedlichste Maßnahmen zur Produktdifferenzierung. Nachdem bei den Kunden aufgrund der oft umfangreichen Produktdifferenzierungsmaßnahmen Markenbewußtsein gebildet wurde, dürfen diese verständlicherweise auch eine entsprechende Markenleistung erwarten. Die Produktdifferenzierung und das daraus folgende "Image" eines Anbieters führen vielfach auch zu einer preislichen Differenzierung. So können Gesellschaften, deren Markennamen mit einem hohen Leistungsniveau gleichgesetzt werden, am Markt vielfach auch höhere Flugpreise verlangen. Wenn ein Kunde einen bestimmten Flug bucht, ist davon auszugehen, daß er die praktische Umsetzung bzw. Einlösung eines Leistungsversprechens erwartet, welches eine große Zahl von Fluggesellschaften durch ihre Produktentdifferenzierung und Werbung über Jahre bewußt entwickelt haben.
Denn längst nicht immer ist der tatsächliche Bordservice der Allianzpartner vergleichbar. Er kann zum Beispiel qualitativ schlechter sein, weil das Essen vergleichsweise negativer ausfällt. Daneben kommt es häufig vor, daß das Personal die deutsche Sprache nicht spricht, was nicht selten die Passagiere erheblich verärgert. Denn ein deutscher Pauschalreisender will i.d.R. in seiner Landessprache angesprochen werden.
Unter Flugkomfort versteht der Reisende auch insbesondere solche Kriterien, die mit der Bequemlichkeit auf der Reise zu tun haben (so z.B. der Sitzabstand zum Vordermann oder die Multifunktionalität und Bequemlichkeit des Sitzes) und unmittelbar mit der Fluggesellschaft, von der man ausgeht, sie führe den Flug

auch tatsächlich durch, verbunden werden[375]. Bucht z.B. jemand einen internationalen Flug, der eine Code-Sharing-Weiterbeförderung innerhalb des Ziellandes mittels einer kleinen Zubringermaschine vorsieht, so sind die Qualitätsunterschiede auf der Inlandsstrecke im Vergleich zum vorangehenden Flug erheblich.

3.2. Der Zeitpunkt des Vertragsschlusses als Voraussetzung für die Anwendbarkeit der reisevertraglichen Gewährleistungsvorschriften

Der Vertragsabschluss im Reisevertragsrecht stellt nach h..M.[376] eine zeitliche Zäsur dar, nach der die Gewährleistung des Veranstalters für etwaige Reisemängel ausschließlich nach den Vorschriften der §§ 651a ff. BGB zu behandeln ist. Fraglich ist aber, welcher Zeitpunkt genau mit dem Vertragsabschluss im Reiserecht zu verbinden ist.
Ein Vertrag entsteht durch Angebot und Annahme i.S.d. §§ 145 ff. BGB. Wo der Jurist von Vertragsschluss spricht, ist im Reisebüro bekanntermaßen von Buchung die Rede. Die beiden Begriffe sind jedoch nicht völlig gleichbedeutend. Das Zustandekommen des Reisevertrages ist in Ziffer 1 der Konditionenempfehlung des Deutschen Reisebüroverbandes e.V. (DRV) näher spezifiziert[377]. Diese sind die Reaktion des DRV auf eine Vielzahl verschiedener Reisebedingungen der einzelnen Pauschalreiseveranstalter. Dadurch sah sich der Deutschen Reisebüroverband e.V. erstmalig 1976 und zuletzt 1994 veranlaßt, eine Empfehlung an seine Mitglieder für einheitliche allgemeine Reisebedingungen (sog. "ARB")[378] zu publizieren.
Danach liegt die Angebotserklärung zum Vertragsabschluss in der Buchung, d.h., ab diesem Augenblick besteht eine Bindungswirkung zu Lasten des Kunden. Auf die Form der Buchung kommt es insoweit nicht an. Sie kann sowohl schriftlich als auch mündlich/ telefonisch erfolgen.
Nach der Konditionenempfehlung wollen sich die Pauschalreiseveranstalter vorbehalten, eine Annahmeerklärung erst durch Übersendung einer sog. "Reisebestätigung" abzugeben. Fallen Buchung und Reisebestätigung zeitgleich zusammen, weil etwa schon bei der Buchung durch das Reisebüro im Computerreservierungssystem (CRS) eine sofortige Bestätigung erfolgt, so liegt der Vertagsabschluss mit dem Veranstalter bereits im Zeitpunkt der Bestätigung durch das Reservierungssystem.

---

[375] so im Ergebnis auch Soames, S. 31, 33
[376] BGHZ 85, S. 301ff.; BGHZ 97, S. 255; Soergel-Mühl, § 651c, Rn. 1 m.w.N.
[377] neueste Version abgedruckt in BAnZ 1994, Nr. 120 v. 30.06.1994
[378] es handelt es sich um Konditionenempfehlungen i.S.v. § 9 Abs. V i.V.m. §§ 2 Abs. II, 1 GWB, die als zulässige Empfehlungen i.S.v. § 81 Abs. V S.1 GWB beim Bundeskartellamt angemeldet sind.

Fallen hingegen Reisebuchung und -bestätigung zeitlich auseinander, so wäre Folge der Konditionenregelung, daß allein in der Buchung durch den Reisenden noch kein Vertragsschluss zu sehen ist. Es handelte sich vielmehr lediglich um eine Angebotserklärung i.S.v. § 145 BGB. Der Vertragsschluss kommt daher nach der h.M. mithin erst durch die Annahmeerklärung des Reiseveranstalters in Form der Reisebestätigung wirksam zustande[379].
Bei einer solchen Lösung ergeben sich jedoch Probleme gleich in mehrfacher Hinsicht.
Fraglich ist zunächst, innerhalb welcher Frist die Reisebestätigung durch den Veranstalter zu erfolgen hat. Die Konditionenempfehlungen sagen dazu nichts. Mithin gilt die gesetzliche Zwei-Wochen-Frist des § 147 Abs. II BGB mit der Folge, daß der Reisende nach Fristablauf nicht mehr an seine Buchung gebunden wäre. Selbst wenn die Reisebedingungen, abweichend von den Konditionenempfehlungen, eine Frist enthalten, so ist diese wegen des AGB-Charakters der ARB an § 10 AGBG zu messen. Danach dürfte die vertraglich vereinbarte Frist nicht unangemessen lang oder unbestimmt sein, was wiederrum zur Anwendung des § 147 Abs. II BGB führt und infolgedessen erneut zur Zwei Wochen-Frist.
Etwas anderes könnte sich hingegen für den Fall ergeben, daß man den Prospekt des Veranstalters als Angebot i.S.v. § 145 BGB auslegt, und somit der Reisevertrag bereits schon bei Buchung der Reiseleistung zustande kommen würde.
In der Ausgabe von Katalogen jedweder Art ist nach h.M.[380] grundsätzlich noch kein Angebot zu sehen. Es handele sich vielmehr nur um eine reine "invitatio ad offerendum", ähnlich wie auch bei der Auslage von Ware in Selbstbedienungsläden und Schaufenstern. Diese Auffassung führt im Ergebnis dazu, daß das Angebot im rechtlichen Sinne und das Angebot im wirtschaftlichen Sinne auseinanderfallen.
Jedoch dürfen bei der Beurteilung der rechtlichen Qualität des Reisekataloges zwei Aspekte nicht außer acht gelassen werden.
Zum einen läßt sich im Allgemeinen der bereits für den modernen Selbstbedienungshandel entwickelte Gedanke[381], es handele sich in der Regalauslage in Geschäften um ein bindendes Angebot, auf das Katalogangebot jedweder Branche übertragen, da der Katalog gleichsam die Verkörperung des verkauften Gutes, speziell der Reise, ist. Dem kann nach Ansicht von Tonner, der sich der Verfasser anschließt, auch nicht entgegengehalten werden, daß dadurch der Reiseveranstalter nicht mehr frei in seiner Annahmeentscheidung

[379] MüKo-Tonner § 651a, Rn. 34 m.w.N.
[380] MüKo-Tonner § 651a, Rn. 35; Staudinger-Schwerdtner § 651a, Rn. 40; Führich, Rn. 107; AG Frankfurt, FVE ZivR Nr. 274 (1980)
[381] MüKo-Tonner, § 145, Rn. 8; Erman-Hefermehl, § 145, Rn. 10

sei, denn einer solchen kann durch eine entsprechende Vorbehaltsklausel zugunsten des Veranstalters begegnet werden[382].
Zum anderen ist, im besonderen bei Pauschalreisekatalogen, seit dem Inkrafttreten der Verordnung über die Informationspflichten von Reiseveranstaltern (InfVO) vom November 1994[383] nach § 1 Abs. 1 S. 2 InfVO der Kataloginhalt nunmehr bindend. Die Vertragsschlussregeln der Konditionenempfehlung des DRV können somit nach dieser Gesetzesänderung in der bisherigen Form nicht mehr verwendet werden. Damit erst die Buchungserklärung des Reisenden zum Vertragsangebot wird, müßte die Verbindlichkeit des Reisekatalogs durch eine Erklärung beseitigt werden. Dies stünde jedoch im Widerspruch zu § 1 Abs. 1 S. 2 InfVO, wonach der Katalog ja gerade bindend ist[384]. Diese Norm hat daher zur Folge, daß der bisherigen h.M. der Boden entzogen wird, und mithin in der Buchung des Reisenden bereits die Annahme eines den Veranstalter bindenden Angebotes i.S.v. 145 BGB zu sehen ist[385].
Zusammenfassend läßt sich somit festhalten, daß der Zeitpunkt des Vertragsschlusses bereits im Zeitpunkt der Buchung liegt. Deswegen kommen schon ab Buchung der Reise die besonderen Gewährleistungsvorschriften des Reisevertragsrechtes zur Anwendung.

3.3. Anwendbarkeit der speziellen Gewährleistungsvorschriften des Reisevertragsrechts (§§ 651c ff. BGB) auf Code-Sharing-Flüge

3.3.1. Vorbemerkung zum Gang der Untersuchung

Hat der Reisende eine Pauschalflugreise mit einer bestimmten Airline gebucht, führt dann aber ein Code-Sharing-Partner dieser Airline die reisevertraglich geschuldeten Flüge durch, so können sich dadurch nicht unerhebliche reiserechtliche Gewährleistungsprobleme ergeben. Denn Leistungsstörungen im Bereich der Flugbeförderung unterscheiden sich von solchen bei den übrigen Reiseleistungen dadurch, daß nicht nur monetäre Schäden drohen, sondern unter Umständen das Leben des Reisenden betroffen ist[386]. Im nachfolgenden Abschnitt wird daher zu prüfen sein, inwieweit es sich bei Code-Sharing-Flügen um einen Reisemangel i.S.d. speziellen Gewährleistungsvorschriften des Reiserechts handelt.

---

[382] MüKo-Tonner, § 651a Rn. 34
[383] BGBl. 1994 I, S. 3436
[384] MüKo-Tonner, § 651a Rn. 40, Noll, S. 42
[385] so auch MüKo-Tonner, § 651a, Rn. 33 ff.
[386] Schmid, S. 1644

Die §§ 651 c-g BGB enthalten eine in sich geschlossene abschließende Regelung im Rahmen des Reisevertragsrechts[387]. Dabei stellt § 651c BGB die grundlegende Norm des reiserechtlichen Gewährleistungsrechts dar. Die Vorschrift ist damit Grundlage für die Gewährleistungsrechte der §§ 651d - 651f BGB. Inhaltlich ist die Vorschrift dem § 633 BGB nachgebildet, was insbesondere durch den geschuldeten mangelfreien Erfolg zum Ausdruck kommt. Insoweit stellt die Mangelfreiheit der Reise eine Erfüllungspflicht des Veranstalters dar[388]. Daneben enthält § 651 Abs. III BGB eine speziell auf das Reiserecht zugeschnittene Regelung, die dem Reisenden ein selbständiges Abhilferecht zuspricht.

§ 651c BGB begründet die typische gewährleistungsrechtliche Einstandspflicht. Der Reiseveranstalter haftet unabhängig vom Verschulden für den Reiseerfolg und trägt damit grundsätzlich die Gefahr des Gelingens[389]. Die in diesem Fall sehr ausgedehnte Haftungsreichweite ergibt sich insbesondere aus dem Umstand, daß nur der Veranstalter für die wesentlichen Möglichkeiten zur konkreten Ausgestaltung der Reise, sowie der Auswahl von Zielen und Leistungsträgern zuständig ist. Der Reisende selbst hat keine Möglichkeit, die einzelnen Reiseleistungen im Voraus zu beeinflussen. Daneben hat er nur eine sehr beschränkte Produktprüfungsmöglichkeit, da ihm einzig der Prospekt bzw. die individuellen Auskünfte und Zusagen des Veranstalters oder seiner Reisemittler zur Verfügung stehen. Der Reisende ist folglich, noch mehr als im Kauf- oder Werkvertragsrecht, schützenswert. Daher bezieht sich die Einstandspflicht des Pauschalreiseveranstalters auch auf die Reise als Gesamtheit der einzelnen miteinander verbundenen Reiseleistungen, die nicht als eine bloße Aneinanderreihung von Einzelteilen ohne konkreten Bezug aufeinander, sondern vielmehr als eine verschmolzene Einheit, gesehen werden müssen[390].

Im Rahmen einer Pauschalreise trifft den Reiseveranstalter die Pflicht zur Leistungsbestimmung[391]. Hat der Veranstalter sich nicht zu der den Flug durchführenden Gesellschaft geäußert, so genügt er daher seiner Verpflichtung aus dem Reisevertrag, wenn er zum vorgesehenen Zeitpunkt der Beförderung eine Gesellschaft nach billigem Ermessen bestimmt hat (§ 315 Abs. I BGB) und diese dem Reisenden anbietet[392]. Etwas anderes könnte sich aber für den Fall ergeben, daß mit dem Veranstalter bzgl. der Airline eine irgendwie geartete Vereinbarung getroffen wurde

[387] Palandt-Sprau, Vor. § 651 c-g, Rn. 1

[388] BGHZ 97, S. 255; Staudinger-Schwerdtner, § 651c, Rn. 1; Führich Rn. 184

[389] BGHZ 85, S. 50 in NJW 1986, S. 1748

[390] MüKo-Tonner, § 651c, Rn. 5

[391] Palandt-Heinrichs, § 315, Rn 9f.

[392] Schwenk, S. 484

Deswegen wird der Verfasser zunächst die einzelnen Formen herausarbeiten, mit denen der Veranstalter die Möglichkeit hat, die von ihm angebotenen Reisen zu beschreiben und dem Reisenden Angaben zum Produkt zu machen. Hierunter fallen neben dem Prospekt die individuellen mündlichen oder schriftlichen Angaben von Veranstalter und Reisemittler (Reisebüro). Im Anschluss wird zu prüfen sein, wann es sich bei Code-Sharing um eine für die Gewährleistung aus dem Reisevertrag relevante Abweichung i.S. v. § 651c Abs. I BGB handelt, die die Rechtsfolgen der §§ 651 d-f BGB auslöst.

3.3.2. Beschreibungsmöglichkeiten des Produktes "Reise"

Der Veranstalter hat mehrere Möglichkeiten, seine Reiseangebote dem Kunden zu beschreiben. Die sicherlich gängigste und in der Praxis häufigste Form ist der Reiseprospekt des jeweiligen Unternehmens. Daneben besteht aber auch die Möglichkeit, durch individuelle Absprachen die Einzelmerkmale einer Reise festzulegen.

3.3.2.1. Beschreibung der Reise in Katalogen und Prospekten

Für die Bestimmung des Umfangs der Reiseleistung ist der Inhalt des Kataloges von entscheidender Bedeutung.
Mithin stellt sich vorab die Frage, inwieweit Veranstalter in ihren Katalogen überhaupt konkrete Angaben zur eingesetzten Fluggesellschaft und/ oder zum Fluggerät machen.
Der Verfasser hat daher eine Auswahl der derzeit gültigen Reisekataloge dahingehend geprüft, ob und vor allem wie der Veranstalter in diesen Angaben zur Fluggesellschaft und/ oder zum Fluggerät macht. Nachfolgend soll hierüber ein nicht zwingend repräsentativer Überblick über Katalogbeschreibungen namhafter deutscher Reiseveranstalter im Programm Winter 1999/ 2000 hinsichtlich der Angaben zu den Flugleistungen gegeben werden:

- Die Reisegesellschaft FTI Touristik benennt in ihrem Katalog ausdrücklich die von ihr genutzten Fluggesellschaften und Flugzeugtypen. Der Katalog bildet neben den eingesetzten Gesellschaften auch das verwendete Fluggerät ab und beschreibt sogar ausdrücklich die Flugzeugtypen. So heißt es: "Unsere Fluggesellschaft flyFTI. Beginnen Sie Ihre Ferien mit der Zuverlässigkeit einer deutschen Airline....."[393].
- Die TUI spricht ausdrücklich eine "Garantie" aus, in der es heißt: "TUI garantiert nur mit ausgewählten Fluggesellschaften". Darüber hinaus heißt es im Fließtext: "Alle von uns ausgewählten Fluggesellschaften müssen unseren sehr hohen Anforderungen an Sicherheit und Wartung entsprechen. Das

---

[393] FTI Touristik, Prospekt Nov. 1999 – Apr. 2000, S. 210

geben wir Ihnen auf Wunsch auch mit Brief und Siegel." Im Preisteil wird noch einmal ausführlich dargestellt, nach welchen Kriterien sich TUI die jeweiligen Verkehrsträger aussucht. Ferner wird im Preisteil des Kataloges die jeweilige Fluggesellschaft mit Airline- Designator- Code genau bezeichnet[394].

- ITS Flugreisen formuliert: ".... fliegen wir von allen wichtigen Flughäfen ausschließlich mit renommierten Fluggesellschaften."[395] Im Preisteil bezeichnet das Unternehmen ausdrücklich die genutzten Gesellschaften sowie Flotte/ Flugzeugtyp.[396]
- Neckermann Reisen gibt im Prospekt selbst keine Angaben zur eingesetzten Airline. Jedoch ist auf vielen Seiten ganzseitig und gut sichtbar ein Flugzeug der Condor Flugdienst GmbH abgebildet. Im Preisteil schließlich formuliert das Reiseunternehmen: "An unsere Flugpartner stellen wir höchste Ansprüche. Schließlich wollen wir, daß Sie sicher und komfortabel ans Ziel kommen. Daher arbeiten wir nur mit renommierten Fluggesellschaften wie z.B. Condor, Hapag Lloyd, Aero Lloyd, Air Berlin oder Eurowings zusammen. Hervorragender Service gehört bei uns zum Standard."[397]
- Die Gesellschaft Smile & Fly, eine Tochter der LTT Gruppe, benennt eine Gesellschaft mit der sie "meistens" fliegt. Im Katalog mit großem Farbbild einer Maschine der Fluggesellschaft LTU GmbH & Co. KG heißt es: "Mit Sicherheit fliegen wir Sie nur mit renommierten Fluggesellschaften in Ihren wohlverdienten Urlaub. Dabei fliegt meist die LTU für Sie."[398]
- Alltours Flugreisen benennt unter der Überschrift "Zuverlässig fliegen" ausdrücklich die genutzten Airlines: "Urlaubsqualität beginnt mit dem Flug. Deshalb setzt Alltours auf so bewährte deutsche Gesellschaften wie Condor, aber auch Aero Lloyd, Hapag Lloyd, Eurowings und Air Berlin. Wo immer Sie starten –wir bringen Sie sicher ans Ziel."[399]

Zusammenfassend läßt sich daher festhalten, daß die meisten Veranstalter mindestens zur eingesetzten Airline, teilweise auch zum eingesetzten Fluggerät in den Prospekten klare Angaben machen. Soweit daher Uibl behauptet, der Reisende erfahre bei Abschluß des Reisevertrages nichts über die Wahl des Luftfrachtführers[400], ist dies zumindest stets dann falsch, wenn die Kataloge entsprechende Angaben enthalten.

---

[394] TUI, Prospekt Nov. 1999 – Apr. 2000, S. 5; Preisteil, S. 7ff.
[395] ITS, Prospekt Nov. 1999 – Apr. 2000, S. 4
[396] ITS, Prospekt Nov. 1999 – Apr. 2000, Preisteil, S. 13
[397] Neckermann Reisen, Prospekt Winter 1999/ 2000, Preisteil, S. 3
[398] Smile & Fly, Katalog Winter 1999/ 2000, S. 11
[399] Alltours Flugreisen, Prospekt Winter 1999/ 2000, S. 4
[400] Uibl, S. 297

Stellt sich nunmehr die Frage, ob diese Angaben den Veranstalter rechtlich binden können, denn nur dann können (Negativ-)Abweichungen in Form von Gewährleistungsrechten zugunsten des Reisenden geltend gemacht werden.

3.3.2.1.1. Bindungswirkung von Angaben in Prospekten und Katalogen zu Lasten des Reiseveranstalters

Ursprünglich kam es für die Beurteilung der Frage, ob eine Katalog- bzw. Prospektangabe den Veranstalter überhaupt rechtlich bindet, darauf an, inwieweit der Verbraucher die Angaben im Katalog tatsächlich zur Kenntnis nahm[401].
Durch die Einführung der "Verordnung über die Informationspflichten von Reiseveranstaltern (Info.VO)[402]" hat sich die bisherige Rechtslage zugunsten des Reisenden dahingehend verändert, daß nunmehr alle Informationen in Prospekten und Katalogen (sog. Leistungsbeschreibungen) den Pauschalreiseveranstalter binden. Auf die Einsichtnahme des Reisenden und der tatsächlichen Kenntnisnahme der einzelnen Merkmale der gebuchten Reise kommt es daher für die Prüfung eines Reisemangels nicht mehr an. Mithin ist es nunmehr für die Bindungswirkung der Katalogangaben zu Lasten des Veranstalters unerheblich, ob der Reisende auch tatsächlich in die Kataloge Einsicht nimmt und die Reisebeschreibungen aufmerksam durchliest[403].
Nach wie vor ohne jede Bindungswirkung sind dagegen bloße reklamehafte Anpreisungen, die der Prospekt neben den eigentlichen Reisebeschreibungen enthält. Sie begründen keine Haftung, denn durch ihren schwachen Aussageinhalt enthalten sie neben der Werbewirkung keinen sachlichen Kern[404]. Sie sollen vielmehr den Kunden nur anlocken, indem sie eine vielfach geschönte Sprache verwenden[405].
Jedoch ist der Grat, der zwischen Einstandspflicht begründender Beschreibung und Werbeaussage liegt, nur sehr schmal. So können auch durchaus reklamehafte Anpreisungen einen haftungsbegründenden Kern haben. Da es sich aber bei den Katalogangaben nach h.M. um Allgemeine Geschäftsbedingungen (AGB) handelt[406], gehen gem. § 5 des Gesetzes zur Regelung des Rechts der Allgemeinen Geschäftsbedingungen (AGBG) Unklarheiten grundsätzlich zu Lasten des Veranstalters. Denn der Reisende muß in seinem Vertrauen auf die

---

[401] MüKo-Tonner, § 651c Rn. 18
[402] BGBl. 1994, S. 3436
[403] LG Ffm. in NJW-RR 1986, S. 145
[404] Tempel in NJW 1996, S. 1629; Führich, Rn. 528
[405] so z.B. bei Katalogaussagen wie "Traumurlaub" oder auch "kilometerlange Sandstrände"
[406] MüKo-Tonner § 651c Rn. 11 m.w.N.; Erman-Hefermehl § 8 AGBG Rn. 2, 3; AG Berlin Schöneberg, S. 104

einzige für ihn zugänglich Informationsquelle -den Reisekatalog- ausreichend geschützt werden.

3.3.2.1.1.1. Zeitpunkt und Rechtsnatur der Informationspflichten nach der InfoVO[407] in Katalogen und Prospekten des Veranstalters

Die Verordnung kennt zwei Kategorien von Informationspflichten, wobei sich seinerzeit der deutsche Verordnungsgeber beim Rechtsakt in der Umsetzung des supranationalen Rechts auf das Wesentliche und Unerläßliche beschränkt hat.
Es handelt sich zum einen um "vorvertragliche Pflichten" und zum anderen um "vertragliche Pflichten"[408].
Die "vorvertraglichen Pflichten" gliedern sich in Katalogpflichtangaben nach §§ 1, 2 InfVO und die bei Buchung fälligen Angaben. Die "vertraglichen Pflichten" hingegen unterteilen sich nach §§ 3,4, InfoVO in Informationspflichten bei Buchung (§ 3 InfoVO) und Pflichtangaben vor Reisebeginn (§ 4 InfoVO).
Mithin ist die Pflicht des Reiseveranstalters, Informationen zu erteilen, auf vier verschiedene Zeitpunkte verteilt, nämlich der Zeitpunkt der Prospektgestaltung und -erstellung, der des Beratungsgespräches im Reisebüro/ beim Vermittler, der Moment des Vertragsschlusses sowie den Pflichten bei Übersendung der Reiseunterlagen vor Reisebeginn[409].
Nach § 1 Abs. I S. 2 InfoVO sind die in dem Prospekt enthaltenen Angaben für den Reiseveranstalter bindend. Insoweit besitzen diese Katalogpflichtangaben eine vertragsrechtliche Qualität, denn sie werden als Prospektangaben Vertragsinhalt und bestimmen somit die vertragliche Leistungspflicht des Veranstalters[410].
Bislang war der Katalog nur ergänzend zur übrigen Leistungsbeschreibung heranzuziehen, d.h., durch Angaben in der Buchung und in der Reisebestätigung konnte sich der Veranstalter über die Katalog- und Prospektangaben hinwegsetzen. Dies ist nach § 1 Abs. III S.1. InfoVO nur noch dann möglich, wenn der Katalog einen sog. Änderungsvorbehalt enthält, und der Veranstalter diese Bindung durch einseitige Erklärung der Leistungsänderung vor der Buchung beseitigt. Andernfalls bleiben die Katalogangaben bindend[411]. Auch hier ist für die Entscheidung, was Vertragsinhalt geworden ist, die Frage, in welchem Zeitpunkt man den Reisevertag als geschlossen ansieht, entscheidend. Geht man mit der nach Ansicht des Verfassers überholten h.M. in der Literatur[412] davon aus, daß Zeitpunkt des Vertragsangebotes erst die Buchung durch den

[407] BGBl. 1994, S. 3436f.
[408] MüKo-Tonner, Vor. § 1 InfVO, Rn. 9f.
[409] Tempel in NJW 1996, S. 1628
[410] Palandt-Sprau, Anh. zu §§ 651a – l, Rn. 2
[411] MüKo-Tonner, Vor. § 1 InfoVO, Rn. 13; Palandt-Sprau, Anh. zu §§ 651a – l, Rn. 3
[412] Führich, Rn. 107; Tempel in NJW 1996, S. 1628; Bidinger/ Müller, in RRa, S. 49

Reisenden ist, so würde sich der späteste Zeitpunkt der möglichen Änderungserklärung zu Lasten des Reisenden zeitlich verschieben und läge nach dieser Ansicht erst in der Annahme der Buchung durch die Reisebestätigung des Veranstalters.
Die h.M. in der Literatur ist nach Ansicht des Verfassers aber abzulehnen, weil dadurch die Bindungswirkung des § 1 Abs. I S. 2 InfoVO unzulässigerweise ausgehöhlt wird. Denn nach dieser Vorschrift sind schon die Katalogangaben für den Pauschalreiseveranstalter verbindlich[413].

3.3.2.1.1.2. Inhalt der Informationspflichten nach der InfoVO.

Damit stellt sich die Frage, ob die namentliche Nennung der Fluggesellschaft und des Flugzeugtyps durch die InfoVO. zukünftig zwingend erforderlich ist.
§ 1 der InfoVO. setzt Artikel 3 der Richtlinie EU- 90/ 314 um, indem er für Prospektangaben -Reisepreis und Reisemerkmale- Mindesterfordernisse aufstellt.
Aus der Aufzählung in § 1 InfoVO ergeben sich die Essentialia des Reisevertrages, die für den Abschluss mithin wesentlich sind. Nach § 1 Abs. I S. 1 lit. b) InfoVO hat der Veranstalter insbesondere dem Reisenden das Transportmittel (Merkmale und Klasse) mitzuteilen.
Inwieweit darunter auch die namentliche Nennung der tatsächlich durchführenden Fluggesellschaft fällt, ist dem Inhalt der Vorschrift nicht zu entnehmen. Bei den Erläuterungen "Merkmale" und "Klasse" handelt es sich insoweit um sog. "unbestimmte Rechtsbegriffe".
Selbstverständlich muß ein Reiseveranstalter unter dem Punkt "Transportmittel" angeben, ob die Reise mit dem Flugzeug, der Bahn oder dem Bus durchgeführt wird. Weniger selbstverständlich ist aber die Auslegung des Begriffes "Merkmal", insbesondere ob darunter auch die namentliche Nennung der Fluggesellschaft zu verstehen ist. Zu dieser Frage liegen bis heute noch keine höchstrichterlich judizierten Beispiele vor, die eine Zuordnung erleichtern würden. Der Begründung des Verordnungsgebers und der Beschlußempfehlung des Rechtsausschusses ist wenigstens zu entnehmen, daß eine Angabe der Herstellerbezeichnung des Flugzeugs, sowie die Nennung des eingesetzten Flugzeugtyps nicht erforderlich sind[414].
Eine Meinung in der Literatur lehnt die Nennung des Unternehmensnames als notwendigen Vertragsinhalt ab[415]. Demgegenüber ergibt sich die Notwendigkeit der Nennung der Fluggesellschaft nach einer anderen Ansicht in der Literatur[416], der sich auch der Verfasser anschließt, aus dem Vergleich zu den anderen in der

[413] so im Ergebnis auch Tonner in MüKo, Vor. § 1 InfoVO., Rn. 14/ 15
[414] Begründung der BT-Drucks. 12/ 5354, S. 17; BT-Drucks. 12/ 7013, S. 9
[415] Tempel in NJW 1996, S. 1629
[416] MüKo-Tonner, § 1 InfoVO, Rn 6

InfoVO. enthaltenen Informationspflichten: Sind z.B. Angaben über die Mahlzeiten sowie über die Kategorie, Komfort und Hauptmerkmale der Unterbringung geschuldet, so kann nichts anderes für die Transportleistung gelten. Ein solches Ergebnis ist insbesondere vor dem Hintergrund der Werthaltigkeit der Reise sinnvoll. Denn der Reisende bestimmt den Wert einer Reise unter anderem auch nach Service und den Sicherheitsstandards im Rahmen der Beförderung[417].

3.3.2.1.1.3. Zwischenergebnis

Es bleibt daher als Zwischenergebnis festzuhalten, daß es im Bezug auf eine Pflicht zur namentlichen Aufnahme der Beförderungsunternehmen in den Reisekatalog des Veranstalters aufgrund der eingeführten InfVO. in der Literatur verschiedene Ansichten gibt. Der Verfasser schließt sich wegen der obigen Argumente der Ansicht von Tonner an, der sich für eine Verpflichtung zur Namensnennung durch den Veranstalter ausspricht. Mithin trifft den Veranstalter aufgrund der InfoVO. die Pflicht zur Mitteilung der jeweiligen Airline. Daneben wird der Veranstalter durch die Festlegung auch rechtlich gebunden. Diese Bindungswirkung sagt aber noch nichts darüber aus, inwieweit eine Abweichung einen "Fehler" oder das "Fehlen einer zugesicherten Eigenschaft" i.S.d. Gewährleistungsvorschriften des Reisevertragsrechts darstellt.

3.3.2.2. Beschreibung der Reise durch die Reisebestätigung des Veranstalters

Gem. § 3 InfoVO. hat der Veranstalter dem Reisenden unmittelbar bei Buchung oder aber unverzüglich im Anschluß an diese eine Reisebestätigung zukommen zu lassen, die den Mindestinhalt des § 2 Abs. I S.1 lit. b, c, d, e und g sowie darüber hinaus den enumerativen Katalog des § 3 Abs. II lit. a-i enthalten muß. Der Inhalt der Reisebestätigung wird Vertragsbestandteil des Reisevertrages zwischen Veranstalter und Reisendem. Hat der Veranstalter bis zur Bestätigung noch keine namentliche Aussage zur Airline, z.B. im Katalog, getroffen, so wird er dies spätestens jetzt nachholen, indem er dem Reisenden verbindlich Fluggesellschaft, -zeiten und -nummer mitteilt.

Vitt vertritt im Bezug auf die Flugnummer die Ansicht, sie sei nicht zur Festlegung auf eine bestimmte Airline brauchbar[418]. Dem widerspricht, nach Ansicht des Verfassers aber das Urteils des VG Köln[419] zum Code-Sharing der

[417] Tonner-Lindner, S. 249; im Ergebnis auch Führich in RRa 1996, S. 76ff.; Schmid, S. 1636ff.

[418] Vitt, S. 2917

[419] Beschluss vom 01.Okt. 1993, Az.: 1236/ 93, auszugsweise veröffentlicht in ZLW 3/ 1994,

holländischen Fluggesellschaft KLM mit der amerikanischen Northwest Airlines. Die Richter stellten nämlich in den Entscheidungsgründen ausdrücklich fest, daß die Flugnummer nicht nur von verwaltungsrechtlicher Bedeutung sei, sondern vielmehr für die Einhaltung der flugtechnischen und rechtlichen Bestimmungen stehe[420]. Demzufolge kommt m.E. der Flugnummer eine derart rechtliche Wirkung zu, daß ihre Nennung in den Buchungsunterlagen, Reisebestätigung und später auch im Ticket durchaus zur Bestimmung der den Flug durchführenden Gesellschaft heranzuziehen ist, mithin somit auch die Leistungspflicht des Reiseveranstalters konkretisiert.

3.3.2.3. Beschreibung der Reise durch individuelle Angaben

Gemäß § 4 AGBG haben individuelle Vertragsabreden zwischen den Parteien Vorrang vor den Allgemeinen Geschäftsbedingungen.
Daher gehen die individuellen Angaben bestimmter Reiseleistungen durch den Veranstalter regelmäßig den Angaben im Katalog vor. Sie sind jedoch in der Praxis weniger üblich[421].

3.3.2.3.1. Individuelle schriftliche Angaben des Veranstalters

Individuelle schriftliche Angaben des Reiseveranstalters über den Vertragsinhalt werden auch Inhalt des Reisevertrages, denn auch sie beschreiben die Reiseleistung.

3.3.2.3.2. Individuelle mündliche oder schriftliche Zusagen des vermittelnden Reisebüros

Fraglich ist jedoch, ob auch individuelle mündliche oder schriftliche Angaben des Vermittlers/ Reisebüros ohne entsprechende Angaben im Katalog oder vorherige Rücksprache mit dem Veranstalter als Merkmale des Reisevertrages anzusehen sind, und der Veranstalter hierdurch bei seiner konkreten Leistungserbringung gebunden wird. So ist es z.B. denkbar, daß im Rahmen der Buchung und des vorausgegangenen Beratungsgespräches im Reisebüro dem Kunden ausdrücklich eine besondere Fluggesellschaft als durchführende Airline genannt wird oder aber er trotz beim Mittler bekannter Code-Sharing-Flugverbindung hierüber nicht informiert wird.
Letztere Frage stellt sich besonders vor folgendem Hintergrund:
In den USA führte das DOT im Sommer 1994 Stichproben bei Reisebüros durch. Hierbei wurde festgestellt, daß in über 30% der Fälle keine Hinweise auf

S. 363ff.
420 VG Köln in ZLW 1994, S. 367
421 MüKo-Tonner, § 651c, Rn. 11

den Code-Sharing-Charakter, d.h., auf die flugdurchführende Gesellschaft bestimmter Flüge gegeben wurde[422].
In Europa stellte die britische Zivilluftfahrtbehörde im Dezember 1994 eine Untersuchung zu diesem Thema an. Ziel war es, festzustellen, ob das Reisebüropersonal den Reisenden richtig informiert. Dabei stellte sich heraus, daß bei 60% der befragten Büros keine korrekten Informationen über die eine Flugreise tatsächlich durchführende Gesellschaft gegeben wurden[423].
Auch die DLR führte 1995 eine Umfrage in 40 Reisebüros im Raum Köln/ Bonn/ Düsseldorf durch. Bei den Testgesprächen ergab sich in 80% der Fälle, daß über die den Flug tatsächlich durchführende Gesellschaft überhaupt nicht oder nur fehlerhaft informiert wurde[424].
Die Beurteilung der Bindungswirkung solcher (Nicht-)Aussagen ist umstritten. Einige Untergerichte lehnen sie grundsätzlich mit der Begründung ab, daß es der Rechtsnatur des Handelsvertretervertrages nach §§ 84ff. HGB widerspreche. Dieser enthalte keine Abschlussvollmacht zugunsten des Vermittlers, sondern beschränke sich lediglich auf die Vermittlung von Geschäften[425].
Das LG Frankfurt hingegen erachtet nur solche Aussagen des Reisebüros als verbindlich, die auf Anfrage oder entsprechend der Prospektbeschreibung erteilt werden[426].
Der BGH hat nach Ansicht des Verfassers aber zu Recht entschieden, daß Aussagen des Reisebüros den Veranstalter binden[427]. Das Risiko einer fehlerhaften Weiterleitung von Reiseinformationen trage der Veranstalter. Insoweit geht die Unkenntnis des Veranstalters über derartige Auskünfte zu Lasten seines Organisations- und Verantwortungsbereiches[428].
Im Ergebnis ist daher der Veranstalter an die (Nicht-)Aussagen des für ihn vermittelnden Reisebüros zu einer bestimmten Airline oder eines Flugzeugtyps im Rahmen seiner Pauschalreisearrangements gebunden.

3.3.2.4. Zwischenergebnis

Es ist sich daher festzuhalten, daß der Veranstalter sich sowohl durch die Angaben im Prospekt, als auch durch individuelle schriftliche oder mündliche Angaben zur Reise durch ihn oder den Reisemittler rechtlich bindet. Der Kunde

---

[422] DOT 68-94, Washington D.C., vom 05.05.1994
[423] ECAC Task Force on Code-Sharing, March 1995
[424] Wilken/ Beyhoff/ Ehmer, S. 90f.
[425] AG Ffm. in FVE ZivR Nr. 331 (1981); AG Ffm. in FVE ZivR Nr. 480 (1983)
[426] LG Ffm. in RRa 1994, S. 60
[427] BGHZ 82, S. 219
[428] im Ergebnis so auch Tonner in MüKo-Tonner § 651c, Rn. 23; ähnlich im Ergebnis auch Bartl, Rn. 193f.

darf daher auf alle Angaben zur Reise vertrauen, solange es sich nicht um reine Werbeslogans handelt.

3.3.3. Abweichungen von der Reisebeschreibung durch Code-Sharing-Flüge als "Fehler" oder "Fehlen einer zugesicherten Eigenschaft" i.S.v. § 651c Abs. I BGB

Die Einstandspflicht des Reiseveranstalters besteht für sog. "Reisemängel", wobei es für die Gewährleistung ohne Belang ist, ob der Mangel behoben werden kann oder nicht[429]. Somit kommt im Falle einer Code-Sharing-Beförderung überhaupt nur dann ein Anspruch des Reisenden nach den §§ 651a ff. BGB in Betracht, wenn der Einsatz einer anderen, vielleicht wenig(er) renommierten Airline oder eines Fluggerätes im Rahmen einer Code-Sharing-Vereinbarung unter den reiserechtlichen Mangelbegriff subsumiert werden kann[430].
Die Begriffe "zugesicherte Eigenschaft" und "Fehler" bilden dabei den Oberbegriff für Reisemängel. Dies ergibt sich als Rückschluss aus § 651d Abs. I BGB. Danach ist eine Reise mangelhaft, wenn ihr entweder eine zugesicherte Eigenschaft fehlt, oder aber sie mit Fehlern behaftet ist.
Damit hat der Gesetzgeber nicht nur an die Gewährleistungsvorschiften des Werkvertrags, sondern auch an die des Kauf- und Mietvertragsrechts (§§ 459, 537 BGB) angeknüpft. Der Vertragszweck wird hierbei in § 651c Abs. I BGB mit dem Begriff des "Nutzens" umschrieben[431].

3.3.3.1. Abweichungen von den Angaben zur Airline durch Code-Sharing-Flüge als "Fehler" i.S.v. § 651c Abs. I 2. Alt. BGB

Die Gesetzessystematik erfasst den Reisefehler erst als Reisemangel an zweiter Stelle.
Es ist aber nach Ansicht des Verfassers sinnvoller, wie auch im Kaufvertragsrecht, zunächst vom Begriff des "Fehlers" auszugehen und erst anschließend die zugesicherte Eigenschaft zu behandeln, auch wenn die Rechtsfolgenseite in beiden Fällen, anders als beim Kaufrecht, die Gleiche ist. Denn der Begriff der zugesicherten Eigenschaft stellt ein qualitatives Mehr durch den Veranstalter dar mit der Folge, daß die Einstandspflicht unabhängig von der Erheblichkeit des Reisemangels allein schon durch das Fehlen der zugesicherten Eigenschaft eintritt. Es ist daher m.E. notwendig, zunächst festzustellen, ob überhaupt in einer Angabe eine Leistungsbeschreibung liegt, die für den Fehlerbegriff ausschlaggebend ist. Erst im Anschluss ist zu überlegen,

---

[429] Grunewald, S. 1924ff.
[430] Schmid, S. 1637
[431] Jauernig-Teichmann, § 651c Anm. 2; Palandt-Sprau, § 651c, Rn. 1

inwieweit der Veranstalter durch eine besondere Form bei der Abgabe der Leistungsbeschreibung die Grenze zur zugesicherten Eigenschaft überschritten hat und deswegen unabhängig von der Erheblichkeit der Abweichung hierfür einstehen muß.
Im folgenden wird daher zuerst auf den Fehlerbegriff des § 651 Abs. I 2. Alt. BGB eingegangen. Dafür ist es zunächst erforderlich, den Fehlerbegriff zu definieren, um anschließend Code-Sharing darunter subsumieren zu können.

3.3.3.1.1. Definition des Fehlerbegriffs

Zur Definition des Reisefehlers gibt es verschiedene Ansichten. Aufgrund der Herkunft und Gemeinsamkeit des Reisevertragsrechts mit dem Kauf-, Werk- und Mietrecht liegt es auf der Hand, für den Begriff des Fehlers auf die Kommentierungen zu den genannten Vorschriften zurückzugreifen. Daraus geht hervor, daß beim Fehlerbegriff zwischen “weitem” und “engem Fehler”, bzw. “subjektivem” und “objektivem Fehler” zu unterscheiden ist.

3.3.3.1.1.1. “enger” Fehlerbegriff

Zunächst besteht Streit über die Ausweitung des Fehlerbegriffes, d.h. inwieweit für die Annahme einer Gewährleistung auf die Beeinträchtigung der ganzen Reise oder nur auf Einzelleistungen abgestellt werden muß.
Die Vertreter des sog. “engen Fehlerbegriffes” knüpfen bei der Beurteilung der Frage, ob es sich um einen Reisefehler handelt, allein an die Fehlerhaftigkeit der einzelnen Reiseleistungen an und berücksichtigen hierbei nur Umstände, die vom Veranstalter beherrschbar sind[432]. Die Fehlerhaftigkeit der Leistung wird daher stets dann bejaht, wenn sie für den Veranstalter vermeidbar war.
Dieser Fehlerbegriff wird von Teilen der Literatur und vom BGH, deren Ansicht der Verfasser sich anschließt, abgelehnt[433]. Als Begründung wird angeführt, daß durch die Art der Beurteilung Gesichtspunkte des Verschuldens in die Entscheidung einfließen, die in der Konzeption des Gewährleistungsrechtes keinen Raum haben, denn es handele sich bei diesen Vorschriften gerade um eine verschuldensunabhängige Einstandspflicht des Veranstalters. Die Mängelhaftung des Gewährleistungsrechtes bedeuted nämlich Erfolgshaftung und muß somit frei von Verschuldenselementen bleiben. Es kann daher nicht darauf ankommen, ob der Veranstalter die Fehlerhaftigkeit zu vertreten hat[434].
Dafür spricht nach Ansicht des Verfassers auch der Umkehrschluß aus der verschuldensabhängigen Haftung auf Schadensersatz nach § 651f BGB. Denn

[432] Tempel in NJW 1985, S. 97; LG Ffm. in NJW 1983, S. 2264; OLG Ffm. in NJW-RR 1988, S. 1328
[433] BGH in NJW 1983, S. 33; BGH in NJW 1986, S. 1768; Führich, Rn. 205; Schmid, S. 1639
[434] Führich, Rn. 205

für den Fall, daß das gesamte Gewährleistungsrecht verschuldensabhängig wäre, hätte der Gesetzgeber das Verschuldenselement seinerzeit nicht ausdrücklich als Tatbestandsvoraussetzung in § 651f BGB einfügen müssen. Die Lehre vom sog. "engen Fehlerbegriff" ist im Reiserecht daher abzulehnen.

3.3.3.1.1.2. "weiter" Fehlerbegriff

Anknüpfungspunkt für die Fehlerhaftigkeit einer Reise ist nach der h.M., der sich der Verfasser anschließt, vielmehr der weite Fehlerbegriff, der bei der Beurteilung von der Gesamtreiseleistung ausgeht. Als Begründung für diese weite Auslegung wird angeführt, daß es sich bei der Pauschalreise nicht um eine Aneinanderreihung von Einzelleistungen, sondern vielmehr um ein Leistungsbündel handele, für dessen Erfolg der Veranstalter einzustehen habe.
Grundlage für die Beurteilung der Fehlerhaftigkeit einer Reise ist daher das gesamte Leistungsbündel, daß der Veranstalter aus dem Reisevertrag dem Reisenden schuldet. Ihn trifft somit eine Einstandspflicht für die gesamte Reise und nicht etwa nur für bestimmte Einzelleistungen[435].
Daneben besteht Streit, inwieweit für den Fehlerbegriff des Reiserechts der "objektive" oder "subjektive" Fehlerbegriff maßgeblich ist.

3.3.3.1.1.3. "objektiver Fehlerbegriff"

Ein objektiver Fehler liegt vor, wenn die tatsächliche Beschaffenheit der Sache ungünstig von der gewöhnlichen oder üblichen Beschaffenheit abweicht[436].
Hierbei ist auf die objektive Beschaffenheit der Reiseleistung abzustellen, die nach dem gewöhnlichen Nutzen der Reise zu bestimmen ist. Hierbei ist insbesondere auf die objektiven Durchschnittsanforderungen bzw. auf die Erwartungen eines Durchschnittsreisenden abzustellen[437]. Es kommt mithin nur auf das objektive Erscheinungsbild der Reise und nicht auf das zwischen den Parteien konkret vereinbarte an. Würde man daher den Reisefehler alleinig unter objektiven Gesichtspunkten subsumieren, so käme man für den Fall des Code-Sharing zweier Fluggesellschaften zu dem Ergebnis, daß objektiv Flugbeförderung geschuldet wird und diese Flugbeförderung zweifelsfrei auch objektiv durch den Code-Sharing-Partner gewährleistet werden kann. Ein Reisefehler wäre daher unter alleiniger Zugrundelegung des objektiven Fehlerbegriffes abzulehen.

---

[435] BGHZ 97, S: 255; BGHZ 100, S. 157; Führich in DB 1988, S. 2137
[436] MüKo-Tonner § 651c, Rn. 8
[437] OLG Düsseldorf in NJW-RR 1986, S. 880, LG Ffm. in NJW-RR 1986, S. 1173; Tempel in NJW 1985, S. 97; Staudinger-Schwerdtner § 651c, Rn. 54

3.3.3.1.1.4. "subjektiver Fehlerbegriff"

Ein subjektiver Fehler hingegen liegt stets dann vor, wenn die Reise von der vertraglich vereinbarten Beschaffenheit abweicht, und dadurch ihr Wert oder ihre Tauglichkeit zum vertraglich vorausgesetzten Nutzen aufgehoben oder gemindert ist.
Mithin muß die Ist-Beschaffenheit von der Soll-Beschaffenheit der Reise abweichen, mit dem Ergebnis, daß unter den subjektiven Fehlerbegriff, anders als beim objektiven Fehlerbegriff, sowohl qualitativ wie auch quantitativ schlechtere Reiseleistungen subsumiert werden können. Dies hätte zur Folge, daß für den Fall einer Code-Sharing-Flugverbindung auch qualitative Merkmale der Code-Sharing- Airline unter Berücksichtigung der Vereinbarung der Parteien zugrunde zu legen sind, so daß Code-Sharing als Fehler einer Reise denkbar wäre. Fraglich ist daher, welcher Fehlerbegriff beim Reiserecht zur Anwendung kommen sollte.

3.3.3.1.1.5. "subjektiv-objektiver" Fehlerbegriff

Beim Reiserecht spricht sich ein Teil der Lehre für die ausschließliche Anwendung des subjektiven Fehlerbegriffes aus[438].
Die einseitige Heraushebung des subjektiven Fehlerbegriffes durch Teile der Literatur ist aber angesichts der modernen Industrieproduktion und des Warenabsatzes nach Ansicht des Verfassers fragwürdig. Denn beim Kauf bezieht sich die Vereinbarung in der Regel auf ein serienmäßig gefertigtes Produkt, so daß zumeist sehr wenig für eine individualisierende Verabredung übrig bleibt. Ähnlich gelagert sind auch die Fälle der "von der Stange weg" verkauften Pauschalreisen, bei denen der Veranstalter seine Einzelleistungen einkauft, bündelt und als Fertigprodukt an den Markt bringt[439]. Dies sollte jedoch nicht dazu führen, die Reise als eine Gattungschuld zu bezeichnen, mit der Folge, daß der Veranstalter unter anderem dazu verpflichtet ist, nur ein Produkt mittlerer Art und Güte i.S.v. § 243 BGB bereit zu stellen[440]. Dieser Ansicht kann nicht gefolgt werden, denn jede Reise, sei sie auch noch so standardisiert, wird zumindest durch das Reisedatum individualisiert.
Deshalb ist es hier m.E. zutreffender, auf einen subjektiv–objektiven Fehlerbegriff abzustellen. Denn was der Reisende bei Vertragsabschluß von der Reise und ihren Einzelheiten erfährt, ist nur ein ganz kleiner, vom Anbieter ausgewählter Ausschnitt aus der Wirklichkeit. Der Kunde kann sich daher – anders als beim Kauf- den Vetragsgegenstand nicht einmal ansehen und damit keine konkrete Vorstellung gewinnen. Von einer Beschaffenheitsvereinbarung

[438] Löwe, Rn. 5; Staudinger-Schwerdtner § 651c, Rn. 15 m.w.N.
[439] so auch MüKo-Tonner & 651c Rn. 9
[440] so zuletzt Wolther in MüKo-Wolther Voraufl. zu § 651c

kann mithin nur in soweit die Rede sein, als die Beschreibungen der Reise im Katalog und aufgrund sonstiger Äußerungen des Veranstalters oder seiner Mittler Vertragsinhalt werden. Gerade in diesem Zusammenhang kommt nun der subjektive Fehlerbegriff zur Anwendung. Da es sich insbesondere bei den Katalogangaben um Allgemeine Geschäftsbedingungen handelt, gehen eventuelle Unklarheiten nach § 5 AGBG zu Lasten des Verwenders, also des Veranstalters. Daneben ist weiterhin der objektive Fehlerbegriff zu beachten.

3.3.3.1.1.6. Zwischenergebnis

Es läßt sich daher folgendes Zwischenergebnis zusammenfassen:
Zur Beurteilung einer Code-Sharing-Vereinbarung als Reisefehler kommt es auf das zwischen den Parteien im Bezug auf die Gesellschaft und das Fluggerät konkret vertraglich Vereinbarte an.
Wurde diesbezüglich im Katalog oder auf sonstigem Wege nichts konkretes vereinbart, kommt es lediglich darauf an, ob eine geschuldete Beförderungsleistung in Form einer Luftbeförderung auch erbracht wurde (=objektive Theorie). Man wird dann wohl zu dem Ergebnis kommen müssen, daß der Veranstalter nur die Beförderungsleistung "Flug", wie auch immer geartet, schuldet. Für diesen Fall genügt es, wenn der Reisende unbeschadet ans Ziel gelangt. Er kann dann Argumente wie Sicherheit, Komfort etc. der Code-Sharing-Airline nicht als Begründung für einen Reisefehler ins Feld führen.
Anders verhält es sich aber immer dann, wenn der Veranstalter konkrete Angaben zu Produkt und Qualität des Luftfrachtführers macht (=subjektiv Theorie). Teilt also der Veranstalter im Katalog oder durch sonstige schriftliche oder mündliche Aussagen (Reisebestätigung, Reiseunterlagen etc.) dem Reisenden konkret die Airline und/ oder das Fluggerät mit, so handelt es sich bei jeder Abweichung hiervon um einen Reisefehler.

3.3.3.1.2. Erheblichkeit des Reisefehlers

3.3.3.1.2.1. Begriff der Erheblichkeit

Abweichungen allein reichen aber noch nicht aus, um als Reisender die Gewährleistungsrechte geltend machen zu können. Ein Fehler löst diese nämlich immer nur dann aus, wenn die Reise mit einer Abweichung behaftet ist, die den Wert oder die Tauglichkeit zu dem gewöhnlichen oder zu dem nach dem Vertrag vorausgesetzten Nutzen aufhebt oder mindert.
Ein Reisefehler ist daher stets unbeachtlich, wenn er unerheblich ist. Es handelt sich dann nur noch um eine sog. Unannehmlichkeit, die der Reisende zu dulden hat.

Zu prüfen ist deswegen, ob die durch eine Code-Sharing-Vereinbarung andere, als die in der Reisebeschreibung genannte Airline, einen erheblichen Reisefehler darstellt. Hierbei stellt sich schon die Frage, ob allein eine Abweichung bei der Beförderungsleistung ausreicht, um das Produkt "Pauschalreise" mangelhaft werden zu lassen. Stellt man dabei mit einem Teil der Literatur eine einzelleistungsbezogene Betrachtung an, wird man zu dem Ergebnis kommen, daß der Einzelleistung Transport kein Eigenwert zukommt[441]. Dies hätte zur Folge, daß eine negative Abweichung in der Transportleistung keine Gewährleistungsrechte begründen würde.
Stellt man hingegen mit der h.M. eine Gesamtbetrachtung des Produktes Pauschalreise an, wird man auch die Teilleistung Transport bei der Frage nach der Mangelhaftigkeit der Reise zu berücksichtigen haben. Dabei ist auf den Nutzen der Reise abzustellen.

3.3.3.1.2.2. subjektive Befindlichkeiten des Reisenden als erhebliche Reisefehler?

Stellt sich die für diesen Teil der Arbeit überaus bedeutsame Frage, inwieweit subjektive Befindlichkeiten des Reisenden im Bezug auf die vom Veranstalter gewählte Fluggesellschaft in die Beurteilung der Beachtlichkeit einzubeziehen sind. Bei den Vorstellungen und Erwartungen des Reisenden über die Qualität des Produktes Flug handelt es sich naturgemäß um subjektive Erwartungen, die nicht in jedem Fall objektiv nachvollziehbar sind. Es handelt sich dabei auch vielfach um Sachverhalte, die sich einer objektiven Bewertung entziehen. Reicht es demnach aus, wenn der Reisende aus individuell subjektiv geprägten Motiven eine Fluggesellschaft ablehnt? Oder bedarf es hierzu eines Kriterienkataloges, der außerhalb der subjektiven Empfindungen des Reisenden liegt?

3.3.3.1.2.2.1. Ansichten in der Literatur

Schmid ist der Ansicht, daß subjektive Empfindungen des Reisenden gleich welcher Art, wenn sie ihn zur Buchung einer Reise mit einer bestimmten Gesellschaft veranlasst haben, in die Betrachtung des Reisefehlers einzufliessen haben. Die Abweichung der Fluggesellschaft stelle keine bloße Unannehmlichkeit dar, die lediglich als unerheblicher Mangel eingeschätzt werden dürfe. Als Begründung führt er an, daß ein Mangel bei der Flugbeförderung nicht nur zu rein monetären Schäden führen könne, sondern insoweit das Leben des Reisenden auf dem Spiel stehe. Deswegen seien

[441] LG Ffm. in NJW-RR 1986, S. 216; LG Ffm. in VuR 1992, S. 100

subjektive Einschätzungen des Reisenden aller Art beachtlich und hoch zu bewerten[442].
Vitt hingegen lehnt die Einbeziehung subjektiver Befindlichkeiten des Reisenden ausdrücklich ab[443]. Subjektive Gefühle von Passagieren könnten auf keinen Fall ein geeignetes Kriterium zur rechtlich relevanten Bewertung von Flugsicherheit sein und dürfen. Denn wenn über schadensersatzbewehrte Ablehnungsrechte schon allein aus reinen Befindlichkeiten und fachlich unqualifizierter Beeinflussung durch die Presse eine wirtschaftliche Marktregulierung betrieben würde, wären nur schädliche Effekte zu befürchten.
Allgaier vertritt hingegen eine vermittelnde Meinung. Hiernach sollen bloße Schönheitsfehler wie Bordverpflegung oder bloßes Prestige einer Airline kein entschädigungspflichtiger materieller oder ideeller Wert sein, der Marktwert besitze. Anders verhalte es sich aber bei Komfort-, Zuverlässigkeits- und Sicherheitskriterien. Hierbei könne es sich durchaus um Aspekte handeln, die bei entsprechenden Mängeln dem objektiven und subjektiven Fehlerbegriff genügten[444].
Tonner vertritt schließlich unabhängig von der Frage nach den subjektiven Befindlichkeiten des Reisenden die Ansicht, daß sich Mängel in der Beförderung stets nur gering auf die Gesamtbewertung der Reise auswirken[445]. Dem ist jedoch mit Schmid entgegenzuhalten, daß es bei etwaigen Beförderungsmängeln, anders als bei Mängeln in der Unterkunft, im Flugreisebereich nicht nur um monetäre Ausgleichsleistungen geht, sondern vielmehr die Gesundheit und das Leben des Reisenden tangiert sein können.

3.3.3.1.2.2.2. Ansichten in der Rechtsprechung

Veröffentlichte Rechtsprechung hierzu liegt nicht vor. Man muß daher zunächst auf ähnliche Fälle abstellen.
Der BGH hat m.E. zu Recht ausgeführt, daß das Interesse des Fluggastes, der sich aus bestimmten Gründen für eine bestimmte Fluggesellschaft entschieden hat, zu berücksichtigen ist[446].
Die Untergerichte vertreten hierzu unterschiedliche Aufassungen. Das AG Ffm. hat entschieden, daß eine Flugbeförderung mittels Turbopropflugzeug anstatt Jet-Fluggerät keinen Fehler darstellt[447]. Das genaue Gegenteil entschied das LG Berlin[448]. Offen blieb jedoch in beiden Fällen, welchen Einfluß die

---

[442] Schmid, S. 1640
[443] Vitt, S. 2917;
[444] Allgaier, S. 207ff.
[445] MükO-Tonner § 651c, Rn. 42
[446] BGH in NJW 1983, S. 1324
[447] AG Ffm. Urt. V. 16.6.1983, Az. 30 C 10090/ 83, unveröffentlicht
[448] LG Berlin in RRa 1994, S. 101

Befindlichkeiten des Reisenden im Bezug auf die Fluggesellschaft bzw. das Fluggerät hatten.

3.3.3.1.2.2.3. Lösungsvorschlag des Verfassers

Auch den Vorschriften des Reisevertragsrechts selbst ist nichts zu der Frage zu entnehmen, inwieweit die rein in der Person des Reisenden liegenden subjektiven Aspekte sich auf den Fehlerbegriff auswirken.

Jedoch ergibt sich aus § 651e Abs. I S. 2 BGB ein außerordentliches Kündigungsrecht, wenn der Antritt der Reise für den Reisenden "unzumutbar" ist. Möglicherweise läßt sich hieraus ein allgemeiner Grundgedanke für das Reiserecht entwickeln, wonach für die Beurteilung der Fehlerhaftigkeit einer Reiseleistung auch auf Befindlichkeiten in und um die Person des Reisenden abzustellen ist.

Die Norm geht zurück auf § 17 Abs. I Ziff. 1 des Regierungsentwurfes. Danach sollte dem Reisenden über den Fall der nicht ordnungsgemäßen Leistungserbringung hinaus ein besonderes Kündigungsrecht für den Fall eröffnet werden, daß ihm die Durchführung der Reise aus einem wichtigen, dem Veranstalter erkennbaren Grund, nicht zuzumuten ist.

Nach Ansicht des Verfassers ist in § 651e Abs. I S. 2 BGB neben der besonderen Kündigungsregelung auch eine konkrete Auslegungsregel zu erblicken.

Grundsätzlich ist der Reisevertrag, wenn in ihm keine die Person des Reisenden betreffenden Vereinbarungen getroffen werden, objektiv auszulegen. § 651e Abs. I S. 2 BGB bringt aber darüber hinaus zum Ausdruck, daß dann, wenn wichtige subjektive Umstände des Reisenden für den Veranstalter (oder seinen Repräsentanten) erkennbar werden, diese Gegenstand des Vertrages werden und damit zur Einstandspflicht des Reiseveranstalters führen. Das darf allerdings nicht zu einer unbegrenzten Einstandspflicht des Veranstalters ausufern. D.h., nur dann, wenn besonders subjektive Befindlichkeiten des Kunden bei Vertragsschluß für den Veranstalter bzw. seine Mittler nicht erkennbar gewesen sind, trifft diesen/ diese keine Einstandspflicht für das Nichtvorhandensein.

Die Einbeziehung subjektiver Umstände des Reisenden in den Reisevertrag ist jedoch, da es sich um eine Ausnahme vom Prinzip der objektiven Behandlung des Reisevertrages handelt, an enge Voraussetzugen zu knüpfen:

Zum einen muß der subjektive Umstand für den Reiseveranstalter bzw. dessen Repräsentanten erkennbar sein. Das heißt aber nicht etwa schon, daß der Reisende den Wunsch ausdrücklich äußern muß, z.B. mit einer zuverlässigen Airline reisen zu wollen. Eine solche ausdrückliche Zusage würden die Grenzen zur zugesicherten Eigenschaft verwischen.

Zum anderen muß es sich, wie das Tatbestandsmerkmal des "wichtigen Grundes" deutlich macht, um einen bei einer Gesamtwürdigung unter

Zugrundelegung eines objektiven Bewertungsmaßstabes anerkennenswerten Umstand handeln.
Man wird daher eine erhebliche Abweichung stets dann bejahen können, wenn zwei Fluggesellschaften so wichtige Kriterien wie Sicherheit und Häufigkeit terroristischer Anschläge oder auch Komfort stark voneinander abweichen. Man müßte daher beispielsweise im Falle der Egypt Air Maschine, als Code-Sharing-Partner einer renommierten deutschen Ferienfluggesellschaft, dieser die Gleichwertigkeit absprechen und einen erheblichen Reisemangel bejahen.
Anders verhält es sich hingegen bei einer Code-Sharing-Vereinbarung zwischen zwei deutschen Fluggesellschaften. Daneben stellen Aspekte wie Bordservice, Abfertigung etc. bei der Bewertung eines Reisefehlers eine bloße Unannehmlichkeit dar. Ist der Code-Sharing-Partner in diesen Punkten nicht gleichwertig, löst dies allein noch keine reisevertraglichen Gewährleistungsansprüche aus.

3.3.3.1.3. Ergebnis: Code-Sharing als Reisefehler

Ein praktiziertes Code-Sharing von Fluggesellschaften ist dann schon als ein Reisefehler zu qualifizieren, wenn die reisevertraglich vereinbarte Airline von der tatsächlich durchführenden abweicht.
Für die Frage nach der Abgrenzung zur bloßen Unannehmlichkeit kommt es auf die Erheblichkeit der Abweichung an. Hierbei sind subjektive Aspekte des Reisenden zu beachtlich, wenn sie für den Veranstalter erkennbar waren und wenn sich bei einer Gesamtwürdigung unter Zugrundelegung eines objektiven Bewertungsmaßstabes anerkennenswerte Umstände für den Reisenden ergeben. Hierunter fallen auf keinen Fall, insoweit ist Allgaier[449] zuzustimmen, Prestigeaspekte von Airlines. Sie sind bei ihrem Fehlen als Unannehmlichkeiten unbeachtlich und somit vom Reisenden hinzunehmen. Allerdings ist das mit dem Markennamen einer Airline verbundene Sicherheitsgefühl des Passagiers und seine Komforterwartungen durchaus als erheblich zu bewerten.

3.3.3.2. Abweichungen von den Angaben zur Airline durch Code-Sharing als "Fehlen einer zugesicherte Eigenschaft" i.S.v. § 651c Abs. I 1. Alt. BGB

Zu prüfen ist nunmehr, in welchen Fällen die Tatsache, daß aufgrund einer Code-Sharing-Vereinbarung von Fluggesellschaften, eine andere als die ursprünglich vereinbarte Airline den Flugdienst physisch durchführt, als "Fehlen einer zugesicherten Eigenschaft" i.S.v. § 651c Abs. I 1. Alt. BGB verstanden werden kann.

---

[449] Allgaier, S. 207ff.

Voraussetzung dafür ist zunächst, daß eine im Reisevertrag namentlich benannte Fluggesellschaft im Rahmen einer Pauschalreise nach § 651a BGB überhaupt unter den Begriff der "zugesicherten Eigenschaft" i.S.d. von § 651c Abs. I 1. Alt. BGB subsumiert werden kann. Desweiteren ist zu fragen, aus welchen äußeren Umständen sich für den Reisenden diese Zusicherung durch den Veranstalter ergibt.

3.3.3.2.1. Definition der "zugesicherten Eigenschaft"

3.3.3.2.1.1. Begriff der "Eigenschaft"

Der Begriff der zugesicherten Eigenschaft ist der gängigen Definition im Kaufvertragsrecht nach § 459 I BGB angenähert und nachgebildet. Insoweit kommen als "Eigenschaften" alle Verhältnisse in Betracht, die wegen ihrer Art und Dauer nach der Verkehrsanschauung Einfluß auf die Wertschätzung oder Brauchbarkeit der Reise zu üben pflegen[450].
Damit kommen als Gegenstand der Zusicherung durch den Veranstalter sämtliche Fälle der vertragsmäßigen Beschaffenheit der Reise in Betracht, mithin also auch Fragen der Beförderung vom und ins Zielgebiet[451].

3.3.3.2.1.2. Begriff und Arten der "Zusicherung"

Die Eigenschaften der Reise müssen vom Veranstalter ausdrücklich zugesichert worden sein. Nur dann greift § 651c Abs. I 1. Alt. BGB. Das LG Frankfurt hat schon in einem Urteil aus dem Jahre 1991 entschieden, daß eine bestimmte zugesicherte Fluggesellschaft eine "zugesicherte Eigenschaft" i.S.d. § 651c BGB darstellt[452].
Zugesichert ist eine Eigenschaft dann, wenn der Reiseveranstalter durch eine ausdrückliche oder stillschweigende Erklärung, die Vertragsinhalt geworden ist, dem Reisenden zu erkennen gibt, daß er für den Bestand der betreffenden Eigenschaft einstehen will[453]. Es muß sich daher aus den gesamten Umständen ergeben, daß der Veranstalter an der erhöhten Einstandspflicht festhalten will.
Die Zusicherung kann daher nach ganz h.M. durch ausdrückliche oder stillschweigende Erklärung zum Vertragsinhalt werden, sofern sie einverständlich zwischen den Parteien des Reisevertrages, also dem Reisenden und dem Veranstalter, vereinbart worden ist[454]. Hierbei ist zu unterscheiden

---

[450] RGZ 117, S. 315; BGHZ 79, S. 184 m.w.N.
[451] Schmid, S. 1637; Bartl, S. 30
[452] LG Ffm. in NJW-RR 1991, S. 877; so auch AG Bielefeld, Urteil vom 26.03.1998, Az. 41C 800/ 97, unveröffentlicht
[453] Führich, Rn. 214; AG Syke in RRa 1995, S. 228
[454] BGHZ 59, S. 158

zwischen individuellen Zusicherungen an den Reisenden und den Zusicherungen durch Angaben in Prospekten und Katalogen des Reiseveranstalters[455].

3.3.3.2.1.2.1. Zusicherung gegenüber dem Reisenden durch die Angaben in Katalogen und Prospekten

Der Veranstalter kann eine Zusicherung schon in seinen Katalogen ausdrücklich aussprechen. Insoweit wird auf die vorangegangenen Ausführungen zu den derzeit gültigen Reiseprospekten verwiesen[456]. Stellt sich mithin die Frage, wann eine Prospektangabe als zugesicherte Eigenschaft und wann als bloße Leistungsbeschreibung zu werten ist.
Denn wenn es sich bei Katalogangaben stets um zugesicherte Eigenschaften handeln würde, so liefe der Fehlerbegriff des § 651c Abs. I 2. Alt. BGB insoweit ins Leere, als daß es keine Fälle dafür mehr gäbe, da alles über das Instrument der "zugesicherten Eigenschaft" ausreichend abgedeckt wäre. Ein Fall der bloßen Leistungsbeschreibungen, die nur Relevanz für den Fehlerbegriff des § 651c Abs. I 2. Alt. BGB besitzen[457], wäre dann zu keinem Zeitpunkt mehr gegeben mit der Folge, daß unabhängig von der Erheblichkeit der Abweichung die Haftungsfolgen der §§ 651c ff. BGB ausgelöst würden[458]. Ein solches Ergebnis kann nicht gewollt sein.
Es muß daher nach Ansicht des Verfassers bei den verschiedenen Aussagen in den Katalogen unterschieden werden:
"Brüstet" sich der Veranstalter gleich zu Anfang des Prospektes gut erkennbar mit einer von ihm als "renommiert" bezeichneten Airline, bildet er diese wohlmöglich auch noch ganzseitig ab, um auf diesem Wege das positive Image einer bestimmten Marke zu benutzen, ist von einer zugesicherten Eigenschaft auszugehen. Gleiches gilt für Angaben über den Flugzeugtyp. Hierbei treten eindeutig die rein deskriptiven Merkmale zurück. In Abgrenzung zur bloßen Werbung darf jedoch keine auffällig blumige Sprache gewählt werden, denn in diesen Fällen tritt der Informationsgehalt eindeutig hinter die Werbeaussage zurück.
Benennt dagegen der Veranstalter die Airline nur im Preisteil mit Flugzeiten, Flugnummer und Flugzeugtyp ohne Erwähnung besonderer Servicevorteile, handelt es sich nur um eine reine Leistungsbeschreibung, da regelmäßig die deskriptiven Elemente überwiegen. Man kann folglich nicht von einer ausdrücklich zugesicherten Eigenschaft sprechen.

---

[455] Führich, Rn. 208/ 209
[456] siehe Kapitel 3.3.2.1. in diesem Teil der Arbeit
[457] so im Ergebnis Staudinger-Schwerdtner, § 651c Rn. 62; Brender, S. 85f.
[458] Löwe, S. 77; Schmitt, S. 265; Bartl, Rn. 31ff.

3.3.3.2.1.2.2. Sonstige Zusicherungsinstrumente

Einfacher ist die Ermittlung der zugesicherten Eigenschaft bei den sonstigen Zusicherungsinstrumenten wie Reisebestätigung und Zusagen des Reisebüros oder Veranstalters.
Da es sich, anders als bei einem Katalog, nicht um eine standardisierte Mitteilung handelt, fällt die Beurteilung leichter. Aber auch hier reicht die bloße Nennung der Flugzeiten und Flugnummer nicht aus, um die Zusicherung zu bejahen. Vielmehr muß der Veranstalter klar zum Ausdruck bringen, daß er für die Zusicherung einstehen will.

3.3.3.2.1.3. "Erheblichkeit" und "besonderes Interesse des Reisenden" für die Annahme einer zugesicherten Eigenschaft ?

Fraglich ist, inwieweit auch das Merkmal der "Erheblichkeit" i.S.d. § 651c Abs. I BGB und ein "besonderes rechtliches Interesse des Reisenden" für die Gewährleistung im Rahmen einer "zugesicherten Eigenschaft" zu fordern sind.
Nach h.M. in der Literatur[459] ist die Einstandspflicht des Veranstalters bei fehlenden Eigenschaften, die zugesichert wurden, auch dann gegeben, wenn die Reise nicht erheblich beeinträchtigt ist.
Dies ist bei paralleler Beurteilung im Kaufrecht, Werkvertragsrecht und dort vor allem im Baurecht auch angebracht. Der Grund für diese strenge Einstandspflicht des Pauschalreiseveranstalters ergibt sich aus der geleisteten Garantieerklärung, wonach dieser für einen bestimmten Umstand unbedingt einstehen will. Denn wenn er sich einerseits die positiven Reflektionen einer renommierten Fluggesellschaft zurechnen lassen will, so muß er sich im Umkehrschluss auch für ihr tatsächliches Nicht-Vorhandensein in Anspruch nehmen lassen. In solchen Fällen ist es dem Veranstalter verwehrt, nach zunächst vollmundigen Versprechungen sich mit dem Argument, der fehlende Umstand habe die Reise nur unwesentlich beeinträchtigt, seiner Verantwortung aus der ursprünglichen Zusicherung zu entziehen.
Von großer Bedeutung ist daneben die Frage nach dem Erfordernis eines "besonderen Interesses des Reisenden" an der Zusicherung einer bestimmten Eigenschaft der Pauschalreise, die sich aus Katalog-/ Prospektangaben oder aus sonstigen individuellen Zusagen des Veranstalters oder seiner Reisemittler ergeben kann.
Grundsätzlich bedarf es eines solchen Interesses dann nicht, wenn der Veranstalter durch ausdrückliche Erklärung im Prospekt oder durch Individualerklärung gegenüber dem Reisenden die Eigenschaft zugesichert hat.

---

[459] Palandt-Sprau § 651c, Rn. 4; Tempel, S. 2207; Führich, Rn. 214

Anders verhält es sich aber in solchen Fällen, in denen der Veranstalter lediglich die Form einer Leistungsbeschreibung im Katalog gewählt hat. Nach Ansicht des Verfassers muß dann für die Annahme einer zugesicherten Eigenschaft wie auch beim Fehler i.S.v. § 651c Abs. I 2. Alt. BGB ein "besonderes Interesse beim Reisenden" vorliegen, um die strenge Haftung zu Lasten des Veranstalters ohne die Einwendungsmöglichkeit der "Unerheblichkeit" eintreten zu lassen.
Dieses besondere Interesse ist zweigeteilt:
Zum einen muß für den Veranstalter bei Abschluß des Reisevertrages ein über das beim bloßen Reisefehler gefordertes Maß hinausgehendes besonderes Interesse des Reisenden an der Festlegung der Eigenschaft erkennbar sein. Dies wird man im Falle der Beförderungsleistung wohl immer dann bejahen müssen, wenn der Reisende ausdrücklich auf einer bestimmten Airline bestanden hat, weil er mit einer anderen Gesellschaft, z.B. aus subjektiven Befindlichkeiten heraus, nicht reisen möchte. Diese Fälle sind in der Praxis nicht selten. Wie der Verfasser bei einer Umfrage in mehreren Reisebüros erfuhr, kommt es häufig vor, daß Reisende sich gerade die Veranstalter aussuchen, die mit ihrer Wunsch-Airline fliegen und dem Reisenden das auch ausdrücklich bestätigen[460].
Zu anderen muß der Reisende in einem etwaigen Prozess zur Geltendmachung seiner Ansprüche vortragen und notfalls beweisen, daß es ihm bei Abschluß der Pauschalreise gerade auf das Vorhandensein dieser Eigenschaft ankam, und er andernfalls die Reise nicht gebucht hätte. Zwar wird diese Beweislastregelung den Reisenden regelmäßig vor ein Problem stellen, da er diesen Beweis in aller Regel nur durch seine eigene Vernehmung als Parteibeweis i.S.v. § 445ff. ZPO anbieten kann. Da sich aber der Veranstalter bei der zugesicherten Eigenschaft, anders als bei Reisefehlern, nicht über den "Unerheblichkeitseinwand" des § 651c Abs. I 2.Hs. BGB exculpieren kann, sind diese strengen Anforderungen durchaus gerechtfertigt.

3.3.3.2.2. Ergebnis: Code-Sharing als Fehlen einer zugesicherten Eigenschaft

Preist der Veranstalter eine oder mehrere Fluggesellschaften, mit denen er die Pauschalflugreise ausschließlich durchführt, in besonderem Maße in seinen Prospekten an, handelt es sich um eine zugesicherte Eigenschaft.
Liegt demgegenüber eine bloße Leistungsbeschreibung vor, und war es für den Veranstalter hinreichend erkennbar, daß ein besonderes Interesse des Reisenden an der Luftbeförderung gerade durch diese Airline/ Airlines vorlag, so handelt es sich durch die Festlegung auf diese Airline/ Airlines ebenfalls um eine zugesicherte Eigenschaft i.S.v. § 651c Abs. I 1. Alt. BGB, wenn darüber hinaus

[460] die Umfrage wurde bei 25 Reisebüros der Umgebung durchgeführt: nach Aussage der meisten Büros spielen bei der Entscheidung des Reisenden für eine bestimmte Airline neben Service/ Komfort die Sicherheit die wichtigste Rolle.

der Reisende sein besonderes Interesse in einem etwaigen Gerichtsverfahren substantiiert vorträgt und notfalls beweist. Es kommt mithin nicht nur auf das tatsächliche und objektive Vorliegen der Angaben des Veranstalters gegenüber dem Reisenden an, sondern daneben insbesondere auf das dem Veranstalter bekannte besondere Interesse des Reisenden an dieser Angabe zu der gebuchten Reise[461].
Weicht in diesen Fällen das ursprünglich zugesicherte Unternehmen aufgrund einer Code-Sharing-Vereinbarung vom tatsächlich den Flugdienst durchführenden ab, dann fehlt es an einer zugesicherten Eigenschaft i.S.v. § 651c Abs. I 1. Alt. BGB. Es liegt somit ein Reisemangel vor, der die Rechtsfolgen der Gewährleistungsvorschriften der §§ 651c ff. BGB auslöst.
Mithin führt der Umkehrschluss zu dem Ergebnis, daß in Fällen, in denen keine oder keine bestimmte Gesellschaft benannt worden ist, eine Zusicherung eines Leistungsteiles nicht vorliegt mit der Folge, daß der Veranstalter bezüglich der Beförderung nur die Gattungsschuld "Flug" zu erbringen hat[462]. Eine Code-Sharing-Verbindung kann in diesen Fällen keinen Gewährleistungsanspruch über § 651c Abs. I 1. Alt. BGB auslösen.

3.3.4. Grenzen der Einstandspflicht des Veranstalters

Wo liegen die Grenzen der Einstandspflicht des Veranstalters?

Einigkeit besteht, daß den Veranstalter eine umfassende Erfolgshaftung trifft, d.h., er hat grundsätzlich für die Gefahr des Nichtgelingens der Reise im Bezug auf alle Einzelleistungen zu haften[463]. Darüber hinaus trifft den Veranstalter keine Einstandspflicht für Vorkommnisse aufgrund höherer Gewalt. Dies ergibt sich als Umkehrschluß aus § 651j BGB.
Es stellt sich somit die Frage, inwieweit der Pauschalreiseveranstalter auch für Code-Sharing-Vereinbarungen einer seiner Vertragsfluggesellschaften einzustehen hat, oder ob seine Einstandspflicht für das Verhalten der Leistungsträger begrenzt ist. Wie bereits an anderer Stellen ausgeführt, haftet der Veranstalter auch vollumfänglich für seine Leistungsträger, wozu auch die selbständigen Beförderungsunternehmen zählen[464]. Im Ergebnis haftet der Reiseveranstalter daher auch für Mängel in der Beförderungsleistung seiner Leistungsträger. Er kann jedoch seinerseits möglicherweise den Schaden bei Verletzungen von Aufklärungspflichten durch die Airline im Rahmen des bestehenden Chartervertrages an den Leistungsträger weitergeben.

---

[461] so im Ergebnis wohl auch Schmid, S. 1639
[462] Schmid, S. 1638
[463] Führich, Rn. 212
[464] BGH in NJW 1983, S. 448; Führich, Rn. 216

3.3.5. Ergebnis: Code-Sharing als Gewährleistungsfall des § 651c BGB ?

Eine Abweichung der Fluggesellschaft bei Code-Sharing-Vereinbarungen von der ursprünglich vereinbarten Airline stellt immer dann einen Reisefehler i.S.v. § 651c Abs. I 2. Alt. BGB dar, wenn sie "erheblich" ist. Jedoch führen nur wenige subjektiv gefärbte Kriterien zur Erheblichkeit (z.B. Sicherheit, Wartung, Unfallhäufigkeit, etc.). In allen anderen Fällen (Service, Pünktlichkeit, Abfertigungsverhalten etc.) handelt es sich um bloße Unannehmlichkeiten, die vom Reisenden hinzunehmen sind. So hat die Rechtsprechung m.E. zu Recht entschieden, daß der Fluggast keinen Mangel in der Beförderungsleistung geltend machen kann, wenn ihm im Prospekt "europäische Businessklasse" genannt wurde, er aber tatsächlich in der "Economy Class" befördert wurde[465].
Stellt der Veranstalter in seinen Prospekten Fluggesellschaften, derer er sich bedient, besonders heraus, so handelt es sich um eine zugesicherte Eigenschaft der Reise i.S.v. § 651c Abs. I 1. Alt. BGB. Ein Fehlen gewährt dem Reisenden die vollen reisevertraglichen Gewährleistungsrechte. Darüber hinaus kann sich der Veranstalter in gleichem Maße auch durch mündliche und schriftliche Zusicherugen außerhalb des Prospektes binden.
Ist im Falle bloßer Leistungsbeschreibungen im Katalog ein besonderes Interesse des Reisenden für den Veranstalter über die üblichen Maße hinaus erkennbar gewesen, so kann auch eine bloße Beschreibung einer Reiseleistung zur Zusicherung werden. Auf die Erheblichkeit der fehlenden Eigenschaft kommt es dann nicht mehr an. Der Reisende trägt jedoch für seinen Vortrag im Prozess die Beweislast.

4. "Code-Sharing-Klausel" als Vorbehaltsklausel in den Allgemeinen Beförderungsbedingungen (ABB-Flug) ?

Der Reiseveranstalter hat die Möglichkeit, seine Haftung für Reisemängel im gesetzlich zulässigen Rahmen vertraglich auszuschließen. Dies macht er i.d.R. in zusätzlichen Bedingungswerken, die er dem Reisevertrag beifügt, und die damit Bestandteil des rechtlichen Rahmens "Reisevertrag" werden sollen. Man spricht in diesem Fall von den sog. "Allgemeinen Reisebedingungen" (ARB), auf die an späterer Stelle noch ausführlicher eingegangen wird.
Daneben hat auch die IATA für ihre Mitglieds-Fluggesellschaften besonders auf den Luftbeförderungsvertrag zugeschnittene Bedingungen, die sog. "Allgemeinen Beförderungsbedingungen Flug" (ABB-Flug) entwickelt. Sie sind im gewerblichen Luftverkehr üblich und haben nach ganz h.M. den Charakter von Allgemeinen Geschäftsbedingungen (AGB)[466]. Sie unterliegen deshalb den

---

[465] LG Ffm. in NJW-RR 1991, S. 316, AG Königstein in RRa 1996, S. 42
[466] BGH vom 20.01.1983, BGHZ 86, 284 = TranspR 1983, 116; Schwenk, S. 467 m.w.N.

strengen Anforderungen des AGBG[467]. Ihre Bedeutung ist erheblich, denn sie regeln weitgehend die vertraglichen Rechte und Pflichten der Beteiligten. Innerhalb der ABB-Flug regeln die Airlines daher, neben Abwicklungs- und Durchführungsfragen, u.a. ihre Haftung gegenüber dem Passagier in Fällen der Schlecht- bzw. Nichtleistung der geschuldeten Beförderung. Sie ermöglichen damit einen reibungslosen, pünktlichen und sicheren Ablauf der Luftbeförderung und führen daneben zu einer Rationalisierung der Geschäftsabwicklung[468].
Es wäre daher unabhängig von ihrer Vereinbarkeit mit dem AGBG denkbar, daß schon die Fluggesellschaften selbst eine (Vorbehalts-)Klausel, die Code-Sharing-Verbindungen ermöglicht, in ihre ABB-Flug aufnehmen. Denn die Materie steht mit ihrem Regelungsinhalt den Fluggesellschaften näher als den Reiseveranstaltern. Wird daher eine Code-Sharing-(Vorbehalts-)Klausel in den ABB-Flug mittels einer entsprechenden Weiterverweisungsklausel wirksamer Bestandteil des Reisevertrages, auf die sich auch der Pauschalreiseveranstalter berufen könnte, so bräuchte er Code-Sharing-Verbindungen nicht selbst durch eine eigene Klausel in seinen ARB regeln.

4.1. Der Reiseveranstalter als Verwender der ABB-Flug ?

Schon im Vorfeld stellt sich die überaus wichtige Frage, ob sich der Veranstalter selbst überhaupt als Verwender auf die ABB-Flug berufen kann, denn sie sind das Bedingungswerk der Fluggesellschaften.
Sinn und Zweck der Überlegung der Airlines, ihre Klauseln zum Vertragsbestandteil mit dem Reisenden zu machen, ist die Möglichkeit, sich bei evtl. Ansprüchen diesem gegenüber darauf berufen zu können. Denn solche Ansprüche könnten, wie bereits erläutert[469], allenfalls nur dann direkt gegen die Airline als Beförderungsunternehmen gerichtet werden, wenn diese "ausführender Luftfrachtführer" i.S.v. § 49a LuftVG bzw. des ZAG ist oder aber ein deliktischer Haftungssgrund vorliegt. Deswegen haben die Fluggesellschaften in den Charterverträgen mit den Reiseveranstaltern diesen auch aufgegeben, dem Reisenden die ABB-Flug als Vertragsbestandteil zum Reisevertrag auszuhändigen[470].
Damit könnte man einerseits die Auffassung vertreten, daß sich auch der Pauschalreiseveranstalter auf die ABB-Flug berufen kann. Denn nach § 651a BGB wird der Reiseveranstalter im Rahmen einer Flugpauschalreise verpflichtet, dem Reisenden eine Gesamtheit von Reiseleistungen zu erbringen, wozu unter anderem auch die Luftbeförderung gehört. Schuldet der Reiseveranstalter daher nach dem Reisevertrag die Beförderung als eigene

[467] Schwenk, S. 400; Böckstiegel in Festschrift für A. Meyer, S. 59
[468] MüKo-Kötz, Einl. zu AGBG, Rn. 1
[469] siehe Kapitel 2.6. in diesem Teil der Arbeit
[470] Art. 12 des Standard-Chartervertrages, abgedruckt bei Gansfort Diss., Anhang A

Leistung und vermittelt nicht nur selbige[471], so wird er damit als Vertragspartner des Fluggastes nach h.M. zugleich auch in einer Person sog. "vertraglicher Luftfrachführer" mit der Folge, daß der Luftbeförderungsvertrag unmittelbar zwischen ihm und dem Reisenden zustande kommt[472]. Damit erfährt die Haftung des Veranstalters eine erhebliche Erweiterung. Denn der Veranstalter haftet nunmehr neben den Vorschriften des BGB auch nach den nationalen und internationalen Haftungsregelungen im Luftverkehr.
Hat er daher haftungsrechtlich die gleichen Pflichten wie ein vertraglicher Luftfrachtführer, so müßte er sich im Gegenzug auch der selben Rechte bedienen können, also auch sich auf die ABB-Flug berufen. Hat daher der Reiseveranstalter aus seiner Stellung als "vertraglicher Luftfrachtführer" die Pflichten aus dem Beförderungsvertrag zu beachten, so könnte es im Umkehrschluss richtig erscheinen, ihn auch an den Vorteilen der ABB-Flug partizipieren zu lassen.
Dagegen spricht jedoch, daß die Haftungserweiterung auf den Reiseveranstalter als "vertraglichen Luftfrachtführer" kraft Gesetz stattfindet. Demgegenüber bedürfen die ABB-Flug einer tatsächlichen Vertragsgrundlage, d.h., es müßte tatsächlich auch ein direkter Vertragsschluß zwischen der Airline selbst und dem Reisenden bestehen. Wie bereits zuvor dargelegt[473] besteht aber zwischen Fluggesellschaft und dem Reisenden kein direktes Vertragsverhältnis. Das ist auch der Grund dafür, weshalb die Airlines die Veranstalter vertraglich verpflichten, die ABB- Flug dem Reisenden auszuhändigen (Weitergabeverpflichtungsklausel im Chartervertrag), denn andernfalls könnten sie sich selbst auch nicht darauf berufen.

4.2. Ergebnis

Somit wird bei ordnungsgemäßer Weitergabe der ABB-Flug durch den Veranstalter das Bedingungswerk und damit auch eine etwaige Code-Sharing-(Vorbehalts-)Klausel zwar wirksamer Bestandteil des Reisevertrages mit dem Reisenden, hierauf berufen kann sich der Pauschalreiseveranstalter aber nicht. Dies würde eine ausdrückliche vertragliche Einbeziehungsvereinabrung zwischen dem Veranstalter und dem Reisenden voraussetzen. Damit kann sich – die ordnungsgemäße Weitergabe der ABB-Flug vorausgesetzt- nur das Flugunternehmen selbst auf diese berufen, nicht hingegen der Reiseveranstalter.

---

[471] die früheren AGB zum Reisevertrag enthielten eine sog. "Vermittlerklausel", wonach der Reiseveranstalter nur als Vermittler auftrat und mithin die Beförderungsleistung nicht als eigene schuldete. Diese Klausel wurde durch den BGH für unwirksam erkärt.

[472] Bartl, S. 144; Schwenk, S. 468

[473] vgl. Kapitel 4.5 dieses Teils der Arbeit

5. "Code-Sharing-Klausel" als Vorbehaltsklausel in den Allgemeinen Reisebedingungen (ARB) ?

Es bleibt dem Veranstalter daher nur die Möglichkeit sich auf seine eigenen "Allgemeinen Reisebedingungen" (ARB)[474] zu berufen, die er dem Kunden im Prospekt bereits hinreichend zu unterbreiten hat, denn da es sich auch bei diesem Klauselwerk um AGB handelt, gelten für die ARB gleichfalls die Einbeziehungsvoraussetzungen des § 2 Abs. I AGBG.
Für die Überlegung, inwieweit der Veranstalter in der Lage ist über seine ARB die reisevertragliche Haftung für Mängel aufgrund von Code-Sharing-Flügen auszuschließen oder zu beschränken, ist von zwei Alternativen auszugehen:

5.1. Bestand einer Code-Sharing-Vereinbarung vor Abschluss des Reisevertrages

Dies setzt voraus, daß der Code-Sharing-Vertrag von den beteiligten Airlines bereits vor Abschluss des Reisevertrags geschlossen wurde.
Sucht man bei den ARB in der Fassung von 1994 nach einer ausdrücklichen Code-Sharing-(Vorbehalts-) Klausel, so findet sich im Ergebnis nichts.
Der Wechsel einer Fluggesellschaft wurde begrifflich nur in die Leistungsänderungsklausel aufgenommen. Hierin behält sich der Veranstalter ausdrücklich vor, die zugesicherte Fluggesellschaft und/ oder das angekündigte Fluggerät einseitig zu ändern[475].
Jedoch läßt sich eine Kooperationsform wie Code-Sharing nicht unter den allgemeinen Leistungsänderungsvorbehalt subsumieren, wenn schon vor Abschluss des Reisevertrages feststeht, daß der Flugdienst unter der Flugnummer der durch den Veranstalter angekündigten Gesellschaft nicht stattfindet, sondern vielmehr vom jeweiligen Code-Sharing-Partner bedient wird. Dies wird in häufigen Fällen auch für den Veranstalter nicht ohne weiteres erkennbar sein. Der für gewöhnlich in Fällen des Wechsels der Fluggesellschaft herangezogene Leistungsänderungsvorbehalt ist daher in diesen Fällen zu eng.

---

[474] Die Entstehung der ARB ist eng verknüpft mit der Entstehungsgeschichte des Reiserechts. Sie tauchten erstmals mit den Veranstalterreisen in den 60er Jahren auf und wurden Zunächst von jedem Veranstalter getrennt entwickelt, wobei aber bestimmte Klauseln allgemein üblich wurden. Aufgrund des Umsetzungsgesetzes der EG-Pauschalreise-Richtlinie ist die Konditionenempfehlung zuletzt 1994 überarbeitet worden.

[475] Änderungsvorbehalte bei TUI Group, S. 18 im Preisteil; ITS Reisen, S. 12 im Preisteil; Neckermann, S. 13 im Preisteil; LTT Group, S. 285 im Prospekt Winter 1999/ 2000; FTI, S.212 im Katalog Winter 1999/ 2000. Alle Vorbehalte finden sich jedoch außerhalb der eigentlichen ARB, quasi als Randbemerkung. Die Einbeziehung i.S.v. § 2 AGBG ist daher nach Ansicht des Verfassers an dieser Stelle schon höchst bedenklich.

Er berücksichtigt nur Änderungen nach Abschluss des Reisevertrages und nicht davor.
Nach § 1 Abs. I S.3 InfoVO. ist der Pauschalreiseveranstalter in der Lage, sich durch Hinweis in seinen Katalogen Leistungsänderungen bis zum Abschluss des Reisevertrages ausdrücklich vorzubehalten. Aber auch wenn sich die Veranstalter eine Leistungsänderung vor Vertragsschluss in den ARB ausdrücklich vorbehalten hat, greift dieser nicht.
Auch vor Abschluss des Reisevertrages kann man in all den Fällen, in denen die Gesellschaften ihre Code-Sharing-Verträge von vorneherein so ausgelegt haben, daß sich der Code-Sharing-Partner nur der Flugnummer der anderen Airline bedient, nicht von Änderung sprechen, denn es wird tatsächlich nichts mehr verändert.
Die Leistungsänderungsklausel der ARB greift daher nicht in den Fällen, in denen der Code-Sharing-Vertrag der Airlines bereits schon vor Abschluss des jeweiligen Reisevertrages datiert.

5.2. Abschluß einer Code-Sharing-Vereinbarung nach Abschluss des Reisevertrages

Daneben muß aber überlegt werden, inwieweit eine Code-Sharing-Vereinbarung, die erst nach Abschluß des Reisevertrages zwischen den Airlines zustandekommt, durch eine etwaige Klausel in den ARB Berücksichtigung finden kann. Denkbar wäre es auch, daß in der laufenden Flugsaison eine Code-Sharing-Vereinbarung getroffen wird, und der Reisende sich tatsächlich trotz Flugnummer von Gesellschaft A im Ticket, Gesellschaft B gegenübersieht. Da Pauschalreisen bekanntlich lange vor Beginn der Reise geplant und organisiert werden, besteht immer die Gefahr, daß die vorgesehenen Leistungsträger, aus welchen Gründen auch immer, den Flugzeugtyp wechseln oder aber sich eines Kooperationspartners bedienen. In diesem Fall würde es sich um einen klassischen Fall von Leistungsänderung nach Vertragsschluß handeln, der dann auch vom Leistungsänderungsvorbehalt der ARB erfasst würde.
Der Fall ist ähnlich denen gelagert, in denen sich Gesellschaften aufgrund z.B. flugtechnischer Probleme in der eigenen Flotte gezwungenermaßen, kurzfristig vor Saisonbeginn Fremdgerät besorgen müssen.
Da es sich dann um eine echte Leistungsänderung nach Reisevertragsschluss handelt, ist diese nunmehr im Lichte der jeweiligen Vorbehaltsklausel der Veranstalter zu prüfen.
Es stellt sich also in diesen Fällen die Frage, ob sich ein solcher Leistungsänderungsvorbehalt an Recht und Gesetz messen läßt, insbesondere an den Anforderungen des AGBG.
Soweit die Änderung nach Vertragsschluß durch den Veranstalter erklärt wird, ist § 10 Nr. 4 AGBG zu beachten. Danach ist eine einseitige Leistungsänderung

nur dann zulässig, wenn sie dem Reisenden zumutbar ist. Geht man daher davon aus, daß unter Berücksichtigung der Ausführungen im vorigen Kapitel zur Einbeziehung von AGB die Leistungsänderungsklausel wirksam in den Reisevertag einbezogen wurde, ist eine solche Klausel im Rahmen einer Inhaltskontrolle unmittelbar an § 10 Nr. 4 AGBG zu messen:
Grundsätzlich unwirksam sind nach Ansicht des BGH[476] solche Leistungsänderungsklauseln, aus denen Gründe und Umfang der möglichen Leistungsänderung nicht hervorgehen, weil der Vertragspartner hierbei nicht beurteilen kann, ob er die Änderung hinnehmen muß. Auch wenn die Klausel nur den Wortlaut des § 10 Nr. 4 AGBG wiedergibt, ist sie unwirksam[477]. Aus den selben Gründen hatte der BGH seinerzeit einen Änderungsvorbehalt der Deutschen Lufthansa AG für unwirksam erklärt, denn schon die Gründe für die Änderung müßten überprüfbar und kalkulierbar sein[478].
Von der Rechtsprechung wurde im Bezug auf ARB bisher nur durch das LG München I[479] entschieden, daß eine solche Klausel in den Bedingungswerken der Veranstalter nicht akzeptabel ist. Der BGH hatte den Fall bis dato noch nicht zu entscheiden. Nach Ansicht des Verfassers ist aber jedenfalls dann, wenn sich der Reisende bei der Buchung der Reise auch von diesem Leistungsangebot hat leiten lassen, ein Wechsel der Fluggesellschaft/ Fluggerätes im Wege einer Leistungsänderungsklausel nicht zumutbar.
Nr. 4 der ARB von 1994 und § 651a Abs. IV BGB gehen zwar von der grundsätzlichen Zulässigkeit eines derartigen Änderungsvorbehaltes aus, sagen aber nichts zum notwendigen Inhalt. Nach § 10 Nr. 4 AGBG ist zur Beurteilung der Zulässigkeit auf die Zumutbarkeit für den Reisenden abzustellen. Nr. 4 der ARB sagt lediglich aus, daß die Änderungen nach Vertragsschluss notwendig sein müssen und nicht gegen Treu und Glauben verstossen dürfen. Deswegen weist Tonner[480] zu Recht darauf hin, daß sich der Veranstalter dann nicht auf den Vorbehalt berufen kann, wenn die Umstände für ihn schon bei Vertragsschluss bekannt waren oder hätten sein müssen.
Fraglich ist daher, inwieweit der Wechsel der Fluggesellschaft und/ oder des Fluggerätes nach Vertragsschluss wegen einer Code-Sharing-Vereinbarung zwischen Airlines eine so wesentliche Änderung der Reiseleistung darstellt, daß sie infolgedessen für den Reisenden unzumutbar ist.
Nach Ansicht des Verfassers ist die Transportleistung innerhalb einer Flugpauschalreise neben der Unterbringung als eine von zwei Hauptleistungen zu sehen. Hauptleistungen geben dem Schuldverhältnis seine Prägung und charakterisieren es. Tauscht man daher eine solche Hauptleistung aus, so handelt

---

[476] BGHZ 93, S. 29; BGHZ 89, S. 206
[477] OLH Hamburg in NJW-RR 1986, S. 1440; MüKo- Basedow, § 10 Nr. 4 AGBG, Rn. 49
[478] BGHZ 86, S 284
[479] LG München I, Urt. v. 22.09.1981, Az.: 7 O 7694/ 81
[480] MüKo-Tonner, § 651a, Rn. 59

es sich ohne Zweifel um eine erhebliche und damit wesentliche Änderung. Folgerichtig wird deshalb in der Literatur auch der Wechsel von einem Linien- zu einem Charterflug als wesentliche und damit unzulässige Änderung angesehen[481].
Daher wird man immer dann, wenn ein Veranstalter im Katalog eine bestimmte Fluggesellschaft/ Fluggerät zusichert, davon ausgehen müssen, daß jede andere Gesellschaft für den Reisenden eine erhebliche Änderung darstellt[482]. Ferner widerspricht es dem Sinn und Zweck einer Zusicherung, dem Verwender durch AGB eine formularmäßige Freizeichnung und damit eine Möglichkeit der Lösung von der verschärften Einstandspflicht zur Verfügung zu stellen. Darüber hinaus regelt auch § 11 Nr. 11 AGBG, daß es dem Verwender von AGB grundsätzlich verwehrt ist, seine Einstandspflichten wegen fehlender zugesicherter Eigenschaften auszuschließen oder zu beschränken. Auch wenn diese Vorschrift nur unmittelbar auf den Kauf-, Werk- und Mietvertrag Anwendung findet, ist sie m.E. auch analog auf den Reisevertrag anzuwenden. Insoweit liegt eine Regelungslücke bei vergleichbarer Sach- und Rechtslage vor. Dies gilt umsomehr vor dem Hintergrund, daß § 11 Nr. 11 AGBG bereits 1976, also zur Zeit, als der Reisevertrag noch nicht kodifiziert war, sondern vielmehr durch den BGH noch als Werkvertrag klassifiziert wurde, in das AGBG eingebracht wurde.
In den übrigen Fällen wird man nach Ansicht des Verfassers an die Zumutbarkeit andere, d.h. nicht so strenge Anforderungen stellen können. Das Vertrauen des Reisenden in die aufgrund anderer Umstände als einer Zusicherung durch den Veranstalter entstandene Luftbeförderung durch eine bestimmte Gesellschaft/ Fluggerät ist nicht in gleichem Maße schützenswert. In solchen Fällen wird man eine Überschreitung der Zumutbarkeitsgrenze stets nur dann annehmen können, wenn durch den Veranstalter eine ungleichwertige Luftbeförderung erbracht wird. Hierbei ist aber nur auf die Beurteilung eines Durchschnittsreisenden abzustellen.

6. Zusammenfassung und Schlussfolgerung

- Dem Reisenden haftet bei Pauschalreisen nur der Veranstalter nach den Gewährleistungsvorschriften der §§ 651c ff. BGB; hingegen nicht die einzelnen Leistungsträger.
- Wirbt der Reiseveranstalter im Rahmen einer Pauschalflugreise in besonderem Maße bewußt mit einer Fluggesellschaft und/ oder deren Fluggerät und bringt der Reisende dieser Information ein besonderes Vertrauen entgegen, so handelt es sich im Bezug auf Fluggesellschaft und/

---

[481] Bartl, S. 123, Rn. 15; Bechhofer, S. 22; MüKo-Tonner, § 651a, Rn. 58
[482] so im Ergebnis auch Führich in RRa 1996, S. 77; Schmid, S. 1642

oder Fluggerät um eine zugesicherte Eigenschaft i.S.v. § 651c Abs. I 2. Alt. BGB.

- Führt infolge einer Code-Sharing-Vereinbarung zwischen Airlines nicht die dem Reisenden zugesicherte Gesellschaft den Flugdienst durch, sondern vielmehr der Code-Sharing-Partner, so kann der Reisende unabhängig von der Erheblichkeit der Beeinträchtigung sich auf das Fehlen einer zugesicherten Eigenschaft berufen und die Gewährleistungsrechte der §§ 651d-g BGB geltend machen.
- Handelt es sich hingegen lediglich um Angaben in den Leistungs- und Preisteilen der Veranstalter, die nicht besonders hervorgehoben werden und der Reisende ihnen mithin auch keine herausragende Bedeutung zukommen läßt, so stellt die Abweichung im Rahmen einer Code-Sharing-Verbindung lediglich einen "Reisefehler" i.S.v. § 651c Abs. I 1. Alt. BGB dar. In diesem Fall ist zu unterscheiden zwischen bloßer Unannehmlichkeit und erheblicher Beeinträchtigung, wobei gerade auch die subjektiven Kriterien des Reisenden für die Frage der Erheblichkeit Berücksichtigung finden müssen.
- Nach der neuen InfoVO für Pauschalreisen ist der Veranstalter verpflichtet, den Reisenden bei Kenntnis einer Code-Sharing-Vereinbarung darüber aufzuklären, daß der Flugdienst vom Code-Sharing-Partner durchgeführt wird.
- Sofern Fluggesellschaften in ihren ABB-Flug die Code-Sharing-Verbindung in einer Vorbehaltsklausel geregelt haben, kann sich nicht auch der Veranstalter und gleichzeitige sog. "vertragliche Luftfrachtführer" nicht als Verwender von AGB i.S.d. AGBG darauf berufen.
- Berufen sich die Veranstalter auf ihren in den ARB geregelten Leistungsänderungvorbehalt, so ist dies nur möglich, wenn die Code-Sharing-Vereinbarung zwischen den Airlines erst nach Abschluss des Reisevertrages geschlossen wurde, denn nur dann handelt es sich um eine tatsächliche "Änderung". Stellt die Fluggesellschaft jedoch eine zugesicherte Eigenschaften dar, so greift wegen § 11 Nr. 11 AGBG der Leistungsänderungsvorbehalt nicht. Im übrigen ist darauf abzustellen, inwieweit für den Durchschnittsreisenden die Änderung erheblich ist. Dies wird man beim Austausch einer Hauptleistungspflicht, wie sie die Transportleistung innerhalb des Flugpauschalreisevertrages darstellt, bejahen müssen.
- Besteht die Code-Sharing-Vereinbarung hingegen schon bei Abschluss des Reisevertrages, kann sich der Veranstalter nicht auf die Leistungsänderungsklausel berufen, da sich nach Vertragsabschluss tatsächlich auch nichts mehr verändert hat.

TEIL V: DAS RECHTSVERHÄLTNIS DER PARTEIEN UNTEREINANDER UND DIE LUFTVERKEHRSRECHTLICHE HAFTUNG GEGENÜBER DEM PASSAGIER BEIM CODE-SHARING

Im fünften und letzten Teil der Arbeit wendet sich der Verfasser zunächst ausführlich der Frage nach den Rechtsbeziehungen zwischen dem Passagier und der Airline zu, mit der dieser direkt keinen Vertrag geschlossen hat, die aber im Rahmen einer bestehenden Code-Sharing-Vereinbarung den Flug ganz oder auch nur auf einer Teilstrecke tatsächlich durchführt.

Desweiteren wendet sich dieses Kapitel der luftrechtlichen Haftung der am Code-Sharing beteiligten "Luftfrachtführer" gegenüber dem Passagier zu. Eine Definition des Begriffes "Luftfrachtführer" existiert in den Rechtsvorschriften nicht. Es handelt sich um eine natürliche oder juristische Person, die im eigenen Namen mit der Beförderung von Sachen oder Personen auf dem Luftweg betraut ist[483]. Irrelevant hierfür ist, ob der Luftfrachtführer die Beförderung tatsächlich selbst erbringen kann. Denn die Begriffsbestimmung allein stellt auf die Willenserklärungen der Vertragsparteien ab[484].

Zwischen Passagier und Luftfrachtführer kommt ein sog. "Luftbeförderungsvertrag" zustande. Als Luftbeförderungsvertrag werden diejenigen Verträge bezeichnet, die durch formlos erklärte, korrespondierende Willenserklärungen unter Zugrundelegung der allgemeinen Vorschriften des bürgerlichen Rechts zustandekommen und einen Ortswechsel zum Inhalt haben, der mittels einer Beförderung per Luftfahrzeug bewirkt werden soll[485]. Soweit die Beförderung entgeltlich stattfindet, handelt es sich nach ganz h.M.[486] um einen Werkvertrag i.S.v. § 631ff. BGB. Leistungsgegenstand ist die Beförderung von Personen oder Sachen auf dem Luftwege von einem Ort zum anderen[487], so daß ein Beförderungserfolg geschuldet wird, und die Durchführung des Lufttransports einziger und Hauptbestandteil des Vertragsinhalts und nicht nur Nebenleistung ist[488].

Die Besonderheit von Code-Sharing-Flügen ist, daß auf dem selben Carrier nicht nur die Fluggäste des dieses Luftfahrzeug betreibenden Luftfahrtunternehmens mit dessen Flugnummer befördert werden, sondern darüber hinaus auch Fluggäste, die ihren Luftbeförderungsvertrag mit dem Code-Sharing-Partner-Unternehmen abgeschlossen haben und dementsprechend dessen Flugnummer benutzen. Eine solche Form der Zusammenarbeit von Airlines darf aber nicht dazu führen, daß der Luftfrachtführer, der den Flugdienst nicht selbst bedient,

---

483 Ruhwedel, Rn. 83; Giemulla/ Schmid, § 44 LuftVG, Rn. 40

484 Schwenk, S. 465, Führich, Rn. 726

485 Ruhwedel, Rn. 1; Schwenk, S. 465; Vollmar, S. 22

486 Duden/ Hopt, § 407, Rn. 7 m.w.N.

487 Schwenk, S. 465

488 Gimbel, S. 85; Führich, Rn. 730

auf diesem Wege versucht, seine Haftung gegenüber dem Passagier zu beschränken oder im Innenverhältnis zwischen den Carriern sogar gänzlich ausschließt. Deswegen wird nachfolgend untersucht, welche Rechtsvorschriften bei nationaler und internationaler Beförderung von Personen mittels Code-Sharing-Verbindungen für eine Haftung des Luftfrachtführers zur Anwendung kommen. Daneben ist die Frage zu klären, gegen wen sich ein etwaiger Anspruch des Fluggastes im Falle von Unfällen bei Code-Sharing-Flügen richtet. Ferner wird vom Verfasser auch die Haftung des sog. "ausführenden Luftfrachtführers" nach dem neu eingefügten § 437 HGB beim noch sehr jungen Fracht-Code-Sharing von Airlines[489] betrachtet.

1. Das Rechtsverhältnis der am Code-Sharing beteiligten Parteien zueinander (sog. "Leistungsdreieck")

Die Besonderheit beim Code-Sharing ist, daß, anders als bei den sonstigen Formen der Einbeziehung Dritter in die Luftbeförderung[490], der Fluggast mit der Flugnummer eines Carriers auf der ganzen oder einer Teilstrecke tatsächlich durch einen anderen Carrier transportiert wird. Unabhängig von der rechtlichen Behandlung dieser Kooperationsart durch die nationalen luftrechtlichen Haftungsvorschriften bzw. die vereinheitlichten internationalen Abkommen beim grenzüberschreitenden Transport stellt sich die Frage, wie sich die Rechtsbeziehungen der an diesem Leistungsdreieck Beteiligten gestalten.

1.1. Das Rechtsverhältnis des Marketing-Carrier[491] zum Operating-Carrier[492] (Code-Sharing-Vertrag)

Das Rechtsverhältnis der beteiligten Fluggesellschaften zueinander wird bestimmt durch den Code-Sharing-Vertrag. Er ist gesetzlich nicht geregelt und

---

[489] siehe hierzu auch Kapitel 5.1. im ersten Teil dieser Arbeit

[490] z.B. Charter oder Miete

[491] Der Begriff ist Sprachschöpfung des Verfassers. Er steht in diesem Kapitel für diejenige Airline, die ihrerseits den Fluggast nicht selbst befördert, sondern sich dazu eines Code-Sharing-Partners (Operating-Carrier) bedient. Der Marketing-Carrier stellt seinerseits einen Flugschein mit seinem Drei-Letter-Code und seiner Flugnummer aus.

[492] Der Operating-Carrier ist im Rahmen der Code-Sharing-Vereinbarung diejenige Airline, die den Flugdienst dann tatsächlich durchführt. Sie kann aber auch in umgekehrter Richtung selbst Marketing-Carrier bei der Airline sein, die ihrerseits auf den Maschinen des Operating Carriers als Marketing-Carrier auftritt. Der OperatingCarrier vertreibt und stellt selbst Flugscheine aus, die sowohl seine Flugnummer, als auch seinen Drei-Letter-Code tragen.

ist insoweit ein Vertrag sui generis[493]. Seiner Rechtsnatur nach handelt es sich beim Code-Sharing-Vertrag um einen Werkvertrag[494].

1.2. Das Rechtsverhältnis des Marketing-Carrier zum Fluggast (Luftbeförderungsvertrag)

Zwischen dem Marketing-Carrier und dem Fluggast kommt der Luftbeförderungsvertrag zustande. Darin verpflichtet sich der Marketing-Carrier, den Reisenden von A nach B (evtl. über C) zu befördern. Der Fluggast seinerseits verpflichtet sich, das vom Luftfrachtführer festgelegte Entgelt zu bezahlen.

1.3. Das Rechtsverhältnis des Operating-Carrier zum Fluggast

Stellt sich im Anschluss die überaus wichtige Frage nach dem Rechtsverhältnis des Flugastes zum Operating-Carrier. Dieser ist ihm in Besonderheit beim Code-Sharing im Zeitpunkt des Vertragschlusses mit dem Marketing-Carrier regelmäßig nicht bekannt. Vielmehr wird in dem Angebot eines Fluges unter der Flugnummer und mit dem Ticket des Marketing-Carriers, gegenüber dem Fluggast der Anschein erweckt, der Flug würde auch vom Marketing-Carrier selbst durchgeführt. Tatsächlich aber wird auf der ganzen Strecke (einfaches Code-Sharing) oder aber auf Teilstrecken (Dritt-Carrier-Code-Sharing) ein anderer, nämlich der Operating-Carrier eingesetzt. Fraglich ist somit, inwieweit zwischen dem Operating-Carrier und dem Fluggast Rechtsbeziehungen eigener Art entstehen.

1.3.1. unmittelbares Vertragsverhältnis

Weitgehend unproblematisch wäre die Frage nach der Rechtsbeziehung des Fluggastes zum Operating-Carrier, wenn zwischen beiden Parteien ein direktes Vertragsverhältnis bestehen würde. Jedoch kommt aufgrund der bereits aufgezeigten Dreieckskonstellation nicht etwa durch den Luftbeförderungsvertrag mit dem Marketing-Carrier auch ein weiterer Luftbeförderungsvertrag zum Operating-Carrier zustande. Umgekehrt hat der Operating-Carrier aber auch keine direkten vertraglichen Ansprüche gegen den Passagier. Somit könnte der Operating-Carrier für den Fall, daß der Marketing-Carrier vor dem Flug den Flugpreis nicht ordnungsgemäß mit ihm verrechnet hat, keinen unmitterlbaren Anspruch auf Bezahlung des Tickets gegen den Fluggast geltend machen.

---

[493] Abeyratne, S. 186; Günther, S. 12

[494] vgl. hierzu die Ausführungen in Kapitel 3 in Teil III dieser Arbeit

1.3.2. abgeleitete Ansprüche aus dem Code-Sharing-Vertrag

1.3.2.1. der Code-Sharing-Vertrag als Luftbeförderungsvertrag

Möglicherweise erwachsen dem Fluggast aber eigene Rechte aus dem Code-Sharing-Vertrag zwischen den kooperierenden Fluggesellschaften.
Fragt sich daher zunächst, ob nicht der Code-Sharing-Vertrag selbst ein Luftbeförderungsvertrag ist.
Entscheidend für die Annahme eines Luftbeförderungsvertrages ist nach der obigen Definition, daß ein Beförderungserfolg geschuldet wird, wobei der Hauptbestandteil in der Durchführung des Transportes besteht. Im Code-Sharing-Vertrag verpflichtet sich nunmehr der Operating-Carrier gegenüber dem Marketing-Carrier zur Durchführung von im Vertrag näher bezeichnten Beförderungsleistungen per Flugzeug. Mithin besteht die Hauptverpflichtung auch hier in der Herbeiführung eines Beförderungserfolges. Der Code-Sharing-Vertrag kann deshalb ebenfalls als ein Luftbeförderungsvertrag bewertet werden. Vertragsparteien sind jedoch ausschließlich der Marketing-Carrier und der Operating-Carrier.

1.3.2.2. quasivertragliche Rechtsstellung des Fluggastes durch nationale Haftungsnormen und die internationalen Haftungsabkommen

Die Vorschriften der vereinheitlichten internationalen Transportabkommen ebenso wie das LuftVG verschaffen dem Fluggast im Verhältnis zum Luftfahrtunternehmen die Stellung eines "Quasi-Vertragspartners". Denn mit Hilfe dieser erwirbt der Passagier aufgrund gesetzlicher Vorschriften dieselben Schadensersatzansprüche gegen den sog. "ausführenden Luftfrachtführer" die ihm auch gegen den vertraglichen Luftfrachtführer zustehen[495]. Auf diesem Weg wird also quasi eine Vertragsparteistellung des Fluggastes fingiert – vorausgesetzt der den Flugdienst durchführende Luftfrachtführer ist als "ausführender Luftfrachtführer" i.S.d. Abkommen zu qualifizieren- und so gesetzliche Schadensersatzansprüche, deren Grundlage in den Haftungsvorschriften zu finden sind, auch ohne das eine direkte vertragliche Bindung zum ausführenden Luftfrachtführer besteht, zugesprochen.
Allerdings erwirbt der Fluggast trotz der Vorschriften des LuftVG und der internationalen völkerrechtlichen Verträge keine vollvertragliche Rechtsposition, weil diese Haftungsvorschriften längst nicht alle denkbaren Schadensfälle und Anspruchsgrundlagen abdecken, sondern nur einzelne wichtige Fragen des Luftbeförderungsvertrages regeln[496]. Deshalb fallen andere Ersatzansprüche, die

---

[495] vgl. Art. 17-30 WA i.V.m. Art. 2 ZAG, zukünftig Art. 40 MÜ, ebenso § 49a LuftVG
[496] Schleicher/ Reymann/ Abraham, Art. 1 WA, S. 254

ihre Ursache nicht in den dem Luftverkehr eigenen Gefahren haben, nicht unter diese Vorschriften[497]. Sie beurteilen sich vielmehr gemäß den Regeln des internationalen Vertragsrechts nach den jeweils anwendbaren nationalen Normen und den Vertragsbedingungen des Luftbeförderungsvertrages[498]. Soweit in diesen Fällen deutsches Recht Anwendung finden sollte, ist die Rechtsstellung eines Anspruchstellers, der sich nicht auf vertragliche Ansprüche stützen kann, schlechter als die eines Vertragsbeteiligten. Einem Vertragspartner stehen insofern nämlich neben den deliktischen Ansprüchen primär die vertraglichen Anspruchsgrundlagen zur Verfügung. Demgegenüber verfügt eine nicht vertraglich verbundene Partei regelmäßig nur über Ansprüche wenn ein deliktischer Haftungstatbestand vorliegt.

1.3.2.3. der Code-Sharing-Vertrag als Vertrag zugunsten Dritter (§§ 328ff. BGB)

Sofern im Code-Sharing-Vertrag einer deutschen mit einer ausländischen Airline deutsches Recht vereinbart wurde, könnte sich eine selbständige Rechtsstellung des Fluggastes zum Code-Sharing-Partner aus dem Rechtsinstitut des Vertrages zugunsten Dritter gem. § 328 BGB ergeben[499].
Für diesen Fall erhielte der Passagier eine selbstständige Rechtsstellung zum Operating-Carrier innerhalb des Leistungsdreiecks und mithin einen eigenen Anspruch gegen dieses Luftfahrtunternehmen. Voraussetzung dafür ist aber, daß der Code-Sharing-Vertrag zu Gunsten des Fluggastes geschlossen wurde, dem Reisenden also das Recht zugestanden werden soll, unmittelbar selbst die geschuldete Leistung zu fordern.
Im folgenden ist daher zu prüfen, ob die Voraussetzungen dieses Rechtsinstituts bei Code-Sharing-Verträgen vorliegt:

1.3.2.3.1. Voraussetzungen des Vertrages zugunsten Dritter (§ 328 BGB)

Zunächst setzt der Vertrag zugunsten Dritter drei Beteiligte voraus. Dies sind der Versprechende (Schuldner), der Versprechensempfänger (Gläubiger) und der Dritte.
Zwischen dem Versprechenden und dem Versprechensempfänger kommt der schuldrechtliche Vertrag zustande, das sog. Deckungsverhältnis. Da sich im Deckungsverhältnis entscheidet, unter welchen Voraussetzungen dem Dritten ein Anspruch überhaupt zustehen soll, begründet es den eigentlichen

---

[497] Ruhwedel, Rn. 83ff.
[498] Schwenk, S. 486; Giemulla/ Schmid, Einl. zum WA Rn. 17
[499] Artikel XV des Code-Sharing-Vertrages im Teil III dieser Arbeit konstituiert deutsches Recht

Leistungsanspruch des Dritten[500]. Daneben besteht das Verhältnis zwischen dem Versprechensempfänger und dem Dritten, das sog. Valutaverhältnis. Das Valutaverhältnis selbst bildet die Causa für den Leistungsanspruch des Dritten gegen den Versprechenden[501]. Deckungs- und Valutaverhältnis sind voneinander unabhängig.
Zwischen dem Versprechenden und dem Dritten besteht demgegenüber kein Vertragsverhältnis. Weil der Dritte deshalb nicht Vertragspartei, sondern ohne eigene Mitwirkung Gläubiger eines Leistungsanspruches wird, kann er den Erfüllungsanspruch geltend machen, ohne zu einer Gegenleistung gegenüber dem Versprechenden verpflichtet zu sein. Trotzdem entsteht zwischen dem Dritten und dem Versprechenden ein Rechtsverhältnis, das sog. Drittverhältnis[502].
Im Rahmen eines Vertrages zugunsten Dritter sind zwei Möglichkeiten denkbar, um diesem die Leistung zukommen zu lassen. Entweder gestaltet man den Vertrag so aus, das der Dritte ein eigenes Forderungsrecht gegen den Versprechenden hat, oder aber er erwirbt kein eigenständiges Forderungsrecht.
Im letzteren Fall, dem sog. "unechten" Vertrag zugunsten Dritter, wird der Versprechende durch eine Vertragsabrede lediglich ermächtigt i.S.v. § 185 Abs. I BGB die Forderung des Gläubigers direkt an den Dritten zu erfüllen und dieser ist berechtigt, über die Leistung zu verfügen[503]. Für den Luftbeförderungsvertrag zwischen Marketing-Carrier und Fluggast würde dies bedeuten, daß der Operating-Carrier von seinem Vertragspartner, dem Marketing-Carrier, ermächtigt würde, die ihm aus dem Code-Sharing-Vertrag zu erbringende Leistungspflicht (Flugdurchführung) an den Fluggast unmittelbar zu erbringen. In diesem Fall hätte der Fluggast keinen Anspruch gegen den Operating-Carrier, sondern nur gegen seinen Vertragspartner den Marketing-Carrier.
Im ersten Fall spricht man hingegen vom sog. "echten" Vertrag zugunsten Dritter, denn der Dritte erwirbt danach einen eigenen Anspruch i.S.v. § 241 S. 1 BGB. Bevor weiter auf die Ausgestaltung des Deckungsverhältnisses zwischen Marketing- und Operating-Carrier eingegangen wird, sind vorab noch die übrigen Tatbestandsvoraussetzungen des Vertrages zugunsten Dritter zu prüfen.

1.3.2.3.1.1. Leistungsidentität im Leistungsdreieck

Voraussetzung für die Annahme eines Vertrages zugunsten Dritter war ursprünglich die Leistungidentität im Leistungsdreieck, d.h., die Leistung die im

---

[500] MüKo-Gottwald § 328, Rn. 19; Staudinger-Kaduk Vor. zu § 328ff., Rn. 19
[501] Staudinger-Kaduk Vor. zu § 328ff., Rn. 25
[502] MüKo-Gottwald § 328, Rn. 23
[503] Palandt-Heinrichs Einf. zu § 328, Rn. 1

Deckungsverhältnis versprochen wird und später im Valutaverhältnis geleistet wird, muß identisch sein[504].

Hiergegen könnten beim Dreiecksverhältnis des Code-Sharing-Vertrages insoweit Bedenken bestehen, als daß der Operating-Carrier dem Marketing-Carrier lediglich vereinbarte Kapazitäten auf einem seiner Flugzeuge schuldet, der Marketing-Carrier hingegen dem Fluggast aber eine konkrete individuelle Beförderungsleistung.
Bislang hat sich die Rechtssprechung jedoch nicht mit dem Tatbestandsmerkmal der Leistungsidentität auseinandergesetzt.
Die Literatur geht hingegen verschiedene Wege:
Larenz vertritt die Ansicht, daß das Recht des Dritten und das des Versprechensempfängers lediglich auf dasselbe Ziel (die Leistung an den Dritten) gerichtet sein müßte[505].
Selb wiederrum führt ohne Begründung nur in einem Nebensatz aus, daß sich der Inhalt der Forderungen des Versprechensempfängers und des Dritten inhaltlich nicht decken müssen[506].
Lange hingegen formuliert ausdrücklich, daß rechtlich der Leistungsanspruch des Dritten von dem des Versprechensempfängers verschieden sein kann[507].
Staudinger stellt schließlich fest, daß es sich um zwei verschiedene Gläubigerrechte mit unterschiedlichem Inhalt handelt[508].
Daraus resultiert nach Ansicht des Verfassers, daß eine Wandlung in der Rechtsansicht stattgefunden hat und nunmehr das Merkmal der Leistungsidentität für die Annahme eines Vertrages zugunsten Dritter nicht nicht mehr erforderlich ist[509].

1.3.2.3.1.2. Verpflichtungswille des Versprechenden

Das Erfordernis des Verpflichtungswillens beim Versprechenden ergibt sich bereits aus dem Wortlaut des § 328 Abs. I, II BGB und seinem Kontext. Denn der Versprechende kann nur dann gegenüber dem Versprechensempfänger eine korrespondierende Willenserklärung abgeben, wenn er mit der Leistungserbringung an den Dritten einverstanden ist. Dementsprechend muß der Versprechende auch den Willen haben, an den Dritten zu leisten.

---

504 Palandt-Heinrichs §328, Rn. 15
505 Larenz, § 171, S. 222
506 Selb, § 19, S. 282
507 Lange, S. 661
508 Staudinger-Kaduk Vor. zu § 328ff., Rn. 29
509 so im Ergebnis auch Gansfort Diss., S. 181

1.3.2.3.1.2.1. Bestimmtheit des Dritten

Damit der Versprechende weiß, zu wessen Gunsten er sein Leistungsversprechen abgibt und ob er diesbezüglich evtl. Bedenken hat, ist es notwendig, daß der Versprechende den Dritten bestimmen kann.
Andererseits sind aber auch Fälle denkbar, in denen aufgrund des Massencharakters der Leistung es regelmäßig völlig unerheblich ist, an wen die Leistung letztlich tatsächlich erfolgt. Deswegen hat die Rechtsprechung entschieden, daß eine Bestimmtheit des/ der Dritten nicht notwendig ist, vielmehr schon eine Bestimmbarkeit nach persönlichen und sachlichen Kriterien ausreicht[510].
Beim Code-Sharing-Vertrag ist die Person des Fluggastes im Zeitpunkt des Vertragsschlusses noch gar nicht bekannt und folglich auch noch nicht benennbar. Allerdings ist der Kreis der in Betracht kommenden Personen überschaubar und folglich bestimmbar, denn die Passagiere werden allein aus dem Kreis der Fluggäste kommen, die mit dem Marketing-Carrier einen Luftbeförderungsvertrag geschlossen haben. Spätestens mit der Ausstellung des Flugtickets durch den Marketing-Carrier, werden sie dem Operating-Carrier auch persönlich bekanntgegeben.
Aus diesem Grund bestehen keine Bedenken gegen die Bestimmbarkeit der Fluggäste im Zeitpunkt des Code-Sharing-Vertragsschlusses.

1.3.2.3.1.2.2. Wille der Code-Sharing-Parteien zur Drittbegünstigung

Zur Annahme eines echten Vetrages zugunsten Dritter muß von den Vertragsparteien beabsichtigt sein, dem Dritten einen unmittelbaren Forderungsanspruch im Bezug auf die versprochene Leistung gegnüber dem Versprechenden zu gewähren.
Da dem Code-Sharing-Vertrag keine direkten Forderungsrechte des Dritten zu entnehmen sind[511], ist aus den Umständen, insbesondere aus dem Zweck des Vertrages zu ermitteln, ob der Fluggast das Recht auf die Beförderungsleistung unmittelbar erwerben soll (§328 Abs. II BGB).
Allein die notwendige Teilnahme eines Dritten an dem Vertragsgebilde reicht noch nicht aus, um bei der Vertragsauslegung zu dem Ergebnis zu kommen, die Einbeziehung in den Erfüllungsvorgang würde per se zur Eigenberechtigung des Dritten führen[512]. Denn der Schuldner kann gute Gründe haben, das Geschäft in seiner eigenen Regie zu behalten. So steht ihm nämlich im Falle einer Verdoppelung der Gläubigerposition ein weiterer Anspruchsberechtigter gegenüber. Gerade diese Gefahr besteht für die Fluggesellschaften, da einerseits

---

[510] MüKo-Gottwald § 328 Rn. 18 m.w.N.
[511] vgl. Code-Sharing-Vertrag in Teil III dieser Arbeit
[512] Esser/ Schmidt, S. 588; RGRK Ballhaus § 328, Rn. 36

der Marketing-Carrier auf die Ausnutzung der an ihn verkauften Code-Sharing Sitzplatzkontingente bestehen kann, andererseits aber die Passagiere ihren eigenen Anspruch aus dem ausgestellten Flugticket geltend machen könnten.

Zu fragen ist aber, ob nicht möglicherweise der Versprechensempfänger (Marketing-Carrier) dem Dritten (Fluggast) eine feste, eigene Rechtsposition verschaffen will, und der Versprechende (Operating-Carrier) sich damit einverstanden erklärt hat.
Hierbei wird man sagen können, daß die selbständige Drittberechtigung dann im Sinne des Marketing-Carriers liegen wird, wenn er für den Operating-Carrier erkennbar ein Interesse daran hat, dem Fluggast eine vom Belieben des Operating-Carriers unabhänigige Rechtsposition einzuräumen. Es ist deshalb zu prüfen, ob der Marketing-Carrier ein dahingehendes Interesse beim Abschluss des Code-Sharing-Vertrages hat.

1.3.2.3.1.2.2.1. Besserstellungsabsicht zugunsten des Fluggastes

Eine reine Besserstellungsabsicht zugunsten des Fluggastes muß von vorneherein abgelehnt werden, denn die Luftfahrtunternehmen schließen den Code-Sharing-Vertrag keineswegs im alleinigen Interesse des Passagiers, sondern primär aus eigenen Interessen. Sie erhoffen sich durch die Code-Sharing-Verbindungen Umsatzzuwächse und die Erschließung neuer Destinationen, die ohne die Code-Sharing-Verbindung, evtl. aus verkehrsrechtlichen Gründen, sonst nicht zu erreichen sind. Daneben dient das Code-Sharing der besseren Ausnutzung freier Sitzplatzkapazitäten[513]. Man kann daher keinesfalls davon ausgehen, daß Code-Sharing-Verträge dem Fluggast eine Versorgung gewähren oder dessen Lage verbessern wollen.

1.3.2.3.1.2.2.2. "Sonstiger Grund[514]" des Marketing-Carriers (Ausstellung eines Flugtickets)

Möglicherweise bringt die Ausstellung von Flugtickets auf den Namen des Fluggastes den Willen zur Begünstigung zum Ausdruck. Denn hierin könnte man evtl. zum einen den verbrieften Anspruch des Passagiers auf Beförderung gegen das Flugunternehmen und zum anderen ein konkludentes Einverständnis der Airline auf Inanspruchnahme eines individuellen Beförderungsanspruchs sehen. Lassen die Fluggesellschaften deshalb die Ticketausstellung zu, so könnte daraus der Rückschluss gezogen werden, daß sie mit einer solchen Rechtsfolge einverstanden sind.

---

[513] von Wrangell, S. 120ff.

[514] einen solchen fordert Larenz, S.220

Art. 3 Abs. I WA schreibt die Ausstellung eines Dokumentes vor. Mit dem Inkrafttreten des MÜ gibt es zukünftig das Erfordernis der Ausstellung eines Flugscheins nicht mehr. Denn nach Art. 3 MÜ kommt es auf die Ausstellung eines Tickets in den Fällen nicht mehr an, in denen die erforderlichen Informationen über den Flug auch anderweitig bereitgestellt werden können, vor allem in elektronischer Form. Jedoch sollen dem Passagier nach wie vor die Informationen über den Inhalt des Haftungssystems schriftlich zur Verfügung gestellt werden, notfalls im Zusammenhang mit der Bordkarte[515]. Insoweit waren und sind bisher die Flugtickets für die Airlines aus haftungsrechtlicher Sicht von elementarer Bedeutung, so daß sie allein aus diesem Grund schon Flugscheine ausstellen. Mithin liegt nach Auffassung des Verfassers ein so wichtiger Grund vor, daß eine weitergehende Auslegung dieser Maßnahme nicht möglich erscheint.

Ein Einverständnis der Luftfahrtunternehmen zu einem selbständigen Beförderungsanspruch der Passagiere oder eine dahingehende Schlußfolgerung im Rahmen einer Vertragsauslegung konnte deshalb bisher aus der Ticketausstellung nicht gefolgert werden.

1.3.2.3.1.2.3. Zweck und Interessenlage bei Abschluss des Code-Sharing-Vertrages

Möglicherweise kann man aber den Code-Sharing-Vertrag dennoch als einen echten Vertrag zugunsten Dritter sehen. Zu einem solchen Ergebnis könnte man kommen, wenn man festellt, daß der Code-Sharing-Vertrag auch im Interesse des Fluggastes geschlossen wurde und sein maßgeblicher Inhalt in der Beförderung von Fluggästen besteht.

Beide Kriterien sind eng miteinander verbunden, da die Erreichung eines bestimmten Vertragsinhaltes ein entsprechend zielgerichtetes Interesse der Vertragsschließenden voraussetzt. Sie werden daher im Folgenden zu prüfen sein.

1.3.2.3.1.2.3.1. Inhalt des Code-Sharing-Vertrages

Der Vertragsinhalt des Code-Sharing-Vertrages ist in erster Linie von den Parteien in Art. II des Vertrages festgelegt[516]. Danach ist das Vertragsziel die Zurverfügungstellung von Luftbeförderungsleistungen durch den Operating-Carrier unter der Flugnummer des Marketing-Carriers. Dies beinhaltet im Endeffekt die Beförderung von Fluggästen auf bestimmten Flügen zu bestimmten Zeiten.

---

[515] Müller-Rostin, S. 230; Saenger, S. 172

[516] siehe Artikel II des Code-Sharing-Vertrages im 3. Teil dieser Arbeit, der die Hauptpflichten der Parteien regelt

1.3.2.3.1.2.3.2. Interessen der Code-Sharing-Vertragsparteien

1.3.2.3.1.2.3.2.1. Interessen des Fluggastes

Unzweifelhaft wird der Fluggast ein starkes Interesse daran haben, daß ihm ein selbständiger Anspruch auf Beförderung aus dem Code-Sharing-Vertrag erwächst. Jedoch kann man unter Berücksichtigung der Interessen der Vertragsparteien des Code-Sharing-Vertrages keinesfalls die Interessen des Passagiers subsumieren, denn dieser ist nicht Partei des Code-Sharing-Vertrages. Mithin kommt es auf die Interessenlage des Fluggastes nicht an.

1.3.2.3.1.2.3.2.2. Interessen der am Code-Sharing-Vertrag beteiligten Fluggesellschaften

Zunächst ist unter Berücksichtigung der Tatsache, daß es sich bei den beteiligten Fluggesellschaften um Wirtschaftsunternehmen handelt, davon auszugehen, daß deren primäres Ziel in der Durchsetzung ihrer jeweiligen Wirtschaftsinteressen liegt[517]. Gerade vor diesem Hintergrund werden Kooperationsvereinbarungen wie Code-Sharing-Abkommen geschlossen. So ist primärer Auslöser für die Entwicklung von Code-Sharing in den achtziger Jahren auch die Zahl der weltweit steigenden freien Sitzplatzkapazitäten gewesen. Durch Code-Sharing erhoffte man sich eine bessere Auslastung des Fluggerätes und somit auch eine Umsatzsteigerung bzw. letztlich Gewinnerhöhung.
Zwar ist der Unternehmenszweck der Airlines die Durchführung von Luftbeförderung, wozu ja auch gerade Code-Sharing-Abkommen gezeichnet werden. Jedoch reicht diese Unternehmenszweckbestimmung m.E. allein noch nicht für die Annahme aus, daß die beteiligten Airlines die Code-Sharing-Verträge im Interesse der Passagiere abschließen.
Ein weiteres Indiz dafür, daß Fluggesellschaften Code-Sharing-Verträge nicht vornehmlich im Interesse des Fluggastes abschließen, ist die Bemühung der Airlines, ihre Haftung soweit wie nur möglich einzuschränken. Allein durch die Einbeziehung der ABB-Flug in den Luftbeförderungsvertrag, die nicht unerheblich die Verbraucherinteressen beeinträchtigen, versuchen die Luftfahrtunternehmen, den Fluggästen ihre Vertrags- und Haftungsbedingungen aufzudrücken.
Darüber hinaus berechtigt aber auch der Code-Sharing-Vertrag selbst den Operating-Carrier, vom Marketing-Carrier nicht genutzte Sitzplätze anderweitig zu vergeben[518]. Ebenso kann sich der Operating-Carrier freizeichnen, wenn es

[517] Fluggesellschaften sind durchweg Handelsgesellschaften im handelsrechtlichen Sinne, die eine dauernde Gewinnerzielungsabsicht zur Erreichung ihres Geschäftszweckes geradezu voraussetzen.

[518] siehe Artikel VII des Code-Sharing-Vertrages in Teil III dieser Arbeit

aufgrund höherer Gewalt zu Leistungsstörungen bei der Luftbeförderung kommt[519].
Anhand dieser Beispiele wird deutlich, daß es den Airlines keineswegs darum geht, die Interessen aller an der Luftbeförderung beteiligten Personen zu schützen oder auch nur zu berücksichtigen. Vielmehr handeln die Fluggesellschaften nur in den nötigsten Angelegenheiten zugunsten des Passagiers, darüber hinaus aber ausschließlich unter Berücksichtigung ihrer eigenen Interessen.

1.3.2.3.1.2.3.2.3. Zwischenergebnis

Der Code-Sharing-Vertrag spiegelt daher die Vereinbarung zweier Wirtschaftsunternehmen wieder, die ihre ureigensten wirtschaftlichen Interessen geregelt haben und darin keine Anhaltspunkte für eine Rücksichtnahme auf Fluggastinteressen erkennen lassen. Auch ist kein Grund für die Vertragsparteien erkennbar, der sie veranlassen könnte, den Passagieren auch dann eine Beförderung zu garantieren, wenn die vertraglichen Verpflichtungen des Marketing-Carriers nicht erfüllt werden.
Aus all dem ergibt sich, daß den Interessen der Fluggäste von den Parteien des Code-Sharing-Vertrages (Deckungsverhältnis) nur ein sehr geringer Stellenwert beigemessen wird. Letztlich sind sowohl der Marketing-Carrier, als auch der Operating-Carrier Wirtschaftsunternehmen, für die die Gewinnmaximierung das vordringlichstes Ziel ist.

1.3.2.3.1.2.4. Ergebnis

Im Ergebnis wird man nach Ansicht des Verfassers daher davon ausgehen müssen, daß es sich beim Code-Sharing-Vertrag nicht um einen echten Vertrag zugunsten Dritter handelt. Nach den vorangegangenen Ausführungen haben die Airlines weder den Willen zur Drittbegünstigung noch ein Interesse daran, daß der Fluggast einen unmittelbaren Anspruch auf die Luftbeförderung gegen den Operating-Carrier erwirbt.

1.3.2.3.2. Der Code-Sharing-Vertrag als unechter Vertrag zugunsten Dritter

Ein eigener Anspruch auf die Luftbeförderung wird dem Fluggast von den Code-Sharing-Partnern nicht zugebilligt. Unzweifelhaft ist der Passagier aber der Empfänger der Leistung, denn er soll die Luftbeförderung erhalten, die der Operating-Carrier dem Marketing-Carrier schuldet.

---

[519] siehe Artikel VII des Code-Sharing-Vertrages in Teil III dieser Arbeit

Dies ist die typische Leistungssituation beim unechten Vertrag zugunsten Dritter, bei dem dem Dritten zwar eine Leistung, aber kein selbständiges Forderungsrecht auf die Leistung gewährt wird[520]. Der Dritte wird also faktisch begünstigt, ohne ein Recht auf die Zuwendung zu erhalten. Aufgrund des Code-Sharing-Vertrages haben nun die Operating-Carrier auf den vereinbarten Strecken den Passagier zu befördern und erfüllen damit ihre eigene vertragliche Verpflichtung aus dem Code-Sharing-Abkommen. Zugleich erfüllen sie aber auch die Leistung oder einen Teil der Leistung, die der Marketing-Carrier gegenüber dem Fluggast aus dem Luftbeförderungsvertrag zu erbringen hat. Durch diese Vorgehensweise wird der Operating-Carrier ermächtigt, mit schuldbefreiender Wirkung i.S.v. §§ 362 Abs. II, 185 Abs. I BGB an den Dritten zu erfüllen.

1.3.2.4. Ergebnis

Damit liegen die Voraussetzungen für einen ermächtigenden oder unechten Vertrag zugunsten Dritter beim Code-Sharing-Vertrag vor. Insofern hat der Fluggast aus dem Leistungsdreieck keinen eigenen Erfüllungsanspruch gegen den Operating-Carrier.
Es handelt sich mithin zwischen den Fluggesellschaften um ein reines Zweiparteienverhältnis, bei dem allein der Inhalt der Verpflichtung dahingehend bestimmt ist, daß die geschuldete Handlung gegenüber dem Dritten vorgenommen werden soll.

2. Die Haftung der am Code-Sharing beteiligten Carrier gegenüber dem Fluggast

Nachfolgend wird vom Verfasser die Haftung der am Code-Sharing beteiligten Carrier gegenüber dem Fluggast bei Personenschäden nach den einschlägigen Haftungsnormen untersucht. Es geht dabei nicht um die Haftung für Schlechtleistung aus dem Luftbeförderungsvertrag, sondern ausschließlich um die Haftung für Schäden bei der Transportleistung.
Aus dem privatrechtlichen Code-Sharing-Vertrag zwischen den Carriern ergibt sich für den Fluggast keine haftungsrechtliche Anspruchsgrundlage. Denn die dort geregelten Haftungstatbestände entfalten keine Außenwirkung zugunsten des Passagiers, sondern treffen nur abschließende Regelungen unter den am Vertrag beteiligten Parteien[521].
Daher ist zu prüfen, in welchen Fällen die nationalen und die internationalen Haftungsnormen Anwendung finden. Im Anschluss ist zu untersuchen, gegen

---

520 Grunsky, S. 618

521 Donato, S. 236

wen sich der Anspruch des Fluggastes im Falle des Code-Sharing richten kann und wer konkret in den verschiedenen Code-Sharing-Konstellationen Anspruchsgegner ist.

2.1 Haftungsregime

Vorab sollen die im Rahmen der Luftbeförderung möglichen nationalen und internationalen Haftungsregime kurz vorgestellt werden[522]. Für deren Anwendbarkeit ist vor allem entscheidend, ob es sich um eine nationale oder internationale Luftbeförderung handelt.

2.1.1. Haftungsregime bei nationaler Luftbeförderung

Bei nationaler Beförderung richtet sich die Haftung ausschließlich nach den nationalen Rechtsvorschriften des LuftVG. Zwar kommt das LuftVG auch bei internationalen Flügen zur Anwendung, wenn die internationalen Haftungsabkommen nach ihren Voraussetzungen nicht anwendbar sind[523] und das internationale Privatrecht (Art. 28 EGBGB) zur Anwendbarkeit deutschen Rechts führt. Die §§ 44ff. LuftVG haben jedoch in jedem Fall zwingende Gültigkeit für rein nationale Flüge[524]. Eine nationale, d.h. innerstaatliche Beförderung liegt stets dann vor, wenn der Abgangs- und der Bestimmungsort innerhalb eines Staates liegen, ohne das eine Zwischenlandung an einem ausländischen Ort stattfindet oder der Flug über Gebiete außerhalb der Landesgrenze dieses Staates führt[525]. Im Rahmen der vorliegenden Arbeit bedeutet nationaler Flug daher einen Flug innerhalb der Bundesrepublik Deutschland ohne das das Flugzeug während der Beförderung das deutsche Staatsgebiet verläßt.

Die Haftungsvorschriften des LuftVG gliedern sich in die Halterhaftung für die Schäden aus dem Betrieb eines Luftfahrzeuges nach den §§ 33ff. LuftVG (Gefährdungshaftung) und die Haftung des Luftfrachtführers nach §§ 44ff. LuftVG, die er aus dem Beförderungsvertrag gegenüber dem Fluggast übernommen hat[526].

Für den nachfolgenden Teil der Arbeit wird sich der Verfasser ausschließlich mit der Haftung der Code-Sharing-Partner aus dem Beförderungsvertrag, also den §§ 44ff. LuftVG auseinandersetzen, denn die Halterhaftung ist abhängig von der Haltereigenschaft des Schädigers, die wiederrum unabhängig von einer Code-

---

522 siehe hierzu auch Saenger, S. 169ff.

523 das ist z.B. dann der Fall, wenn der vom Passagier geltend gemachte Schaden auf einer Nicht- oder Schlechterfüllung des Beförderungsvertrages beruht.

524 MüKo-Martiny, Art. 28 EGGVG, Rn. 183; Giemulla/ v. Schyndel in TranspR. 1998, S. 256

525 Führich, Rn. 721; Giemulla/ Schmid Vor. § 33 LuftVG, Rn. 8

526 Giemulla/ Schmid, Vor. § 33 LuftVG, Rn. 1b

Sharing-Kooperation besteht. Mithin wirkt sich die Code-Sharing-Vereinbarung von Airlines grundsätzlich nicht auf die Haltereigenschaft aus, so daß infolgedessen die Gefährdungshaftung des Halters außer Betracht bleiben kann.

2.1.2. Haftungsregime bei internationaler Beförderung

Handelt es sich demgegenüber um eine internationale Luftbeförderung, richtet sich die Haftung der am Flug beteiligten Luftfrachtführer nach den internationalen Abkommen. Sie liegt nach Art. 1 WA in all den Fällen vor, in denen der Abgangs- und/oder Bestimmungsort im Hoheitsgebiet zweier Vertragsstaaten liegt, oder im selben Vertragsstaat, wobei eine Zwischenlandung auf dem Gebiet eines anderen Staates, der nicht Vertragsstaat zu sein braucht, geplant ist[527].
Bei diesen internationalen Haftungsvereinbarungen handelt sich zum einen um völkerrechtliche Verträge, die nach ihrer Transformation in nationales Recht innerhalb der jeweiligen Vertragsstaaten verbindliches Recht sind. Daneben existieren aber auch verbandsinterne Regelwerke[528], welche nur Rechtswirkungen gegenüber den jeweiligen Mitgliedern entfalten. Insgesamt wurde dadurch auf dem Gebiet der internationalen Luftbeförderung vielerorts in erheblichem Maße materielles Einheitsprivatrecht geschaffen[529].

2.1.2.1. Das Haftungssystem des Warschauer Abkommens (WA)

Unter dem Haftungssystem des WA lassen sich mehrere internationale Haftungsabkommen zusammenfassen, die allesamt das WA in seiner ursprünglichen Fassung aus dem Jahre 1929 modifizieren bzw. erweitern. Das WA wird zukünftig durch das sog. "Montrealer Übereinkommen (MÜ)" abgelöst. Daher wird dieses Abkommen auch an späterer Stelle dieser Arbeit noch ausführlich besprochen[530].
Darunter fallen insbesondere das Haager Protokoll (HP) von 1955[531], in dem unter anderem die ursprünglich im WA festgelegten Haftungshöchstsummen bei Personenschäden verdoppelt wurden und das Zusatzabkommen von Guadalajara (ZAG)[532] aus dem Jahre 1961. Darüber hinaus existieren die Protokolle von Guatemala (1971) sowie Montreal (1975), die nachfolgend, da sie für Deutschland nicht in Kraft getreten sind, außer acht gelassen werden können.

---

[527] OLG Düsseldorf in TranspR. 1995, S. 30; MüKo-Martiny, Art. 28 EGGVG, Rn. 170; Giemulla/ Schmid § 51 LuftVG, Rn. 3a; Führich, Rn. 722
[528] so z.B. das IATA-Intercarrier-Agreement
[529] Ruhwedel, S. 22; MüKo-Martiny Art. 28 EGGVG, Rn. 169
[530] siehe Ausführungen unter 2.1.2.4. in diesem Kapitel der Arbeit
[531] BGBl. 1958 Teil II, S. 291, Zapp, S. 240
[532] BGBl. 1963 Teil II, S. 1159

Diese Abkommen werden über § 51 LuftVG für ausdrücklich anwendbar erklärt. Die Vorschrift stellt eine reine Voraussetzungsverweisung dar, so daß sich die Prüfung der einzelnen Vorschriften der Abkommen nicht erübrigen[533].

2.1.2.1.1. Das Warschauer Abkommen zur Vereinheitlichung von Regeln über die Beförderung im internationalen Luftverkehr (WA) vom 12. Oktober 1929[534]

Das ursprüngliche Abkommen ist Ergebnis zweier internationaler Konferenzen, die 1925 in Paris und 1929 in Warschau stattfanden. Das Vertragswerk wurde zunächst von 23 Staaten, u.a. dem Deutschen Reich, gezeichnet. Heute besitzt das WA in 130 Vertragsstaaten Gültigkeit.

2.1.2.1.2. Das Zusatzabkommen von Guadalajara vom 18. September 1961 (ZAG)[535]

Das Zusatzabkommen von Guadalajara (ZAG) vereinheitlicht vor allem die Bestimmung des Luftfrachtführers im Bereich des WA. Dies war notwendig geworden, weil im Laufe der Zeit sich immer mehr Luftfrachtführer eines Dritten zur tatsächlichen Durchführung der Flugdienste bedienten[536]. Für den Fluggast bestand nunmehr die Frage, gegen wen der beiden Gesellschaften er seine Ansprüche nach dem WA im Schadensfalle geltend machen sollte, denn der Beförderungsvertrag wurde mit nur einer Fluggesellschaft geschlossen. Dies hätte zur Folge gehabt, daß sich der Reisende gegenüber seiner Vertragspartei aus dem Luftbeförderungsvertrag im Rahmen der internationalen Luftbeförderung auf das WA/ HP berufen konnte, gegenüber der Airline, die den Flugdienst selbst durchführte, mangels direkter vertraglicher Beziehungen aber auf die nationalen deliktischen Anspruchsgrundlagen verwiesen worden wäre.
Dieses Problem wurde durch die Schaffung der Figuren des "vertraglichen" und des "ausführenden Luftfrachtführers" im ZAG gelöst. In Art. I lit. b ZAG wird diejenige Person als "vertraglicher Luftfrachtführer" bestimmt, die als eine Vertragspartei mit einem Reisenden einen dem WA unterliegenden Beförderungsvertrag geschlossen hat. Demgegenüber wird in Art. I lit. c ZAG der "ausführende Luftfrachtführer" definiert, als eine andere Person als der vertragliche Luftfrachtführer, der auf Grund einer von dem vertraglichen Luftfrachtführer erteilten Ermächtigung die nach lit. b vorgesehene Beförderung ganz oder zum Teil ausführt. Konsequenz dieser rechtlichen Bewertung durch das ZAG war nunmehr eine solidarische Haftung beider Luftfrachtführer in

533 MüKo-Martiny, Art. 28 EGGVG, Rn. 169
534 abgedruckt in RGBl. 1933 II, S. 1039
535 BGBl. 1963 Teil II, S. 1159
536 so im Falle des "Charter" oder der "Miete"

Form eines Anspruchs des Fluggastes nach dem WA sowohl gegen den vertraglichen als auch gegen den ausführenden Luftfrachtführer[537]. Dadurch wurde für die Zukunft dem Reisenden die Ungewißheit über die Anspruchgegner genommen, und der ausführende Carrier kam in den Genuß der Haftungsbeschränkung des WA[538].

2.1.2.2. Das IATA-Intercarrier-Agreement von 31. Oktober 1995[539]

Die International Air Transportation Association (IATA) ist eine private Organisation, der alle bedeutenden Luftverkehrsgesellschaften angehören[540]. Auf Betreiben und erheblichen Druck der Vereinigten Staaten, die wie bereits ausgeführt, nach wie vor der Ansicht waren, die Haftungssummen des WA und auch seiner Zusatzabkommen seien zu gering, wurde im Herbst 1995 das IATA-Intercarrier-Agreement beschlossen, das eine Haftung über das WA/ HP hinaus bewirken sollte[541].
Es sieht eine freiwillige verschuldensunabhängige Haftungserweiterung der Mitgliedsgesellschaften auf 100.000 Sonderziehungsrechte (SZR)[542] vor. Darüber hinaus gilt für Personenschäden über 100.000 SZR eine unlimitierte Haftung des Carriers, wenn diesem nicht der Entlastungsbeweis gelingt[543].
Da das Regelwerk nur eine verbandsintern akzeptierte Mustervorlage (sog. "umbrella accord") für die allgemeinen Beförderungsbedingungen (ABB-Flug) der einzelnen Mitglieder darstellt[544], ist es im Gegensatz zu den vorab dargestellten internationalen Haftungsabkommen nicht rechtsverbindlich für solche Fluggesellschaften, die entweder nicht Mitglieder der IATA sind oder aber von der Mustervorlage keinen Gebrauch gemacht haben, indem sie diese nicht in ihre ABB-Flug einbezogen haben. Die Haftungserweiterung ist demgegenüber aber völkerechtlich unbedenklich, denn Art. 22 Abs. I S.3 WA gestattet ausdrücklich, daß der Fluggast mit dem jeweiligen Luftfrachtführer eine höhere Haftsumme vereinbart[545]. Jedoch erübrigt die Verwendung der IATA-Intercarrier-Agreement-Bestimmungen nicht die maßgeblichen Bestimmungen des Vertragsstatuts. Nach deutschem Recht beurteilt sich die Einbeziehung und

---

[537] Gansfort Diss., S. 74, künftig geregelt in Art. 40 MÜ
[538] Riese, S. 3; Schmidt-Räntsch, S. 216
[539] IATA Intercarrier Agreement on Passenger Liability, abgedruckt in TranspR 1997, 43; ZLW 1996, S. 23ff.
[540] z.Zt. ca. 250 Luftverkehrsgesellschaften, vgl. im einzelnen Gran
[541] seine inhaltliche Akzeptanz ist bedenklich, wenn man berücksichtigt, daß bisher (1997) nur etwa 40 vorwiegend US- amerikanische Airlines das Abkommen gezeichnet haben
[542] am 06.12.2000 entsprach 1 SZR = 1,46044 EURO
[543] Müller-Rostin, S. 232
[544] Ruhwedel in TranspR. 1998, S. 15
[545] Ruhwedel in TranspR. 1998, S. 15

die einzelnen Klauselinhalte nach dem AGBG, da es sich um AGB handelt. Dem IATA-Intercarrier-Agreement haftet jedoch der Mangel an, daß es sich um keine generelle, für alle Airlines verbindliche Haftungsregelung handelt.

2.1.2.3. Die Verordnung (EWG) Nr. 2027/ 97 vom 09. Oktober 1997

Auch die EU hat für die in der EU registrierten Luftverkehrsgesellschaften eine dem IATA-Abkommen ähnliche Haftungsregelung vorgesehen, welche am 17.10.1998 in Kraft getreten ist[546].
Zentrale Regelung der Verordnung ist die unbeschränkte Haftung eines Luftfahrtunternehmens der Gemeinschaft[547] für Personenschäden von Fluggästen[548]. Danach wird der Gedanke der limitierten Haftung als Grundgedanke des WA aufgeben[549]. Die Verordnung hat jedoch nur vorläufigen Charakter, denn nach Art. 7 Verordnung (EWG) Nr. 2027/ 97 sollte 2 Jahre nach Inkrafttreten, also im Herbst 2000, ein Gedankenaustausch über die weitere Anwendung und die bis dahin gemachten Erfahrungen stattfinden.
Die Verordnung verpflichtet die Carriern der Mitgliedstaaten, den Inhalt der einzelnen Vorschriften in ihre ABB-Flug einzuarbeiten. Der Fluggast hat durch die vertragliche Einbeziehung der Beförderungsbedingungen einen individualrechtlichen Anspruch gegen die einzelne Airline aus dem Luftbeförderungsvertrag[550]. In Zukunft treffen somit im Schadensfall verschiedene Rechtsysteme, nämlich das WA, teilweise modifiziert durch die EU-VO 2027/ 97, kombiniert mit den ABB-Flug der Fluggesellschaften und dem Luftbeförderungsvertrag aufeinander, was die Geltendmachung der Ansprüche m.E. sicherlich nicht erleichtert.
Absicht des EU Rates war es, die unterschiedlichen Haftungsummen der einzelnen Mitgliedstaaten bei einem Schadensereignis auf ein gemeinsames Niveau zu bringen[551]. So ist die Haftung bei einem schädigenden Ereignis z.B. in Italien auf 100.000 SZR beschränkt, wohingegen Deutschland sich zu 320.000 SZR verpflichtet hat. Da im Luftverkehrsbinnenmarkt der EU aufgrund der Verordnung (EWG) Nr. 2408/ 92 keine Unterscheidung mehr zwischen nationaler und internationaler Beförderung existiert, war dieser Vorstoß nur konsequent und sinnvoll. Deshalb sollte nach dem Willen der EU für alle Flüge innerhalb der EU die selbe Haftungshöhe gelten[552].

---

[546] Müller-Rostin, S. 232; Ruhwedel in TranspR. S. 14/ 15
[547] hierbei handelt es um alle die Fluggesellschaften, die über eine Betriebsgenehmigung nach Verordnung (EWG) Nr. 2407/ 92 verfügen
[548] geregelt in Art. 3 Verordnung (EWG) Nr. 2027/ 97
[549] Müller-Rostin, VersR. 1997, S. 1446
[550] Giemulla/ Schmid in NZV 1998, Kap. III.2.
[551] Erwägungsgrund Nr. 3 zur EU-VO 2027/ 97
[552] Erwägungsgrund Nr. 4 zur EU-VO 2027/ 97

Das WA schafft, wie bereits erwähnt, in Art. 22 Abs. I S.3 WA durch insoweit flexibles Völkerrecht die Möglichkeit zum Erlaß solcher Vorschriften auf Gemeinschaftsebene, so daß der Verordnung auch keine völkerrechtlichen Bedenken entgegenstehen. Für das Gebiet der EU geht daher die Verordnung (EWG) Nr. 2027/ 97 den übrigen völkerechtlichen Bestimmungen vor. Ihre Anwendbarkeit ist innerhalb der Gemeinschaft unbedenklich[553].
Darüber hinaus verdrängt die Verordnung gemeinschaftsintern nationales Recht und trifft insoweit für die Mitgliedstaaten abschließende Regelungen[554]. Damit werden die Vorschriften des LuftVG über die Haftungshöhe des Luftfrachtführers für Personenschäden durch die Verordnung überlagert[555]. Da die Verordnung jedoch über die Personenschäden hinaus keine Regelung z.B. bei Verspätungsschäden oder Gepäckschäden trifft und auch keine dahingehenden Regelungen beabsichtigt waren[556], ist sie für diesen Bereich nicht abschließend. Mithin verbleibt es hier bei den nationalen deutschen Regelungen[557].
Problematisch ist vor allem der Anwendungsbereich der Verordnung, den der Wortlaut des Regelungswerkes nicht ausdrücklich beantwortet.
Insbesondere umstritten ist die Anwendbarkeit der Verordung auf Flügen aus oder in Nicht-EU-Staaten, d.h. solchen Ländern, die nicht Gemeinschaftsmitglied sind. Die Verordnung selbst äußert sich dazu nicht. Gegen die Anwendbarkeit spricht auf jeden Fall der Vorrang des Völkerrechts, denn gegenüber Nicht-EU-Staaten hat das Gemeinschaftsrecht keinen Vorrang. Daraus ergibt sich im Falle eines Konfliktes die Verpflichtung der EU, einen völkerrechtlichen Zustand im Bezug auf außerhalb des Gemeinschaftsrechts stehende Dritte wiederherzustellen[558]. Mithin bindet das EU-Recht nur die Carrier der Mitgliedstaaten und gilt nicht im Verhältnis zu Nicht-EU-Staaten. Im Ergebnis findet die Verordnung (EWG) Nr. 2027/ 97 nur auf Gemeinschaftsflüge von Gemeinschaftsairlines Anwendung und nicht auf Drittstaatenflüge. Hiergegen werden jedoch stets dann Bedenken bestehen, wenn ein Drittland-Carrier 5. Freiheitsverkehr innerhalb der Gemeinschaft durchführt und bezüglich dieses Verkehrs nicht von der Verordnung betroffen wird.

---

[553] Giemulla/ Schmid in NZV 1998, Kap. III.1.; Gansfort in ZLW 1998, S. 268
[554] sog. Vorrang des Gemeinschaftsrechts
[555] Giemulla/ Schmid, § 44 LuftVG Rn. 9
[556] Erwägugnsgrund Nr. 8 zur EU-VO 2027/ 97
[557] so im Ergebnis auch Graumann in einem unveröffentlichen Schreiben des BMVBW
[558] Bleckmann in DÖV 78, S. 391ff.; Gansfort in ZLW 1998, S. 271

2.1.2.4. Das Montrealer Übereinkommen vom 28. Mai 1999 (MÜ)[559]

Angesichts der Reformbedürftigkeit und der Unübersichtlichkeit des Warschauer Haftungssystems sowie der Vielzahl anderer teils privatrechtlicher Haftungsregime, hatte es sich die International Civil Aviation Organisation (ICAO) in den letzten Jahren zur Aufgabe gemacht, das "Abkommensdurcheinander" einer gründlichen Revision zu unterziehen, in der Absicht, es durch ein neues, möglichst einheitliches Instrument, zu ersetzen. Jedoch sollte trotz aller Kritik am bestehenden Haftungsregime, die sich in der Hauptsache in all den Jahren an den Haftungshöchstgrenzen entzündet hatte, das Grundkonzept des WA beibehalten werden. Denn bei einer Aufweichung würde es zu Lasten des Fluggastes zu einer erheblichen Rechtsunsicherheit und einem unerträglichen Haftungsdurcheinander gekommen[560].
Eine eigens hierfür konstituierte Arbeitsgruppe ("Study Group on the Warsaw System") legte einen Entwurf vor, der im Mai 1999 auf einer diplomatischen Staatenkonferenz in Montreal beraten wurde[561].
Ergebnis war das sog. "Montrealer Übereinkommen" (MÜ), das in sich das überarbeitete Warschauer Abkommen nebst der im Laufe der Jahre hinzugekommenen Zusatzabkommen vereint. Das Abkommen wurde deswegen auch auf Anhieb von 52 teilnehmenden Staaten[562] (u.a. Deutschland und mehreren EU Staaten, die Vereinigten Staaten sowie zahlreiche afrikanische Staaten) im Anschluß an die Konferenz unterzeichnet[563]. Inzwischen haben insgesamt 122 Staaten das Abkommen gezeichnet. In Kraft tritt es aber erst 60 Tage, nachdem es mindestens 30 Staaten ratifiziert und anschließend in nationales Recht transformiert haben. Das könnte durchaus schon bald der Fall sein[564]. Es kann folglich davon ausgegangen werden, daß das MÜ das WA kurzfristig ablösen wird. Das neue Übereinkommen wird dann sämtliche bisherige internationalen Haftungsabkommen im internationalen d.h. grenzüberschreitenden Luftverkehr ersetzen.
Inhaltlich besteht das MÜ aus einer Zusammenfassung von Vorschriften des WA, des HP, der Montrealer Protokolle Nr. 1,2 und 4 sowie des Protokolls von Guatemala[565] und des ZAG . Es enthält daneben auch Elemente des IATA-Intercarrier-Agreements und der Verordnung (EWG) Verordnung 2027/ 97[566].

559 abgedruckt in TranspR. 1999, S. 315ff.
560 Ruhwedel in TranspR 2001, S. 199ff.; Schmid in RRa 1999, S. 131
561 Müller-Rostin in TranspR. 1998, S. 229
562 nach Art. 53 Abs. VI MÜ
563 Müller-Rostin in TranspR. 1999, S. 291
564 Schmid in RRa 1999, S. 131
565 alle vier Protokolle wurden von der Bundesrepublik Deutschland nicht gezeichnet
566 Schmid in RRa 1999, S. 131ff.; Müller-Rostin in TranspR. 1999, S. 291

Die wichtigsten Änderungen betreffen die Haftung bei der Personenbeförderung. Denn die Luftfahrtunternehmen können nicht mehr wie bisher bei einer Haftungssumme bis 100.000 SZR[567] den Entlastungsbeweis nach Art. 20 WA führen. D.h., sie können nicht mehr vortragen, sie hätten alles Erforderliche getan, um den Schaden abzuwenden. Erst bei Schäden, die diese Haftungssumme übersteigen, ist der Entlastungsbeweis nach Art. 20 MÜ wieder möglich. Mißlingt dieser aber, bleibt es zugunsten des Fluggastes beim vermuteten Verschulden des Luftfrachtführers[568].

2.2. Anwendbarkeit der nationalen und internationalen Haftungsnormen

Es stellt sich die Frage, bei welcher Beförderung die nationalen[569] und internationalen Haftungsnormen[570] Anwendung finden.
Voraussetzung ist zunächst, unabhängig davon, ob es sich um einen Hin- und Rück- oder Rundflug handelt, daß die Staaten der Vertragsparteien den internationalen Abkommen beigetreten sind. Denn nur dann gelten sie als für die Parteien verbindlich und abschließend[571]. Sofern die Staaten des Abgangs- und/ oder Bestimmungsortes die internationalen Abkommen jedoch nicht gezeichnet, oder gezeichnet aber nicht ratifiziert haben, gilt über das Internationale Privatrecht (IPR) das nationale Recht des Bestimmungsortes(Art. 28 EGBGB)[572].

2.2.1. Einfaches Code-Sharing ohne Flugzeugwechsel zwischen zwei Staaten als Hin- und Rückflug

Der Anwendungsbereich der internationalen Haftungsabkommen ist für Hin- und Rückflug zwischen zwei Vertragsstaaten stets dann eröffnet, wenn der Luftbeförderungsvertrag auf eine internationale, d.h. grenzüberschreitende Beförderung gerichtet ist[573]. Somit können für rein nationale Beförderungen die internationalen Regelwerke nicht herangezogen werden[574], auch dann nicht,

---

[567] ca. 252.350,-- DM bzw. 129.100,-- EURO
[568] Schmid in RRa 1999, S. 132; Saenger, S. 173
[569] = §§ 44ff. LuftVG
[570] = WA/HP, ZAG, MÜ
[571] Giemulla in Giemulla/ Schmid LuftVG vor § 33 Rn. 9
[572] MüKo-Martiny Art. 28, Rn. 172, 177-179; Giemulla in Giemulla/ Schmid vor. § 33 LuftVG Rn. 10
[573] so ausdrücklich Art. 1 Abs. 1 WA, Art. 2 Abs. 1 ZAG i.V.m. Art. 1 WA und Art. 1 Abs. 1 MÜ
[574] Giemulla in Giemulla/ Schmid, vor § 33 LuftVG, Rn. 8; Giemulla/ Van Schyndel, S. 256

wenn die nationale Strecke Teilstrecke einer Gesamtstrecke ist, die ihrerseits grenzüberschreitenden Charakter hat[575].
Mithin finden die internationalen Vorschriften auf Code-Sharing-Verbindungen ohne Carrier-Wechsel, bei denen der Luftbeförderungsvertrag zunächst nur auf eine Inlandsbeförderung gerichtet ist, auf der Inlandsstrecke auch dann keine Anwendung, wenn ein grenzüberschreitender Weitertransport vorliegt. Ist diesen Fällen beurteilt sich die Haftung auf der nationalen Strecke erst nach dem LuftVG und auf dem anschließenden Streckenabschnitt nach den internationalen Haftungsabkommen.

2.2.2. Code-Sharing zwischen zwei Staaten als Rundflug

Im Falle eines Rundfluges ist entscheidend, ob der Abgangsstaat, der zugleich auch Bestimmungsstaat ist, die entsprechende Fassung des Abkommens gezeichnet hat[576]. Ist dies der Fall, so findet das jeweilige Haftungsabkommen auf diesen Flug Anwendung.

2.2.3. Code-Sharing zwischen drei Staaten

Auch in diesem Fall ist auf die vom konkreten Fluggast im Luftbeförderungsvertrag mit dem Carrier vereinbarte Strecke und den jeweiligen Beitrittsstand der beteiligten Staaten abzustellen[577].

2.3. "Dritte" als Haftungsgegner nach nationalem und internationalem Luftverkehrsrecht

Im Folgenden wird die Frage erörtert, gegen wen der Fluggast bzw. sein Rechtsnachfolger im Falle eines Schadensereignisses nach den internationalen Haftungsvorschriften seine Ansprüche geltend machen kann bzw. machen muß. Deswegen ist vorab zu prüfen, unter welches Haftungssubjekt der Code-Sharing-Partner des Marketing-Carriers als "Dritter" im aufgezeigten Leistungsdreieck zu subsumieren ist.
Sowohl § 49a LuftVG als auch das ZAG haben die Teilnahme eines weiteren Luftfrachtführers an der Luftbeförderung berücksichtigt. So könnte man den Code-Sharing-Partner im Wege einer Fiktion als "vertraglichen Luftfrachtführer" bei der sog. "Sukzessivbeförderung" verstehen oder aber ihn möglicherweise als "Leute" des Marketing-Carriers definieren. Darüber hinaus

---

[575] so z.B., wenn der Fluggast erst innerdeutsch zu einem Großflughafen transportiert wird, um von dort aus die grenzüberschreitende Strecke anzutreten (Hannover – Frankfurt/ Frankfurt – New York)

[576] Giemulla/ van Schyndel, S. 257

[577] Giemulla/ van Schyndel, S. 257

existiert das Gebilde des sog. “ausführenden Luftfrachtführers”. Nachfolgend wird der Verfasser daher prüfen, welche Begriffe auf den Operating-Carrier als Code-Sharing-Partner zutreffen.

2.3.1. Die Code-Sharing-Beförderung des Operating-Carrier als “Sukzessivbeförderung”

Das WA regelt zur Erleichterung der Verfolgung von Schadesnersatzansprüchen im Falle einer Beförderung durch sog. "aufeinanderfolgende Luftfrachführer” die Haftung der einzelnen am Transport beteiligten Carrier[578].
Zum einen bestehen grundsätzlich vertragliche Beziehungen zwischen dem Fluggast und dem ihm vertraglich verbundenen Luftfrachtführer sowie zum anderen zwischen diesem Luftfrachtführer und den von ihm auf der Grundlage besonderer Verträge (hier: Code-Sharing-Vertrag) verpflichteten weiteren Airlines.
Infolge der durch die im WA aufgestellte Fiktion steht das Verhältnis zwischen dem Fluggast und den an der Sukzessivbeförderung beteiligten Fluggesellschaften aber entgegen der obigen Regelung einem vertraglichen Verhältnis gleich[579]. Dadurch wird jeder nachfolgende/ aufeinanderfolgende Luftfrachtführer, und zwar unabhängig davon, ob die einzelne Teilbeförderung eine Binnenbeförderung darstellt, den Haftungsvorschriften des jeweiligen von den Parteien gezeichneten Abkommens unterworfen[580]. Somit wird jeder dieser nachfolgenden Luftfrachtführer kraft Fiktion als eine der Parteien des ursprünglich nur mit dem Marketing-Carrier geschlossenen Beförderungsvertrages angesehen[581]. Der Fluggast erwirbt insoweit einen speziell und ausschließlich im Bezug auf die Haftungsabkommen zugeschnittenen quasivertraglichen Anspruch gegen alle an der Beförderung beteiligten Carrier mit der Besonderheit, daß jede Airline nur für den von ihr beflogenen Teilabschnitt haftet[582]. Die nachfolgenden Luftfahrtunternehmen treten somit haftungsrechtlich neben den ersten Luftfrachtführer[583].
Daher kann der Fluggast im Schadensfall stets entweder den ersten Luftfrachtführer für die Gesamtstrecke oder den Luftfrachführer des jeweiligen Teilabschnitts in Anspruch nehmen[584]. Entgegen der Ansicht von Thomas[585] haften die Airlines für den Fall der Sukzessivbeförderung jedoch nicht als

---

[578] siehe Art. 1 Abs. III i.V.m. Art. 30 Abs. I WA, sowie Art. 1 Abs. III i.V.m. 36 Abs. I MÜ
[579] Ehlers in Giemulla/ Schmid, Art. 30 WA, Rn. 3
[580] Ruhwedel, Rn. 620ff.
[581] Franklin, S. 129
[582] Gansfort Diss., S. 151; Ruhwedel, Rn. 623; Schmidt-Räntsch, S. 219
[583] Ehlers in Giemulla/ Schmid, Art. 30 WA, Rn. 24
[584] Ehlers in Giemulla/ Schmid, Art. 30 WA, Rn. 39
[585] Thomas, S. 152

Gesamtschuldner. Eine solche Haftungsgemeinschaft steht dem Anspruchsteller nur bei der Beförderung von Fracht zur Verfügung. Bei der Personenbeförderung hingegen besteht zwischen den aufeinanderfolgenden Luftfrachtführern kein gesamtschuldnerisches Verhältnis[586].
Zu prüfen ist jedoch, ob eine Beförderung mittels Code-Sharing überhaupt eine Beförderung durch "aufeinanderfolgende Luftfrachtführer" darstellt, und infolgedessen der Fluggast durch die Fiktion nicht nur einen Beförderungsvertrag mit dem Marketing-Carrier, sondern darüber hinaus auch mit dem/ den Operating-Carrier/n schließt.

2.3.1.1. bei einfachem Code-Sharing (unter Einsatz von nur einem Carrier)

Beim "einfachen Code-Sharing", oder auch "Punkt zu Punkt Code-Sharing" genannt, wird die gesamte Transportleistung von nur einem Luftfahrtunternehmen durchgeführt[587]. Für diesen Fall können die Vorschriften des WA zum aufeinanderfolgenden Luftfrachtführer nicht greifen. Es muß sich als Ausgangsvoraussetzung mindestens um zwei tatsächlich transportierende (also aufeinanderfolgende) Carrier handeln[588]. Da diese Voraussetzung aber beim einfachen Code-Sharing nicht gegeben ist, stellt dieses keine Form der Sukzessivbeförderung dar, denn es gibt stets nur einen Luftfrachtführer.

2.3.1.2. bei Dritt-Carrier-Code-Sharing (unter Einsatz mehrerer Carrier)

Anders stellt sich die Situation für den Fall des Dritt-Carrier-Code-Sharing dar. Hier transportiert tatsächlich sowohl der Marketing-Carrier als auch der Operating-Carrier auf einzelnen Teilstrecken[589]. Zu prüfen ist daher, ob in diesen Fällen eine Sukzessivbeförderung vorliegt.
Voraussetzung für die Annahme eines Sukzessivtransportes ist, daß die am Luftbeförderungsvertrag beteiligten Parteien die einzelnen an der Transportdurchführung beteiligten Airlines in den Luftbeförderungsvertrag einbeziehen wollten. Hierbei kommt es für die Beurteilung nicht darauf an, ob der Beförderungsvertrag als ein einziger Vertrag oder als eine Reihe von Einzelverträgen geschlossen wurde[590]. Beim Code-Sharing wird man davon wohl nicht ausgehen können, denn der Fluggast schließt den Beförderungsvertrag willentlich und bewußt nur mit dem Marketing-Carrier. Die Dokumentation erfolgt durch eine entsprechende Aufführung des Airline-Designator-Codes im Ticket, so daß der Fluggast davon ausgehen muß, daß der Transport durchweg

---

[586] vgl. diesbezüglich den Wortlaut der Art. 30 Abs. III WA und 36 Abs. III MÜ
[587] Günther, S. 11
[588] Ruhwedel, Rn. 109; Günther, S. 11; Führich, Rn. 728
[589] ICAO Circular No. 269-AT/ 110, S. 26
[590] Ehlers in Giemulla/ Schmid, Art. 30 WA, Rn. 7

mit der Fluggesellschaft des Marketing-Carriers durchgeführt wird. Selbst wenn dem Passagier im Flugplan bereits ein Stop-Over, d.h. eine Zwischenlandung, angezeigt wird, so ist für ihn, anders als beim Interlining, nicht ersichtlich, daß hier ein Wechsel der Fluggesellschaft stattfindet. Im Ergebnis vereinbart der Fluggast daher beim Abschluss des Beförderungsvertrages gerade nicht einen Gesamtbeförderungsvertrag mit dem Marketing- und dem Operating-Carrier, sondern vielmehr nur mit dem Marketing-Carrier.
Stimmen in der Literatur behaupten, Code-Sharing stelle einen Fall der Substitution dar[591]. Darüber hinaus vertritt Thomas[592] die Ansicht, daß diese Substitution ebenfalls unter die Haftungsvorschriften der Sukzessivbeförderung fällt. Der Fluggast stimme nämlich spätestens beim Betreten des "fremden Flugzeugs" des Operating-Carriers der Substitution durch den Marketing-Carrier zu. Sein Betreten müsse insoweit als ein "stillschweigendes Einverständnis" gewertet werden.

Dem ist aber nach Ansicht des Verfassers nicht zuzustimmen. Zunächst ist in Rechtsprechung und Literatur umstritten, ob der Fall der Substitution überhaupt als Sukzessivbeförderung gewertet werden kann. Substitution bedeutet die Übertragung der Ausführung der dem Beauftragten aufgetragenen Leistung auf einen Dritten, der in eigener Verantwortung den Auftrag ausführt[593]. Die Substitution einer Luftbeförderung setzt demnach die Übertragung des Transports nach Vertragsschluß mit dem ursprünglich Beauftragten voraus. Mithin dürfte der Marketing-Carrier erst nach Vertragsschluss mit dem Fluggast die Beförderung im Wege des Code-Sharing auf den Operating-Carrier übertragen.
Unabhängig von der Frage, ob eine Substitution als Sukzessivbeförderung angesehen werden kann, ist jedoch festzustellen, daß schon Code-Sharing kein Fall einer Substitution ist. Denn Code-Sharing-Vereinbarungen stehen regelmäßig schon vor Vertragsabschluss mit dem Passagier fest. Bereits im Zeitpunkt des Abschlusses des Beförderungsvertrages mit dem Marketing-Carrier ist diesem aufgrund des Code-Sharing-Vertrages mit dem Operating-Carrier bekannt, daß er den Flugdienst in keinem Fall selbst durchführen wird. Code-Sharing stellt damit gerade keinen Fall der Substitution im klassischen Sinne dar.
Darüber hinaus kann der Verfasser aber auch nicht der Ansicht folgen, daß der Fluggast durch das Betreten der fremden Maschine sein generelles und uneingeschränktes Einverständnis zur einer Substitution geben würde.

---

[591] Donato, S. 229;Thomas, S. 152, Günther in Air and Space Law 1997, S. 12; Giemulla/ van Schyndel, S. 257
[592] Thomas, S. 153
[593] Palandt-Sprau, § 664, Rn. 1

In der Code-Sharing-Praxis wird der Fluggast allenfalls beim Check-In, i.d.R. aber erst beim Besteigen des Flugzeuges, auf die andere Fluggesellschaft aufmerksam. Steigt der Reisende in derartigen Fällen in das Flugzeug, so müßte in dieser Handlung nach Auffassung derjenigen, die eine Substitution bejahen, ein stillschweigendes Einverständnis zum Wechsel des Luftfahrtunternehmens gesehen werden. Dies beinhaltet aber zugleich auch einen Wechsel der "Schuldner"-stellung, weil dadurch das erste Luftfahrtunternehmen für das folgende durch den Code-Sharing-Partner durchzuführende Teilstück aus der Haftung entlassen würde; an dessen Stelle würde das zweite Unternehmen treten. Hat der Fluggast nun aber, wie beim Code-Sharing üblich, überhaupt keine Kenntnis von einem derartigen Austausch, so kann er sich damit natürlich auch nicht einverstanden erklären. Selbst wenn er aber Kenntnis erlangt, ist zu bezweifeln, daß der Passagier in diesem Augenblick die Tragweite seines Handelns überblickt. So kann bei einem solchen Austausch der Fluggast im Falle einer Klage gegen das Code-Sharing-Unternehmen schlechter gestellt sein als bei einer Klage gegen gegen das alte Unternehmen[594]. Auch ist es denkbar, daß das zweite Unternehmen einen schlechteren Sicherheits- oder Servicestandard bietet bzw., älteres oder kleineres Fluggerät einsetzt. Die Sach- und Rechtssituation eines Passagiers kann sich also durchaus verändern, wenn eine andere Gesellschaft als die ursprünglich vorgesehene den Flug durchführt. Dies zu überblicken und sofort abzuschätzen, überfordert aber den des (Luft-) Rechts regelmäßig unkundigen Fluggast. Deshalb ist die Annahme eines stillschweigenden Einverständnises zur Substitution in derartigen Fällen für den Bereich von Code-Sharing-Flügen abzulehnen.

Im Ergebnis stellt daher auch die Beförderung durch mehrere hintereinander tätige Code-Sharing-Partner keine Sukzessivbeförderung i.S.d. internationalen Haftungsabkommen dar[595]. Der Fluggast tritt egal in welcher Form des Code-Sharing nur mit dem Marketing-Carrier in Vertragsbeziehungen, denn er kontrahiert mit nur einer Airline und fliegt im Gegensatz zum Interlining auf der gesamten Strecke unter deren Flugnummer. Der Beförderungsvertrag wird insoweit nur mit einer Fluggesellschaft, mit deren Beförderungsdokumenten und unter deren Flugnummer abgeschlossen[596]. Deswegen kommt auch weder durch das Umsteigen auf einen anderen Carrier ein weiterer Luftbeförderungsvertrag mit diesem zustande, noch tritt der Code-Sharing-Partner zum Luftbeförderungsvertrag mit dem Marketing-Carrier hinzu. Vielmehr verbleibt es während der gesamten Code-Sharing-Beförderung bei der ausschließlichen vertraglichen Beziehung zum Marketing-Carrier.

---

[594] Schleicher/ Reymann/ Abraham, I, Art. 1, Rn. 26

[595] so im Ergebnis auch Günther, S. 12; Giemulla/ van Schyndel, S. 257

[596] Giemulla/ van Schyndel, S. 257

2.3.2. der Code-Sharing-Partner als "Leute" des Luftfrachtführers

Sowohl nach § 45 LuftVG als auch nach Art. 20 WA und ab Inkrafttreten des Montrealer Übereinkommens zukünftig Art. 19 MÜ[597] haftet der Luftfrachtführer für ein schädigendes Verhalten seiner "Leute[598]". Es ist daher zu fragen, inwieweit sich der Code-Sharing-Partner einer Airline unter den Begriff der Leute subsumieren läßt.
Der Begriff der "Leute" wird durch die Gesetze und Abkommen selbst nicht erläutert. Da die Urschrift des WA, das den Begriff der Leute erstmalig verwendet, in französischer Sprache abgefasst ist, verbietet es sich nach Ansicht des BGH, den Rechtsbegriff der "Leute" nach der deutschen oder einer anderen nationalen Rechtssprache zu interpretieren[599].
Der Orginaltext bezeichnet den Personenkreis der "Leute" mit dem Wort "preposes". Das bezeichnet im französischen Recht eine Person, der gegenüber der Geschäftsherr das Recht hat, Anweisungen zu erteilen. Mithin ist mit diesem Begriff sowohl wirtschaftliche Abhängigkeit als auch ein Subordinationsverhältnis verbunden[600].
Deshalb ging ursprünglich die Literatur auch davon aus, daß zu den "Leuten" nur solche Personen gehören, die aufgrund eines Anstellungsvertrages mit dem Luftfrachtführer in dessen Betrieb tätig werden, unabhängig davon, ob und wieweit sie mit der Ausführung der Luftbeförderung im einzelnen befaßt sind[601].
Danach müßte man davon ausgehen, daß der Code-Sharing-Partner der Airline, wenn er aufgrund eines Code-Sharing-Abkommens tätig wird, nicht zu den "Leuten" des Marketing-Carriers zu zählen ist, denn der Code-Sharing-Vertrag als solcher stellt keinen Anstellungsvertrag dar. Das Kooperationsabkommen kann auch nicht dahingehend ausgelegt werden, denn einem Anstellungsvertrag ist stets eine Weisungs- und Leitungsbefugnis des Geschäftsherrn immanent, die beim Code-Sharing-Vertrag aber nicht vorliegt. Insoweit verpflichten sich die Carrier nur zur gegenseitigen Beförderung von Fluggästen unter der Flugnummer des anderen. Ein direktes Anweisungsrecht fehlt somit. Es bestehen vielmehr nur die diesem vertraglichen Schuldverhältnis entspringenden synallagmatischen Rechte und Pflichten der Parteien. Die Parteien sind insoweit gleichberechtigte Partner.
Der BGH hat jedoch in seinem Grundsatzurteil vom 14.02.1989 den luftverkehrsrechtlichen Begriff der "Leute" weiter gefaßt und wie folgt neu definiert:

---

[597] siehe Art. 20 WA und Art. 19 MÜ

[598] im Orginaltext "Servants"

[599] BGH in VersR. 1969, S. 947

[600] Schmid in Giemulla/ Schmid, Art. 20 WA, Rn. 25

[601] Schmidt-Räntsch, S. 219; Abraham in Schleicher/ Reymann/ Abraham, Bd. 1, S. 355, Rn. 6f

Leute sind alle Personen, deren sich der Luftfrachtführer zur Ausführung der Beförderung bedient, gleichgültig, ob sie Angestellte oder selbständige Unternehmen sind, sofern sie in Ausführung einer ihnen vom Luftfrachtführer übertragenen Verrichtung handeln[602].

Im Luftverkehrsrecht werden deshalb die "Leute" weitgehend den Erfüllungsgehilfen i.S.v. § 278 BGB gleichgestellt. Dies hat zur Folge, daß zu dem Personenkreis nicht nur derjenige zählt, der aufgrund eines Anstellungsvertrages in dem Betrieb des Luftfrachtführers tätig wird. Entscheidend ist vielmehr, daß er sich dieser Personen zur Erfüllung der ihm gegenüber seinem Vertragspartner, dem Passagier, übernommenen Verpflichtungen aus dem Beförderungsvertrag bedient[603]. Gerade das ist ja der Zweck des Code-Sharing-Vertrages. Denn der Marketing-Carrier vertreibt ein Ticket, und dem Passagier wächst ein Beförderungsanspruch zu, den der Operating-Carrier dann physisch erfüllt.

Im Ergebnis gehört daher der Code-Sharing-Partner eines Luftfahrtunternehmens zu den "Leuten" i.S.d. § 45 LuftVG, bzw. Art. 20 WA, zukünftig Art. 19 MÜ[604].

Fraglich ist aber weiterhin, ob der Fluggast sich nunmehr im Schadensfall nur an den Luftfrachtführer halten kann, mit dem er den Luftbeförderungsvertrag geschlossen hat, oder ob ihm daneben auch der Code-Sharing-Partner als "Leute" dieses Luftfahrtunternehmens eigenständig für das schädigende Ereignis Die nationalen Vorschriften und die internationalen Haftungsabkommen selbst enthalten grundsätzlich keine Regelung über die persönliche Haftung der "Leute".

Teile der Literatur[605] sind der Meinung, die Leute des Luftfrachtführers treffe eine persönliche Haftung nach § 45 LuftVG, bzw Art. 20 WA, zukünftig Art. 19 MÜ.

Als Begründung wird auf den Rechtsgedanken des durch das Haager Protokoll eingeführten Art. 25A WA verwiesen, der eine Haftungsbeschränkung in Form der Haftungshöchstsumme des jeweilig gezeichneten Abkommens für den Fall vorsieht, daß das schädigende Ereignis von einem der "Leute" des Luftfrachtführers herbeigeführt wurde. Diese Formulierung gehe, so die Ansicht, von einer selbständigen Haftung aus.

Demgegenüber vertreten andere Teile der Literatur[606], der sich der Verfasser anschließt, die Ansicht, der Fluggast könne Ansprüche aus internationalen Abkommen und nationalen luftverkehrsrechtlichen Vorschriften ausschließlich gegen den Luftfrachtführer geltend machen, mit dem er den

---

[602] BGH in TranspR. 1989, S. 275

[603] Ruhwedel, Rn. 581ff.

[604] so im Ergebnis auch Günther, S. 12; Giemulla/ van Schyndel, S. 257

[605] Schmid, in Giemulla/ Schmid, Art. 20 WA Rn. 31 m.w.N.

[606] Günther, S. 12; Giemulla/ van Schyndel, S. 257

Luftbeförderungsvertrag geschlossen habe, denn die Haftungsnormen kämen nur insoweit zur Anwendung, als mit dem Luftfrachtführer ein eigenständiger Luftbeförderungsvertrag zustande kommt, was im Falle des Code-Sharing mit dem Operating-Carrier ja gerade nicht der Fall ist. Eine selbständige Haftung der "Leute" nach den nationalen und internationalen luftrechtlichen Haftungsregimen wird deswegen abgelehnt. Vielmehr haftet ausschließlich die Airline, mit der der Luftbeförderungsvertrag geschlossen wurde für das schädigende Verhalten nach den einschlägigen Rechtsvorschriften und Haftungsabkommen. Die eigene Haftung der Leute hingegen liegt demgegenüber stets ausserhalb dieser Normen und findet sich mangels vertraglicher Beziehungen der Leute zu den Fluggästen regelmäßig in den Vorschriften der §§ 823 ff. BGB, deren internationalprivatrechtliche Anwendbarkeit sich im deutschen internationalen Privatrecht am Tatortprinzip orientiere[607]. Dagegen spricht auch nicht, dass durch die deliktische Haftung die Höhe des zu leistenden Schadensersatzes unbegrenzt ist und die Leute damit eine unzumutbare Haftungserweiterung hinnehmen müßten. Denn indessen beschränken sowohl das LuftVG wie auch das WA schon ihrerseits die Haftungsansprüche der Höhe nach. Die Leute haften nämlich nach den § 48 Abs. II S. 2 LuftVG und Art. 25A WA, Art. V ZAG, außer bei Vorsatz oder grober Fahrlässigkeit, summenmäßig grundsätzlich nicht in größerem Umfang als der Luftfrachtführer selbst. Damit führt eine deliktische Haftung auch nicht zur Ungleichbehandlung derjenigen Passagiere, die mit dem Code-Sharing-Partner selbst den Luftbeförderungsvertrag geschlossen haben und auch auf seiner eigenen Flugnummer und seinem Flugschein transportiert werden. Denn sowohl gegenüber gegenüber diesen Passagieren, als auch gegenüber den Fluggästen des Marketing-Carriers haftet er summenmäßig beschränkt.

Im Ergebnis hätte der Fluggast daher nach den luftrechtlichen Haftungsnormen ausschließlich den Marketing-Carrier als Haftungsgegner. Der Code-Sharing-Partner selbst würde ausschließlich deliktisch nach den § 823 ff. BGB haften wenn diese Vorschriften zur Anwendung kommen und zwar summenmäßig auf die Höchsthaftung des Marketing-Carriers begrenzt.

2.3.3. der Code-Sharing-Partner als "ausführender Luftfrachtführer"

Ähnlich wie die Regelung zum nachfolgenden/ aufeinanderfolgenden Luftfrachtführer (Sukzessivbeförderung) wird auch der sog. "ausführende Luftfrachtführer[608]" nach § 49a LuftVG bzw. Art. 1 ZAG i.V.m. dem WA sowie zukünftig nach Art. 39 MÜ, in die Haftung aus dem Luftbeförderungsvertrag zwischen Fluggast und dem Marketing-Carrier einbezogen.

---

[607] Ruhwedel, Rn. 594

[608] franz. Text:"transporteur de fait"

Allerdings unterscheiden sich die Vorschriften über den "ausführenden Luftfrachtführer" von den Regelungen für den "nachfolgenden Luftfrachtführer" sowohl hinsichtlich der Voraussetzungen als auch teilweise hinsichtlich der Rechtsfolgen[609].
Im Rahmen des ZAG wird zwischen dem "ausführenden Luftfrachtführer"und dem "vertraglichen Luftfrachtführer" unterschieden. Letzterer ist derjenige, mit dem der Fluggast den Luftbeförderungsvertrag geschlossen hat. Mithin ergeben sich zum "ausführenden Luftfrachtführer" die nachfolgenden Unterschiede:

- ausführender und vertraglicher Luftfrachtführer müssen personenverschieden sein.
- der ausführende Luftfrachtführer muß den Lufttransport auch tatsächlich ausführen, d.h., die Beförderung bewirken.
- und darüber hinaus zur Ausführung durch den vertraglichen Luftfrachtführer ermächtigt worden sein[610].

Der nationale Gesetzgeber hat diese Rechtsfigur und die mit ihr verbundene Haftungsposition in der Gestalt des "Dritten" in § 49a LuftVG übernommen. Mithin erfolgt sowohl nach den internationalen als auch nach den nationalen Vorschriften eine Gleichstellung in der Haftung des "vertraglichen-" mit dem "ausführenden Luftfrachtführer" ausschließlich unter Bezug auf die besonderen nationalen, luftrechtlichen und internationalen Haftungsregime[611]. Der Fluggast gewinnt dadurch als Haftungsmasse einen "Quasi Vertragspartner", obwohl der "ausführende Luftfrachtführer" nicht selbst zum Vertragspartner im rechtsgeschäflichen Sinne wird, so daß infolgedessen gegen ihn auch keine weitergehenden vertragsbezogenen Ansprüche geltend gemacht werden können[612].
Im Falle des Code-Sharing haftet der Operating-Carrier (= ausführender Luftfrachtführer) daher neben dem Marketing-Carrier (= vertraglicher Luftfrachtführer) für ein schädigendes Ereignis. Der Operating-Carrier haftet jedoch nur soweit, wie er die Beförderung auch tatsächlich selbst ausführt. Handelt es sich also um einen Code-Sharing-Dienst, auf dem nur ein Teilstück vom Operarting Carrier mit der Flugnummer des Marketing-Carriers durchgeführt wird, die übrige Strecke aber ansonsten vom Marketing-Carrier selbst bedient wird, haften dem Fluggast beide Luftfrachtführer nur auf dem Teilstück, auf dem der Operating-Carrier mit Ermächtigung des Marketing-Carriers unter dessen Flugnummer operiert. Insoweit haften beide Carrier dem Passagier als Gesamtschuldner[613].

---

[609] Ehlers in Giemulla/ Schmid, Art. 30 WA, Rn. 4
[610] Ehlers in Giemulla/ Schmid, Art. I ZAG, Rn. 6ff.
[611] Ruhwedel, Rn. 608
[612] LG Ffm. in TranspR. 1985, S. 235; Ruhwedel, Rn. 609
[613] so im Ergebnis auch Günther, S. 12; Giemulla/ van Schyndel, S. 257; Franklin, S. 131f.

2.3.4. Konkurrenzverhältnis

Stellt sich abschließend die Frage, ob der Code-Sharing-Partner einerseits als "ausführender Luftfrachtführer" und anderseits auch als "Leute" des Marketing-Carriers definiert werden kann, oder ob sich beide Rechtsfiguren insoweit gegenseitig ausschließen.
Teile der Literatur[614] vertreten die Ansicht, daß der "ausführende Luftfrachtführer" nicht auch in einer Person zu den "Leuten" des Luftfrachtführers gezählt werden kann. Der ausführende Luftfrachtführer werde vielmehr organisatorisch selbständig neben dem vertraglichen Luftfrachtführer tätig und unterstehe deswegen als eigenständiges Haftungssubjekt den internationalen Abkommen. Deswegen unterscheide er sich von den "Leuten" des Luftfrachtführers, denn er agiere weisungsunabhängig vom vertraglichen Luftfrachtführer und stehe diesem deswegen haftungsrechtlich ebenbürtig zur Seite[615].
Dem steht zunächst entgegen, daß die Haftungsvorschriften nicht ausdrücklich aussprechen, ob der "ausführende Luftfrachtführer" und die "Leute" personenverschieden sein müssen. Dafür sprechen insoweit jedoch die auch zukünftig im MÜ erstmals international in einem Übereinkommen zusammengefügten Begriffe des "ausführenden Luftfrachtführers" und der "Leute" des Luftfrachtführers"[616].
Nach Ansicht des Verfassers bestehen grundsätzlich aber keine Bedenken, als "Leute" des Luftfrachtführers nicht auch den "ausführenden Luftfrachtführer" zu sehen. Insoweit stellt der Begriff der "Leute" nämlich nur den Oberbegriff dar. Ob es sich darüber hinaus auch um einen ausführenden Luftfrachtführer handelt, hängt von der Selbständigkeit der Durchführung des Flugdienstes ab. Kann man diese bejahen, so stellen m.E. die "Leute des Luftfrachtführers" zugleich auch einen "ausführenden Luftfrachtführer" dar. Der Begriff der "Leute" ist daher umfassender[617].
Abschließend bleibt deswegen festzuhalten, daß der "ausführende Luftfrachtführer" als Haftungsgegner gesamtschuldnerisch neben dem "vertraglichen Luftfrachtführer" haftet. Soweit eine Haftung des ausführenden Luftfrachtführers nicht geregelt wird[618], haftet dem Fluggast der Code-Sharing-Partner als "Leute" des Marketing-Carriers.

---

[614] Ruhwedel, Rn. 589; Schmidt-Räntsch, S. 219
[615] Ruhwedel, Rn. 589
[616] siehe Art. 19 + 39 MÜ
[617] so im Ergebnis auch Ehlers, in Giemulla/ Schmid, Art. I ZAG Rn. 17; Schmid Diss., S. 115
[618] so stets dann, wenn nur das WA gezeichnet wurde

2.3.5. Ergebnis

Zusammenfassend stellt sich die luftrechtliche Haftung im Falle des Code-Sharing daher wie folgt dar:
Der Marketing-Carrier haftet dem Fluggast stets als sein Vertragspartner für die gesamte Beförderung, gleichgültig, ob er im Rahmen der Erfüllung des Beförderungsvertrages ein Teilstück der Strecke selbst bedient oder aber der Operating-Carrier den Flugdienst auf der gesamten Strecke übernommen hat. Darüber hinaus haftet der Operating-Carrier dem Fluggast entweder als "Leute" des Luftfrachtführers, d.h. wenn anwendbar deliktisch nach den §§ 823 ff. BGB, oder aber als "ausführender Luftfrachtführer" auf der von ihm tatsächlich bedienten Flugstrecke neben dem Marketing-Carrier. Beide haften dem Passagier als Gesamtschuldner.

2.4. Haftungsnormen und -gegner bei nationaler und internationaler Fluggast-Beförderung

2.4.1. bei nationaler Beförderung

Sofern es sich um eine rein nationale Beförderung von Passagieren handelt und deutsches Recht anwendbar ist, richtet sich die luftverkehrsrechtliche Haftung ausschließlich nach dem LuftVG.

2.4.1.1. Marketing-Carrier (§ 44 LuftVG)

Hiernach haftet der Luftfrachtführer, mit dem der Luftbeförderungsvertrag geschlossen wurde, dem Fluggast auf Schadensersatz für den Fall, daß während der Durchführung des Fluges ein "Unfall" eintritt. Der Marketing-Carrier haftet daher dem Fluggast nach § 44 LuftVG für die gesamte Beförderungsstrecke.

2.4.1.2. Operating-Carrier (§ 49a LuftVG)

Der Operating-Carrier haftet dem Fluggast daneben nach § 49a LuftVG für die von ihm durchgeführte Beförderung als "Dritter" i.S.v. § 49a Abs. I S.1 LuftVG. Die Haftung tritt neben die des Marketing-Carriers nach § 44 LuftVG. Beide Haftungsgegner sind Gesamtschuldner i.S.v. §§ 421ff. BGB.

2.4.2. bei internationaler Beförderung

Im Rahmen internationaler Beförderung richtet sich die Frage der Haftungssubjekte nach den von den Staaten gezeichneten vereinheitlichten

Transportabkommen. Deswegen gilt für die luftverkehrsrechtliche Haftung folgendes:

2.4.2.1. nach dem WA

2.4.2.1.1. Marketing-Carrier (Art. 17 WA)

Haben die Heimatstaaten beider Carrier das WA gezeichnet, so haftet der Marketing-Carrier dem Fluggast, mit dem er den Luftbeförderungsvertrag geschlossen hat, d.h., der Fluggast reist mit Ticket und Flugnummer des Marketing-Carriers, nach Art. 17 WA für vermutetes Verschulden mit der Möglichkeit der Exculpation nach Art. 21, 22 WA. Die Haftungssumme ist nach Art. 22 WA beschränkt auf 125.000,-- Goldfranken, was einem heutigen Betrag von 26.750,-- DM entspricht[619].

2.4.2.1.2. Operating-Carrier

Da das WA ohne die Verbindung mit dem ZAG keine Unterscheidung zwischen vertraglichem und ausführendem Luftfrachtführer kennt, haftet der Operating Carrier dem Passagier in all den Fällen, in denen ein Staat ausschließlich das WA gezeichnet hat, selbständig nach dem jeweiligen Deliktsrecht des Vertragsstaates als "Leute" des vertraglichen Luftfrachtführers, jedoch auch betraglich beschränkt.
Den Fluggästen, mit denen er selbst einen Beförderungsvertrag geschlossen hat, und die mit seinem Ticket unter seiner Flugnummer fliegen, haftet er als Luftfrachtführer aus dem Luftbeförderungsvertrag direkt nach Art. 17 WA.

2.4.2.2. nach dem WA i.V.m. ZAG (Art. 17 VA i.V.m. Art. 1 ZAG)

Das ZAG erfasst in Art. 1 ZAG erstmals den "ausführenden Luftfrachtführer" und unterstellt ihn dem Anwendungsbereich des WA. Der "ausführende Luftfrachtführer" haftet demnach als "Quasi-Vertragspartner" gleich dem vertraglichen Luftfrachtführer.

---

[619] die Umrechnung in Deutsche Mark ergibt sich aus der 4. VO über den Umrechnungskurs für Französische Franken vom 04.12.1973 (BGBl. I 1973, S. 1815) und das Goldfranken UmrechnungsG v. 09.06.1980 (BGBl. II 1980, S 721). Die Umstellung auf die Sonderziehungsrechte des Internationalen Währungsfonds regelt das Montrealer Protokoll Nr. 1 aus dem Jahre 1975, vgl. dazu Müller-Rostin in TranspR. 1999, S. 81.

2.4.2.2.1. Marketing-Carrier

Der Marketing-Carrier haftet somit als rein "vertraglicher Luftfrachtführer" den Fluggästen, die mit ihm den Luftbeförderungsvertrag geschlossen haben, nach Art. 17 WA für die gesamte Flugbeförderung.

2.4.2.2.2. Operating-Carrier

Demgegenüber haftet der "ausführende Luftfrachtführer" in gleichem Maße wie der "vertragliche Luftfrachtführer" mit der Einschränkung, daß die Haftung sich ausschließlich auf die vom "ausführenden Luftfrachtführer" tatsächlich geflogene Teilstrecke beschränkt.
Führen die Airlines demnach eine Code-Sharing-Verbindung mit Carrier Wechsel von A nach C über B durch[620] und haben die Staaten zwischen denen die Luftbeförderung stattfindet sowohl das WA als auch das ZAG ratifiziert, so haftet der Code-Sharing-Partner als "ausführender Luftfrachtführer" in gleichem Maße wie der "vertragliche Luftfrachtfüherer" nur für die Teilstrecke, die er auch tatsächlich befliegt. Der "vertragliche Luftfrachtführer" hingegen haftet für die gesamte Strecke von A bis C. Dem Fluggast stehen mithin auf einer Teilstrecke zwei Haftungsgegner gegenüber, die ihm als Gesamtschuldner nach den §§ 421ff. BGB haften.

2.4.2.3. nach dem MÜ

Das MÜ vom 28. Mai 1999 vereint erstmals den "ausführenden Luftfrachtführer" und den "vertraglichen Luftfrachtführer" in einem Abkommen. Auch die "Leute" des Luftfahrtunternehmens haben Eingang gefunden.

2.4.2.3.1. Marketing-Carrier (Art. 17 MÜ)

Der Marketing-Carrier haftet künftig im Rahmen des MÜ nach Art. 17 Abs. I i.V.m. Art. 21 MÜ grundsätzlich unbegrenzt. Bis zu einer Höchstsumme von 100.000 SZR haftet er für vermutetes Verschulden ohne die Möglichkeit des Entlastungsbeweises. Lediglich für Beträge über 100.000 SZR hat er die Exculpationsmöglichkeit nach Art. 21 Ziff. 2 MÜ.

---

[620] sog. "Drittland-Carrier-Code-Sharing"

2.4.2.3.2. Operating-Carrier (Art. 39 MÜ)

Darüber hinaus haftet über Art. 39 MÜ nach den Regelungen des Art. 17 i.V.m. Art. 21 MÜ auch der "ausführende Luftfrachtführer" für Schäden.
In diesem Abkommen wurde jedoch auch geregelt, daß der "ausführende Luftfrachtführer" nur für die Teilstrecke von der Haftung betroffen ist, auf der er den Flugdienst tatsächlich ausführt, Art. 40 MÜ. Gemeinsam haften die Luftfrachtführer als Gesamtschuldner.

3. Sonderproblem: Unterschiedliche Beförderungsbedingungen (ABB-Flug) bei den Code-Sharing-Partnern

Im Zusammenhang mit Code-Sharing stellt sich die überaus wichtige Frage, welche Beförderungsbedingungen Anwendung finden, die des vertragsschließenden oder die des durchführenden Luftfrachtführers. Aus Gründen der Rechtssicherheit ist diese Frage für den Passagier von erheblicher Bedeutung, denn die Bedingungen regeln weitgehend die vertraglichen Rechte und Pflichten zwischen Airline und Fluggast. Es ist z.B. denkbar, daß bei Code-Sharing-Flügen der durchführende Luftfrachtführer nur nach dem WA i.V.m. dem ZAG und somit betraglich begrenzt haftet, der Passagier aber hingegen, z.B. über die Zeichnung eines Verbandsabkommens[621], gegenüber dem vertraglichen Luftfrachtführer eine andere, höhere Haftung für sich beanspruchen kann.
Adenauer-Frowein[622] vertritt die Ansicht[623], der Fluggast könne sich in diesem Fall an den Carrier halten, der den besseren Haftungsumfang bietet, sich somit also die ihm günstigeren Vertragsbedingungen aussuchen. Diese Meinung ist m.E. abzulehnen, denn sie berücksichtigt nicht hinreichend das überaus begründete Interesse jeder Airline an einer vorherbestimmten und für sie verbindlichen Haftung.
Schwenk hingegen vertritt die Auffassung, der Passagier müsse sich an den Luftfrachtführer halten können, den er sich als Vertragspartner ausgewählt hat[624].
Auch die EU-Kommission vertritt diese Ansicht[625]. Es bestehe ein allgemeines Verständnis dahinggehend, daß im Interesse der Einfachheit und Klarheit die Vertragsbedingungen der vertragsschließenden Partei gelten sollen[626].

---

[621] z.B. IATA-Intercarrier-Agreement

[622] Frau Adenauer-Frowein ist Justitiarin bei der Deutschen Lufthansa AG

[623] diese Ansicht wurde anläßlich einer Sitzung des Luftrechtsforums zum Thema Code-Sharing im November 1995 vertreten, Protokoll unveröffentlicht

[624] diese Ansicht wurden anläßlich einer Sitzung des Luftrechtsforums zum Thema Code-Sharing im November 1995 vertreten, Protokoll unveröffentlicht.

[625] Mitteilung der Komission an das europäische Parlament und den Rat vom 21.06.2000, KOM (2000) 365, endgültig

Im Ergebnis ist dieser Ansicht zuzustimmen, nur die Begründung ist m.E. eine andere.
Die Einbeziehung von allgemeinen Vertragsbedingungen, so auch die ABB-Flug, findet über den Vertragsschluss zwecks Luftbeförderung zwischen der Airline und dem Fluggast statt. Andernfalls entfalten sie keine Wirkung zwischen den Vertragsparteien, denn es würde an einer geeigneten Einbeziehungsgrundlage fehlen. Da typischerweise beim Code-Sharing nicht bei allen Passagieren ein direkter Vertragsschluss mit der durchführenden Fluggesellschaft vorliegt, können die ABB-Flug der durchführenden Gesellschaft auch nicht Vertragsgrundlage dieser Beförderungsverträge und damit gleichzeitig verbindlich mit diesen Passagieren vereinbart werden. Dies hat zur Folge, daß oftmals Passagiere mit unterschiedlichen ABB-Flug auf dem selben Flug zu finden sind, einerseits die, die mit dem durchführenden Luftfrachtführer direkt den Luftbeförderungsvertrag geschlossen haben und andererseits Fluggäste, die mit dem Code-Sharing-Partner den Beförderungsvertrag geschlossen haben und somit diesem Vertragsverhältnis auch die Bedingungen des jweiligen Vertragspartners zugrundeliegen.
Für den Passagier ist neben Flugabwicklungs- und Durchführungsfragen wichtigster Bestandteil der ABB-Flug die Frage nach der Haftung bei Nicht- bzw. Schlechtleistung und damit insbesondere bei Unfällen. Daher stellen unterschiedliche Vertragsbedingungen in all den Fällen einen erheblichen Nachteil für den Passagier dar, in denen die Carrier unterschiedliche Haftungsregelungen vereinbaren. Um diesen erheblichen Nachteil für den Fluggast zu vermeiden, hat der Verfasser in seinem Code-Sharing-Mustervertrag[627] eine gegenseitige Verpflichtung der paktierenden Gesellschaften dahingehend aufgenommen , daß sich die Partner zu einer identischen Haftung bei Unfällen verpflichten[628].

4. Die Haftung des „ausführenden Luftfrachtführers" beim Code-Sharing nach § 437 HGB

Nachfolgend will der Verfasser auf den ins Transportrecht neu eingeführten § 437 HGB eingehen. Er regelt wie auch in den zuvor besprochenen Fällen speziell die Haftung eines Dritten, der mit der Durchführung eines Transportes auf einer (Teil) Strecke beauftragt wurde (Operating-Carrier), ohne in direkter vertraglicher Verbindung zum ausführenden (Luft-) Frachtführer (Marketing-Carrier) zu stehen, somit also auch den Fall des Code-Sharing von Airlines. Bei § 437 HGB geht es um die Haftung für Verlust-, Beschädigungs- oder

---

[626] Mitteilung der Komission an das europäische Parlament und den Rat vom 21.06.2000, KOM (2000) 365, endgültig, S. 14

[627] vgl. 4. Kapitel im III. Teil dieser Arbeit

[628] Article IX, 4. Kapitel im III. Teil dieser Arbeit

Verspätungsschäden an Frachgütern. Es ist umstritten, ob es sich bei der Vorschrift um einen gesetzlich angeordneten Schuldbeitritt des ausführenden Frachtführers handelt, der einem quasi-vertraglichen Anspruch gleichkommt[629] oder ob es sich dabei um einen außervertraglichen Haftungsanspruch aus unerlaubter Handlung neben den §§ 823 I, II, 831 BGB handelt. Dieser Streit braucht jedoch für die folgenden Ausführungen nicht entschieden zu werden und kann deshalb dahingestellt bleiben.

4.1. Anwendungsbereich von § 437 HGB

§ 437 HGB gilt nur für sog. „Frachtgeschäfte", d.h. für die Beförderung von Gütern[630]. Die Anwendbarkeit der transportrechtlichen Vorschriften, insbesondere des § 437 HGB, für die Beförderung auf dem Luftwege ergibt sich schon aus § 407 III Nr. 1, 3. Variante HGB. Die Vorschriften des LuftVG sind neben den §§ 407ff. HGB anwendbar. Nach den transportrechtlichen Vorschriften des HGB muß der Frachtführer bzw. der ausführende Frachtführer nur für die in § 425 HGB genannten Schäden haften[631]. Das LuftVG hingegen regelt die Haftung für Personenschäden in den §§ 44, 49a LuftVG. Die nachfolgenden Ausführungen gelten daher für den Transport von Gütern mittels Code-Sharing-Flügen.

Daneben gilt § 437 HGB auch nicht im internationalen Bereich[632]. Die mit der Transportrechtsreform von 1998[633] neu ins Gesetz aufgenommene Regelung zum „ausführenden (Luft-) Frachtführer" kommt daher dann nicht zur Anwendung, wenn für das Rechtsverhältnis des Anspruchstellers zum vertraglichen Luftfrachtführer nach den maßgeblichen Grundsätzen des IPR kein deutsches Recht gilt[634]. Dagegen hat das zwischen dem Marketing- und dem Operating-Carrier bestehende Rechtsverhältnis keine Bedeutung für die Haftung aus § 437 HGB[635]. Dieses kann ohne weiteres einem ausländischen Recht unterliegen. Einer Anwendung des § 437 HGB steht es auch nicht entgegen, daß sich die vom ausführenden Frachtführer bewirkte Beförderung als ein internationaler, d.h.

---

[629] H.M.; Thume, VersR 2000, 1071, 1072, Dubischar, MünchKomm-HGB, § 437 Rdn. 1, Müglich, Transportrecht, § 437 HGB Rdn. 8.

[630] Güter sind alle Sachen, die von einem Ort zum anderen gebracht werden sollen, einerlei ob umsatzfähig; auch solche Sachen, die die Beförderung anderer Sachen erlauben, erleichtern oder sichern. (Baumbach/ Hopt, § 407, Rn. 5f.)

[631] Das sind Schäden die durch Verlust oder Beschädigung des Gutes in der Zeit von der Übernahme zur Beförderung bis zur Ablieferung oder durch Überschreitung der Lieferfrist entstehen.

[632] Thume, S. 1072

[633] Transportrechtsreformgesetz, BGBl. I 1998, S. 1588

[634] Ramming, S. 280

[635] Ramming, S. 279

grenzüberschreitender Transport, darstellt, der nach einem der vereinheitlichten internationalen Abkommen, wie etwa dem Warschauer Abkommen (WA) zu beurteilen ist[636].
Streitig ist hingegen, inwiefern § 437 HGB Berücksichtigung findet, wenn das Rechtsverhältnis zum vertraglichen (Luft-) Frachtführer, dem sog. Marketing-Carrier, einem der internationalen Haftungsabkommen unterliegt. Anders als beispielsweise für das CMR[637] bestehen hierbei bezüglich z.B. des WA unterschiedliche Meinungen:

4.1.1. Erste Ansicht

Vertreten wird, daß die Bestimmungen des WA zwingend und abschließend seien und daher eine Ausweitung der Haftung auf dort nicht einbezogene Dritte unzulässig sei[638].

4.1.2. Zweite Ansicht

Nach anderer Auffassung verdrängen das WA und seine Ergänzungen jedoch nationales Recht nicht vollständig, sondern nur insoweit, als sie auch Regelungen enthalten, die Gegenstand des nationalen Rechts sind. Danach sei die ergänzende Anwendung nationalen Rechts grundsätzlich möglich und geboten[639].
Für die Frage, welches Recht ergänzend gilt, ist auf die allgemeinen Grundsätze des IPR zurückzugreifen. Ist danach deutsches Recht anwendbar, stellt sich nun die entscheidende Frage, ob im WA eine Regelungslücke besteht, die es zuließe, deutsches Recht und insbesondere § 437 HGB ergänzend anzuwenden.
Dies wird bejaht unter Heranziehung der Regelung des Art. 30 WA[640]. Danach wird der Sukzessivfrachtführer i.S.d. Art. 1 III, 30 WA als Vertragspartei des Beförderungsvertrages mit allen Rechten und Pflichten behandelt. Somit ergibt sich zwangsläufig ein direkter Anspruch. Zu beachten ist hierbei aber, daß nur der Luftfrachtführer in Anspruch genommen werden kann, der die Beförderung in deren Verlauf das Schadensereignis oder die Verspätung eingetreten ist tatsächlich durchgeführt hat, es sei denn, daß der erste Luftfrachtführer durch ausdrückliche Vereinbarung die Haftung für die ganze Reise übernommen hat, Art. 30 II WA. Darin zeigt sich auch der Unterschied zu § 437 HGB: Während beim WA alle Sukzessivfrachtführer nach der Fiktion des Art. 30 WA als

---

636 Ramming, S. 279

637 Übereinkommen über den Beförderungsvertrag im internationalen Straßengüterverkehr vom 19.05.1956 (BGBl. II 1961, S. 1119, II 1962, S. 12)

638 Thume, S. 1072f.

639 Zapp, S. 240.

640 Zapp, S. 240

Vertragsparteien gelten (und somit letztlich eben doch nur einer haftet, nämlich der, bei dem der Schaden entstanden ist!), gewährt § 437 HGB zwei eigenständige Anspüche, sowohl gegen den vertraglichen (Luft-) Frachtführer als auch gegen den ausführenden (Luft-) Frachtführer.

4.1.3. Ansicht des Verfassers

Letztere Ansicht, nach der zu prüfen ist, ob eine ergänzende Anwendung nationaler Normen aufgrund Regelungslücken im WA in Betracht kommt, ist m.E. vorzugswürdig. Dafür spricht auch, daß das WA an einigen Stellen ausdrücklich auf das nationale Recht verweist (siehe Art. 21, 22 I, 28 II, 29 II) und § 407 III S. 1, Nr. 1 HGB, der die §§ 425 ff. HGB bei Beförderungen auf dem Luftweg für anwendbar erklärt.

4.2. Haftungsgrundsätze

Der sog. „ausführende Frachtführer[641]" haftet für den Schaden, der durch Verlust oder Beschädigung des Gutes oder durch Überschreitung der Lieferfrist während der durch ihn ausgeführten Beförderung entsteht in gleicher Weise wie der sog. „(vertragliche) Frachtführer[642]", § 437 I S. 1 HGB.

4.2.1. Schadensentstehung

Der Schaden muss während der ausgeführten Beförderung entstehen. Dafür genügt es, daß der ausführende Luftfrachtführer das Gut zur Beförderung übernommen hat[643]. Schadensentstehung ist das tatsächliche Ereignis, das den

[641] Ausführender Frachtführer ist nach der Legaldefinition des § 437 I S. 1 HGB jeder vertragsfremde Dritte, der die vom (Haupt-) Frachtführer vertraglich mit dem Absender vereinbarte Beförderung ganz oder teilweise auf einem bestimmten Streckenabschnitt ausführt, d.h. tatsächlich vornimmt. Ausführender Frachtführer ist dabei stets der Träger des Unternehmens, das die Beförderung bewirkt, nicht dagegen diejenige Person, die die Beförderung unmittelbar durchführt.[641] Er schuldet im Gegensatz zum vertraglichen Frachtführer nicht die Beförderung im Sinne des § 407 I HGB (Ramming, S. 281).

[642] Vertraglicher Vertragsführer ist, wer sich gemäß § 407 I HGB wirksam verpflichtet, das Gut zum Bestimmungsort zu befördern und dort an den Empfänger abzuliefern. Für die Haftung gelten die §§ 425 ff. HGB.

[643] Ramming, S. 278.

Beginn des Schadenseintritts auslöst[644]. Es kommt folglich nach dem Gesetzeswortlaut nur auf das tatsächliche Geschehen, nicht aber auf die Verursachung des Schadens an. Dies führt, wie im folgenden zu prüfen ist, zu einigen Problemen bei der Haftung des ausführenden (Luft-) Frachtführers für Güter- und Verspätungsschäden.

4.2.1.1. Haftung wie ein Frachtführer

Die oben festgestellten Kriterien im Hinblick auf die Schadensentstehung führen zu der Folgerung, daß der Code-Sharing-Partner als ausführender (Luft-) Frachtführer auch dann in der Haftung wäre, wenn das schuldhafte Verhalten seiner Vorleute, die gemäß § 436 HGB nicht als seine Erfüllungsgehilfen anzusehen sind, den Schaden verursacht hätten.

4.2.1.1.1. Erste Ansicht in der Literatur

Dagegen wird von einigen Autoren Kritik vorgebracht. Insbesondere wird eine teleologische Reduktion des § 437 I S. 1 HGB dahin gehend gefordert, daß das Kriterium des Schadenseintritts nicht naturalistisch-temporal, sondern normativ im Sinne einer sachgerechten Risikozuweisung verstanden werden müsse[645].

4.2.1.1.2. Weitere Meinung in der Literatur

Dagegen wird eingewandt, eine solche Auslegung sei contra legem[646]. Dafür spricht auch die Erwägung, daß es dem Anspruchsteller praktisch nicht möglich ist, darzulegen und zu beweisen, in wessen Verantwortungsbereich der Schadenseintritt liegt. § 437 I S. 1 HGB soll letztlich einen leichteren Zugriff auf den Schädiger ermöglichen. Davon sollen freilich dann Ausnahmen bestehen, wenn die gesetzlichen Haftungsbefreiungen- und Begrenzungen wegen groben Verschuldens des vertraglichen Frachtführers oder einer seiner Leute i.S.v. § 428 HGB, gemäß § 435 HGB entfallen. Für die Auslegung des § 437 HGB ist dann der Schluss zu ziehen, daß auch dort die Haftung des ausführenden Luftfrachtführers in Falle von grobem Verschulden des vertraglichen Luftfrachtführers sich auf die gesetzlichen Höchsthaftungsbeträge der §§ 431 ff. HGB beschränkt[647].

---

[644] Thume, S. 1073.
[645] Koller, § 437 HGB, Rn. 6, Zapp, S. 107
[646] Thume, S. 1074
[647] Thume, S. 1077

4.2.1.1.3. Ansicht des Verfassers

Dieser Ansicht ist m.E. im Hinblick darauf, daß dem Absender-/Empfänger weitgehender Schutz durch die Neuregelung eingeräumt werden sollte, der Vorzug zu geben. Bei einer Kette von Luftfrachtführern, wie auch typischerweise beim Dritt-Carrier-Code-Sharing, hätte er letztlich immer denjenigen ausfindig zu machen, den tatsächlich ein Verschulden trifft, was oft genug streitig bleiben dürfte. Dann bliebe er im Ergebnis aber doch auf die Inanspruchnahme des vertraglichen Luftfrachtführer verwiesen.
Zu einem anderen Ergebnis würde man gelangen, wenn man der Tatbestandsumschreibung „ wie der Frachtführer“ eine völlig andere Bedeutung entnimmt, indem man sie so interpretiert, daß der ausführende Luftfrachtführer dem Anspruchsteller gegenüber so gestellt ist, wie wenn er selbst der vertragliche Luftfrachtführer des Absenders wäre[648]. Das hieße, er könnte sich auf alle gesetzlichen und vom Hauptfrachtführer vertraglich vereinbarten Einwendungen berufen, etwa auf § 425 HGB, wenn sich jener oder andere Vorleute wegen ihres eigenen zu verantwortenden Verhaltens hierauf nicht berufen könnten.

4.2.2. Ergebnis

Im Ergebnis bleibt hier die Haltung der Rechtsprechung abzuwarten. Jedoch ist bis auf weiteres m.E. die obige Ansicht unter 4.1.1.1.2. für die Haftung zugrundezulegen.
Bei der Überschreitung der Lieferfrist ist der Begriff der Schadensentstehung identisch mit dem der Beförderungsverzögerung. Eine Haftung des ausführenden (Luft-) Frachtführers kann daher nur dann gegeben sein, wenn auf seiner eigenen Beförderungsstrecke solche Verzögerungen eintreten[649].

4.3. Haftungshöchstbeträge

4.3.1. Haftung für Zestörung oder Beschädigung

Der vertragliche/ ausführende Luftfrachtführer hat für Zerstörung oder Beschädigung des Gutes zunächst Wertersatz zu leisten, § 429 HGB, sowie die Kosten für die Feststellung des Schadens gemäß § 430 HGB. Die Höchstbetragshaftung ergibt sich aus § 431 HGB[650].

---

[648] Thume, S. 1074

[649] Thume, S. 1075

[650] Danach ist die Entschädigung wegen Beschädigung oder Verlust der gesamten Sendung auf einen Betrag von 8,33 SZR (vgl. Fn. 536) für jedes Kilogramm des Rohgewichts der Sendung begrenzt, § 431 I HGB.

4.3.2. Haftung für Lieferfristüberschreitung

Des Haftung des Luftfrachtführers wegen Überschreitung der Lieferfrist ist auf den dreifachen Betrag der Fracht begrenzt, § 431 III HGB.

4.4. Abweichungen des Haftungsumfangs

4.4.1. Haftungsbeschränkende Vereinbarungen

4.4.1.1. Vereinbarte Ermäßigung der Haftung des vertraglichen Luftfrachtführers (Marketing-Carriers)

Trifft der Marketing-Carrier mit dem Absender / Empfänger eine Vereinbarung, die seine Haftung gegenüber der gesetzlichen Haftung einschränkt, so kann sich auf diese Haftungsbeschränkung auch der Operating-Carrier berufen, wenn der Geschädigte ihn in die Haftung nehmen will, arg. e § 437 II HGB.

4.4.1.2. Vereinbarte Ermäßigung der Haftung des ausführenden Luftfrachtführers

Auf eine Haftungsermäßigung im Verhältnis Marketing-Carrier – Operating-Carrier kann sich letzterer dem Absender / Empfänger gegenüber nicht berufen, weil er diesem nach § 437 I S. 1 HGB in gleicher Weise wie der Marketing-Carrier haftet.

4.4.2. Haftungserweiternde Vereinbarungen

4.4.2.1. Vereinbarte Erhöhung der Haftung des Marketing-Carriers

Die Haftungserweiterung im Verhältnis Absender / Empfänger zum Marketing-Carrier muss sich der Operating-Carrier nur entgegenhalten lassen, wenn er dieser schriftlich zugestimmt hat, § 437 I S. 2 HGB. Die Zustimmung braucht sich nicht auf alle haftungserweiternden Vereinbarungen zu beziehen, sondern kann sich auch auf einzelne Vereinbarungen beziehen[651]. Erklärt werden kann die Zustimmung sowohl gegenüber dem vertraglichen Frachtführer als auch gegenüber dem Absender oder Empfänger, soweit es um Haftungserweiterungen geht, die in den Frachtvertrag aufgenommen wurden[652].

---

[651] Ramming, S. 288.
[652] Ramming, S. 288.

4.4.2.2. Vereinbarung einer höheren Haftung des Operating-Carriers

Vereinbart der ausführende Frachtführer mit seinem Auftraggeber, also mit dem vertraglichen Frachtführer eine höhere Haftung als im Gesetz vorgeschrieben, so haftet er im Außenverhältnis dem Absender / Empfänger des Gutes gegenüber grundsätzlich nur in gleicher Weise wie der vertragliche Frachtführer. Selbst wenn gleichzeitig eine Haftungserweiterung im Verhältnis von vertraglicher Frachtführer und Absender / Empfänger besteht, müsste sich der ausführende Frachtführer diese im Außenverhältnis nur entgegenhalten lassen, wenn er dieser schriftlich zugestimmt hat (§ 437 I S. 2 HGB)[653].

4.5. Drittschadensliquidation

Fragen einer Drittschadensliquidation treten nur auf, wenn ein höherer Schaden entstanden ist, als der vom Absender / Empfänger beauftragte Hauptfrachtführer jenem nach Gesetz oder getroffenen Vereinbarungen schuldet, dieser jedoch mit dem ausführenden Frachtführer eine über die gesetzliche hinausgehende Haftung vereinbart hat. Dabei ist umstritten, ob der Vertragsfrachtführer einen weitergehenden Anspruch hinsichtlich des Restschadens gegen den von ihm beauftragten Unterfrachtführer geltend machen kann.

4.5.1. Erste Ansicht in der Literatur

Das wird zum Teil mit dem Hinweis abgelehnt, die gesetzgeberische Entscheidung für das Institut des ausführenden Frachtführers in § 437 HGB habe bereits eine interessengerechte Lösung geschaffen, insofern als dem Geschädigten ein direkter Anspruch gegen den ausführenden Frachtführer zustehe[654].

4.5.2. Zweite Ansicht in der Literatur

Dagegen wird jedoch vertreten, der vertragliche Frachtführer sei nicht nur berechtigt, sondern vielmehr verpflichtet, den überschießenden Differenzschaden vom ausführenden Frachtführer anzufordern und anschließend auszukehren, arg. ex § 667 BGB[655]. Schließlich stehe es dem ausführenden Frachtführer auch frei, den Inhalt der für ihn maßgeblichen Rechtsverhältnisse so zu gestalten, daß er in bezug auf den Verlust oder die Beschädigung des Gutes oder die Überschreitung der Lieferfrist nur für Schäden seines Auftraggebers oder Empfängers einzustehen hat, nicht aber für Schäden Dritter,

---

[653] Thume, S. 1076.
[654] Knöfel, in Thume, S. 96 ff, 102.
[655] Thume, S. 1078.

die sein Auftraggeber oder Empfänger im Wege der Drittschadensliquidation geltend machen können[656].

4.5.3. Ansicht des Verfassers

Diese Ansicht ist m.E. vorzuziehen, insbesondere geht der Gesetzgeber selbst davon aus, daß Fälle der Drittschadensliquidation denkbar sind[657].

5. Zusammenfassung

- Im Rahmen des Leistungsdreiecks beim Code-Sharing-Flug bestehen keine eigenen, direkten vertraglichen Ansprüche des Fluggastes gegen das ausführende Luftfahrtunternehmen.
- Durch die Vorschriften des WA, bzw. zukünftig dem MÜ, wird dem Passagier eine quasivertragliche Rechtsstellung verschafft, die ihm die gleichen Schadensersatzansprüche gewährt, wie sie auch einem unmittelbaren Vertragspartner zustehen. Dennoch wird dadurch keine vollvertragliche Rechtsstellung des Fluggastes geschaffen, so daß ihm insbesondere keine Erfüllungsansprüche gegen den Carrier zustehen.
- Der Code-Sharing-Vertrag unter den kooperierenden Airlines kann nicht als Vertrag zugunsten Dritter ausgelegt werden, da dies den Interessen der Code-Sharing-Partner widerspricht, eine derartige Rechtsfolge von den Fluggesellschaften nicht gewollt ist und kein Grund ersichtlich ist, weshalb die Interessen des Reisenden pauschal höher bewertet werden sollen, als die Interessen der unmittelbaren Vertragsparteien.
- Der Code-Sharing-Vertrag ist vielmehr als ein unechter Vertrag zugunsten Dritter zu bewerten, der den Fluggast ermächtigt, die vom Code-Sharing-Partner dem anderen Luftfahrtunternehmen geschuldete Leistung mit befreiender Wirkung gem. §§ 362 Abs. II, 185 BGB entgegenzunehmen; eigene direkte Erfüllungsansprüche des Passagiers gegen den Carrier ergeben sich hieraus jedoch nicht.
- Der Marketing-Carrier haftet nach ZAG i.V.m. dem WA als "vertraglicher Luftfrachtführer" für die gesamte vertraglich geschuldete Flugbeförderung, unabhängig davon, ob und auf welcher Teilstrecke er den Flugdienst selbst bedient.
- Der Begriff der "Leute" ist der Oberbegriff unter den auch der Code-Sharing-Partner der Fluggesellschaft subsumiert werden kann. Existiert daneben im selben Abkommen jedoch auch der Begriff des "ausführenden

[656] Ramming, S. 293.
[657] Amtliche Begründung zum RegE BT-Drucks. 13/8445, S. 75.

Luftfrachtführers", so ist dieser spezieller und geht dem allgemeinen Begriff der "Leute" vor.

- Code-Sharing-Flüge stellen keine Sukzessivbeförderung dar, da der Fluggast vor dem Flug nichts vom Carrierwechsel erfährt, und er auch durch das Betreten des Carriers nicht sein stillschweigendes Einverständnis zum Vertragsschluss mit dem Code-Sharing-Carrier zum Ausdruck bringt.
- Ist die Haftung eines der Luftfrachtführers für Personenschäden beschränkt, so haftet der "vertragliche Luftfrachtführer" dem Fluggast für die gesamte Strecke nach dem von ihm vertraglich vereinbarten Haftungsregime. Der "ausführende Luftfrachtführer" haftet demgegenüber nur auf der von ihm durchgeführten (Teil-)Strecke nach seiner eigenen Haftungsgrundlage.
- Bei Code-Sharing-Flügen gelten gegenüber dem Fluggast stets die ABB-Flug des jeweiligen vertraglichen Luftfrachtführers, denn Vertragsbedingungen bedürfen grundsätzlich einer Einbeziehungsgrundlage, hier dem Luftbeförderungsvertrag.
- Der Operating-Carrier haftet nach § 437 I S. 1 HGB für den Schaden, der durch Verlust oder Beschädigung des Gutes oder durch Überschreitung der Lieferfrist während der durch ihn tatsächlich ausgeführten Beförderung entsteht in gleicher Weise wie der Marketing-Carrier.
- § 437 HGB gewährt, anders als bei der Sukzessivbeförderung nach Art. 30 WA, zwei eigenständige Ansprüche und zwar sowohl gegen den Marketing-Carrier als auch gegen den Code-Sharing-Partner, der den Flugdienst faktisch ausführt.

TEIL VI. AUSBLICK

Code-Sharing ist eine neue Form der strategischen Kooperationen zumeist international operierender Luftverkehrsgesellschaften. Es bietet betriebswirtschaftlich den Vorteil der Umsatzsteigerung trotz gleichbleibender Anzahl verkaufter Sitzplätze. Zweifelsfrei ist und bleibt Code-Sharing somit auch ein Marketing-Instrument. Daneben hat es aber derzeit auch insoweit eine verkehrsrechtliche Dimension, als daß es ein selbständiges Verkehrsrecht darstellt, ohne die Notwendigkeit der Schaffung einer neuen "Freiheit der Luft" i.S.d. Chikagoer Abkommens. Obwohl die verkehrsrechtliche Qualität des Code-Sharing erhebliche verkehrs- und wettbewerbspolitische Auswirkungen hat, sollte es keine Sonderregelungen für Code-Sharing-Dienste in reglementierten bilateralen Vereinbarungen geben. Vielmehr ist auf deren strenge Einhaltung selbiger zu achten, weil nur dadurch die zunehmende Liberalisierung des Luftverkehrs erreicht werden kann.

Eine verkehrsrechtliche Prognose für die zukünftige Entwicklung des Code-Sharing kann sich nur an den bekannten und vorhersehbaren Faktoren

orientieren. Gerade im Bereich des Luftverkehrs lassen die unvorhersehbaren Einflüsse die Erwartungen nicht immer konkretisierbar erscheinen. Sicher ist m.E. jedoch, daß die verkehrsrechtliche Bedeutung einer Kooperationsform wie Code-Sharing mit der zunehmenden Liberalisierung der internationalen Luftverkehrsmärkte wieder überproportional an Bedeutung verlieren wird. Demgegenüber wird es in auch zukünftig unverändert restriktiven Märkten weiterhin ein begehrtes Tauschobjekt bi- und multilateraler Luftverkehrsverhandlungen bleiben. Code-Sharing wird in solchen Luftverkehrsmärkten ein verkehrspolitisch überaus bedeutendes Instrument zur Steuerung der Verkehrsströme ausmachen.
Reisevertragrechtlich stehen die Pauschalreiseveranstalter künftig vor der Aufgabe, ihre Leistungsträger einer gründlichen Untersuchung im Bezug auf ihre Kooperationspartner unterziehen zu müssen. Nach der Implementierung der InfoVO. in die Reisekataloge sind auch die Veranstalter verpflichtet, im Rahmen ihrer Prospektangaben den Reisenden umfassend über die den Ferienflug tatsächlich durchführende Gesellschaft zu informieren. Für den Fluggast wird sich in diesem Zusammenhang mit Abschluss der auf europäischer Ebene angestrebten "Richtlinie zum Verbraucherschutz im Zusammenhang mit Code-Sharing" die letzte Rechtssicherheit ergeben.
Parallel werden aber die Airlines schon heute im täglichen Luftverkehr gezwungen sein, mehr Transparenz im Bezug auf ihre Kooperationspartner zu schaffen, um auf diesem Weg einen optimalen Verbraucherschutz zu gewährleisten. Diese Notwendigkeit ergibt sich gerade zunehmend vor dem Hintergrund der sich häufenden Flugzeugabstürze der letzten Jahre und der damit einhergehenden verständlichen Verunsicherung der Flugreisenden. Es gehört zu den Kernfunktionen des Verbraucherschutzes, sicherzustellen, daß die Konsumenten über die tatsächlichen Eigenschaften eines Produktes wahrheitsgemäß informiert werden. Aus diesem Grunde sollten auch im Bereich des Luftverkehrs Anstrengungen unternommen werden, um den Verbraucher vor irreführenden Anbieterangaben zu schützen. Eine gesetzliche Regelung könnte darin bestehen, Fluggesellschaften und Reisevermittler explizit zu verpflichten, die Kunden über das einen Flug durchführende Luftverkehrsunternehmen zu informieren. Diesem Prinzip folgt für den Pauschalreiseflugverkehr die Richtlinie der EU, die eine umfassende Information des Reisenden vorschreibt. Eine solche Regelung sollte ebenfalls für den Linienflugverkehr auf europäischer Ebene erfolgen.
Um im Gegenzug aber zu verhindern, daß in Zukunft bei Code-Sharing-Allianzen dem Reisenden „Tür und Tor“ offenstehen, die Kosten der Reise gegenüber dem Reiseveranstalter zu seinen Gunsten mit dem Argument zu reduzieren, er sei von der Qualität des einen oder anderen Code-Sharing-Partners nicht überzeugt, sollte ein neuer Leistungsänderungsvorbehalt als Bestandteil der Allg. Reisebedingungen (ARB) erarbeitet werden. Der bisherige Vorbehalt nach

ARB ist hierfür zu eng, denn er berücksichtigt nur solche Änderungen, die erst nach Abschluß des Reisevertrages durch unvorhersehbare Ereignisse, wie z.B. Insolvenz der Fluggesellschaft oder Wechsel von Flugzeugtypen, eintreten.
Nach Ansicht des Verfassers ist mit der Zeichnung des Montrealer Übereinkommens vom Frühjahr 1999 für den Fluggast zukünftig eine hinreichende Haftungsgrundlage geschaffen worden. Sie ermöglicht es dem Reisenden, in etwaigen Schadenfällen gegen den jeweiligen Schädiger vorzugehen. Daneben ist es aber zukünftig notwendig, im Rahmen strategischer Allianzgebilde, innerhalb derer Code-Sharing nur eine mögliche Form der Zusammenarbeit darstellt, die Mitarbeiter der betroffenen Gesellschaften besser als bisher zu schulen, um so Unverständnis und Verunsicherung des Passagiers von vorne herein zu verhindern. Darüber hinaus sollte die Anzeige des Code-Sharing bei der Buchung eines Fluges auf dem Flugschein oder mindestens auf einem dem Ticket beizulegenden Schriftstück erfolgen.

BÜRGERLICHES RECHT, HANDELS- UND VERKEHRSRECHT

Herausgegeben von Professor Dr. Edgar Ruhwedel

Band 1 Gerd Bardewyk: Sicherungsbeschlagnahme von Seeschiffen nach deutschem Recht, dem Bundesrecht der USA und dem Recht des Staates New York. 1976.

Band 2 Bernt Haarich: Ausgestaltung des Seereisevertrages durch Passage-Vertragsbedingungen. 1977.

Band 3 Heinrich Josef Dielmann: Die Beteiligung der öffentlichen Hand an Kapitalgesellschaften und die Anwendbarkeit des Rechts der verbundenen Unternehmen. 1977.

Band 4 Raoul Riedlinger: Minderjährige in der Familienkommanditgesellschaft. Ihre Stellung als Gesellschafter und Mitunternehmer. 1978.

Band 5 Wieland Sareika: Die Gültigkeit von Schiedsgerichtsvereinbarungen nach kanadischem und deutschem Recht. 1978.

Band 6 Winfried Morck: Die vertragliche Gestaltung der Beteiligung an Personen-Handelsgesellschaften. Eine empirische Untersuchung. 1980.

Band 7 Susan Schubert: Die Haftung für Reisende und ihr Gepäck auf Schiffen. Darstellung und Würdigung des geltenden deutschen Rechts im Vergleich zum Athener Übereinkommen von 1974 und der CVN als Grundlage einer Neufassung der bestehenden gesetzlichen Haftungsbestimmungen. 1981.

Band 8 Wolfdieter Diersch: Der Internationale 'Gelegenheits'luftverkehr. 1981.

Band 9 Jürgen Ziebe: Der Erwerb eigener Aktien und eigener GmbH-Geschäftsanteile in den Staaten der Europäischen Gemeinschaft. 1982.

Band 10 Michael H. Meub: Die Haftung des Verfrachters und Reeders im Seehandelsrecht der Deutschen Demokratischen Republik und der Bundesrepublik Deutschland. Eine rechtsvergleichende Studie. 1982.

Band 11 Holger Heinbuch: Theorien und Strategien des Verbraucherschutzes - am Beispiel des Fernunterrichtsschutzgesetzes. 1983.

Band 12 Stefan Sigulla: Vertragstypologie und Gesetzesleitbilder im modernen Dienstleistungsrecht. Probleme der Rechtsfolgenbestimmung am Beispiel von Partnerschaftsserviceverträgen. 1987.

Band 13 Gabriele F. Wiedemann: Die Haftungsbegrenzung des Warschauer Abkommens. Bedeutung des Art. 22 Warschauer Abkommen für die deutsche Rechtsprechung und Gesetzgebung. 1987.

Band 14 Thomas K. Heinz: Die Sicherungsbeschlagnahme von Luftfahrzeugen. 1988.

Band 15 Yukihiro Yasuhisa: Die Ladezeit. Eine rechtsvergleichende Untersuchung nach deutschem und japanischem Seehandelsrecht. 1988.

Band 16 Joachim Protsch: Der Gerichtsstand und die Vollstreckung im internationalen Speditions- und Frachtrecht. 1989.

Band 17 Andreas Kark: Die Liberalisierung der europäischen Zivilluftfahrt und das Wettbewerbsrecht der Europäischen Gemeinschaft. 1989.

Band 18 Götz Eilmann: Die Abgrenzung des reisevertraglichen Gewährleistungsrechts vom Recht der allgemeinen Leistungsstörungen - unter besonderer Berücksichtigung der Rechtsnatur des Reisevertrages. 1990.

Band 19 Peter Schneider: Die Abwehr äußerer Gefahren im Luftverkehr. Die Sicherheitsmaßnahmen von Luftfahrtbehörden, Flughafenbetreibern sowie Luftverkehrsunternehmen und ihre rechtliche Problematik. 1993.

Band 20 Sven Zeller: Die neue Skripturhaftung bei Konnossementen im Seehandelsrecht. Rechtspolitische Betrachtungen über die Auswirkungen der erfolgten Einführung einer Skripturhaftung bei Konnossementen im Seehandelsrecht. 1994.

Band 21 Sanjoy Dutta: Luftverkehr und Asylrecht. 1997.

Band 22 Andreas Gran: Die IATA aus der Sicht deutschen Rechts. Organisation, Agenturverträge und Allgemeine Geschäftsbedingungen. 1998.

Band 23 Thomas Götting: Code-Sharing. Rechtliche Betrachtung einer Kooperationsform im Luftverkehr. 2003.